Эскимосские сказки

에스키모인 이야기

JN450439

<지식을만드는지식 소설선집>은

인류의 유산으로 남을 만한 작품만을 선정합니다.

오랜 시간 그 작품을 연구한 전문가가

정확한 번역, 전문적인 해설, 풍부한 작가 소개, 친절한 주석을

제공하는 고급 소설 선집입니다.

지식을만드는지식 소설선집

시베리아 설화집

Эскимосские сказки

에스키모인 이야기

작자 미상

김은희 옮김

대한민국, 서울, 지식을만드는지식, 2018

편집자 일러두기

• 이 책은 ≪Сказки и мифы эскимосов Сибири, Аляски, Канады и Гренландии≫[M.: Наука(ГРВЛ), 1985]를 원전으로 옮긴이가 가려 뽑아 번역했습니다.
• 주석은 모두 옮긴이가 단 것입니다.
• 외래어 표기는 현행 한글어문규정의 외래어표기법을 따랐습니다.

차 례

동물담

일상담

영웅담

마법담

전설

동물담

대구와 고래의 논쟁

대구가 고래에게 물었다.

"우리 중에서 누가 사람들에게 더 많은 양식을 주니?"

"아마도 나겠지. 나는 고기가 많잖아! 고래 한 마리만 잡으면 온 마을이 겨우내 고기를 먹을 수 있잖아."

고래가 대답했다.

그러자 대구가 말했다.

"네 고기라면 온 마을이 먹기에 충분하다 이거구나. 그런데 모든 마을에서 너를 잡을 수 있는 것은 아니잖아. 부자 마을에서만 너를 잡을 수 있는데 가난한 마을들에 대해서는 생각지도 않는구나."

고래가 대답했다.

"너 한 마리를 잡는다 해도 어른은 말할 것도 없고 아이도 배부르게 먹을 수 없잖아."

대구가 또다시 그에게 말했다.

"어른이 나 한 마리로 배부르지 않다고 하더라도, 네 식대로라면 뭐가 더 좋은지 알 수가 없구나. 가난한 마을이든, 부자 마을이든, 어떤 사람이라도 모두가 나를 잡을 수 있거든. 게다가 대구들은 떼로 몰려다니니까 모든 사람들이 1년 내내 실컷 배부르게 먹잖아."

대구가 말을 마치자마자 고래는 화가 나서 눈물을 흘리며 떠났다.

명예를 갈망하는 까마귀

한 까마귀가 어느 날 노래를 부르기 시작했다.

커다란 모닥불을 피워서
나를 불 속에 던지시오.
그래요, 그래요, 그래요, 그래요!
내 노래를 불러 주세요.
나에 대해 이렇게 말하겠지요.
"그는 머리를 씻더니
불 속으로 뛰어들었네!"
내 후손들이
항상 내 얘기를 하겠지요!

노래를 마치더니 이렇게 말했다.

"어서 내 노래를 불러 주시오!"

그런 다음 까마귀는 불 속으로 뛰어들었고 불타오르더니 재가 되어 폐만 남게 되었다.

다른 까마귀가 말했다.

"그의 노래를 그에게 불러 주시오. 이제 그는 스스로가 노래를 할 수 없으니."

그러나 그 까마귀의 새끼들은 노래를 부르지 않고 울부짖었다.

그렇게 모든 것이 끝났다.

작은 주민들

이런 일이 있었다. 파리는 모든 딱정벌레들과 벌레들의 대장이었다. 어느 봄날 파리가 딱정벌레, 빈대, 거미, 애벌레 들을 모아 놓고 이렇게 말했다.

"오늘 나는 잔치를 벌이겠다. 여기에 나의 달리기 시합 지팡이[1]가 있다. 이기는 사람에게는 내가 값비싼 선물을 주겠노라!"

애벌레, 빈대, 거미, 딱정벌레 들이 잔치에 모여들었다.

파리가 보이는 장소에 자신의 시합 지팡이를 세워 놓았다. 지팡이 옆에 선물들을 놓고 이렇게 말했다.

"자, 빈대와 애벌레는 땅 주위를 돌아오고, 딱정벌레와 거미는 산을 전부 돌아오시오. 이렇게 다 이행하면 나한테 오시오."

빈대와 애벌레가 먼저 달려 나갔다. 언덕을 넘고 그 언덕

---

1) 에스키모인들의 '시합 지팡이'는 긴 막대기를 말하는 것으로, 의례적 잔치를 진행하는 동안 씨름이나 달리기, 무거운 것 들어 올리기 등의 시합에서 승리한 자에게 수여하기 위해 마련된 잔치의 상품들이 그 지팡이 옆이나 근처에 쌓여 있게 된다.

을 돌아 반대쪽에서 동향인 파리에게 나타났다. 그렇게 와서 숨을 헐떡이면서 지친 척했다.

"아휴, 너무나 오랫동안 당신들은 땅 주위를 돌았네요!"

파리가 말했다.

그러는 사이 거미와 딱정벌레는 커다란 산을 에돌아갔다. 이 산은 겨우 작은 언덕일 뿐이었지만 그들이 생각하기에는 지구의 온 산들을 에돌아간 것 같았다. 거미가 앞서갔고 딱정벌레는 지쳐 갔으며 곧 완전히 녹초가 되었다.

딱정벌레가 마지막으로 도착했다.

파리가 선물을 나눠 주기 시작했다. 애벌레한테는 하얀 셔츠를 주었기에 그때부터 애벌레는 하얀색이다. 거미에게는 그물을 선물했기에 그때부터 거미는 그물로 모기와 등에 모기를 잡기 시작했다. 파리는 빈대에게 시합 지팡이를 주었다. 파리는 딱정벌레한테만은 아무것도 주지 않았고 천천히 달렸다고 꾸짖었다. 딱정벌레는 '자신의 다리가 왜 그리 천천히 움직일까' 하고 생각하기 시작했다. 그때부터 딱정벌레는 다리를 쳐다보느라고 고개를 숙이고 걷기 시작했다.

까마귀와 늑대

까마귀가 벼랑 위의 산에서 미끄럼을 타고 내려오면서 노래를 불렀다.

아 야 얄리, 아 야 얄리, 아 야 얄리!
코 오 오 이야이, 아 야 얄리!

그에게 늑대가 와서 물었다.

"같이 타도 될까?"

까마귀가 말했다.

"너는 미끄럼 타면 안 돼. 버티지를 못해서 물에 빠지고 말 거야!"

늑대가 까마귀한테 화가 나서 말했다.

"나한테는 발톱이 있어서 제동을 걸 수 있어. 나는 힘이 세서 미끄럼도 잘 타고 넘어지지 않을 거야!"

까마귀가 대답했다.

"그럼 좋아, 타 봐. 내가 봐 줄게!"

늑대가 산에서 벼랑 쪽으로 미끄럼을 타면서 노래를 불렀다.

“재밌고나. 재밌어. 하 헤, 하 헤 아!”

그러나 늑대는 벼랑 위에서 조절을 못 해서 물로 빠져 밑바닥까지 떨어졌다. 얼마 후 늑대가 헤엄쳐 떠올라서 까마귀한테 애원하기 시작했다.

“형제야, 나를 좀 끌어내 줘! 형제야, 나를 끌어내 줘!”

까마귀가 그에게 대답했다.

“끌어내 주지 않을 거야. 내가 떨어질 거라고 말했잖아!”

얼음 벼랑은 높고 험해서 늑대가 혼자서 오를 수는 없었다. 차디찬 물속에서 헤엄치면서 늑대는 애원했다.

“형제여, 나를 좀 끌어내 줘!”

까마귀는 산 위에서 서서 비웃었다.

“끌어내 주지 않을 거야! 떨어질 거라고 말했잖아!”

늑대는 추워서 완전히 힘이 빠져서 울면서 끌어내 달라고 애원했다.

“형제여, 나를 좀 끌어내 줘. 너는 착하고 똑똑하잖아. 나를 좀 끌어내 줘!”

까마귀는 비웃으면서 물었다.

“그럼 무엇을 줄 건데?”

늑대가 말했다.

“내가 가지고 있는 토끼 가죽을 줄게!”

까마귀가 말했다.

"나한테도 토끼 가죽은 있어. 내가 직접 토끼를 잡거든."

늑대가 애원했다.

"형제여, 나를 좀 끌어내 줘! 그러면 너한테 내 사냥 장비를 줄게."

까마귀는 태평하게 대답했다.

"나한테도 사냥 장비는 있어."

늑대는 완전히 힘이 빠지고 얼어붙어서 울면서 까마귀한테 사정했다.

"코에 세 줄을 문신한[2)] 내 여동생을 줄게."

까마귀가 가엾이 여기더니 말했다.

"에이, 왜 진즉에 말하지 않았어? 끌어내 줄게. 꼭 여동생을 줘야 돼!"

늑대를 끌어내서 그의 털에서 물을 짜냈다.

늑대는 까마귀에게 감사를 표했지만 마음속으로는 그에게 화가 나서 복수하고 싶었다. 왜냐하면 까마귀가 그를 비웃었기 때문이다.

---

2) 1930～1940년대까지도 에스키모족과 축치족의 여인들은 얼굴과 팔에 문신을 했다. 처녀의 문신이 복잡하고 아름다울수록 약혼자들에게는 그 처녀가 더 아름답고 참하다고 생각되었다. 남자들은 뺨에만 문신을 했다.

"밤에 네게 여동생을 데려다줄게."

늑대가 이렇게 말하고 떠났다.

늑대는 까마귀에게 여동생을 준다고 약속했지만 사실인즉 그에게는 여동생이 없었다.

늑대는 계곡을 건너가서 까마귀 똥을 찾았다. 까마귀의 똥으로 여자를 만들었다. 다 만들고 그 여자를 까마귀한테 가지고 갔다.

"코에 세 줄을 문신한 내 여동생이 여기 있다."

늑대가 까마귀한테 말했다.

까마귀는 아름다운 아가씨를 보고 말했다.

"이제 나한테도 색시가 있구나!"

늑대는 작별을 고하고 떠났고 까마귀는 아내와 함께 뜨거운 차를 마시기 시작했다.

실컷 차를 마시고 하얀 가죽 위에 자려고 누웠다. 까마귀 집 천막 안은 더웠다. 자는 동안 까마귀의 아내는 녹아버렸다.

까마귀는 늑대한테 화가 나서 복수하기로 결심했다.

아침에 까마귀는 늑대를 발견하고 그에게 물었다.

"어느 쪽으로 가는 중이야?"

늑대가 대답했다.

"이쪽으로, 계곡을 지나서. 너는?"

"저쪽으로, 산을 넘어서."

늑대는 계속 갔고 까마귀는 산을 빙 둘러 날아가서 늑대가 가는 길에 야생 사슴 고기처럼 떨어져 있었다. 늑대가 다가와서 사슴 고기를 먹기 시작했다. 전부 먹고는 잠이 들었다.

그러자 까마귀가 늑대의 배 속에서 까옥거렸다.

"까옥, 까옥, 형제여, 이게 뭐야?"

늑대가 벌떡 일어나서 대답했다.

"내 내장이지!"

까마귀가 늑대한테서 장을 내던졌다.

그리고 또다시 까옥거렸다.

"까옥, 까옥, 형제여, 이건 뭐야?"

늑대가 아파하면서 까마귀에게 대답했다.

"내 심장이지. 내 목숨이야!"

까마귀는 심장을 파냈다. 늑대는 넘어져서 죽어 버렸다. 까마귀는 늑대의 옆구리에 구멍을 파고 밖으로 나와서 '까옥까옥' 울면서 날아갔다. 그렇게 까마귀는 늑대를 이겼다.

멧새 세 마리

멧새 세 마리, 멧새 세 형제가 살고 있었다. 어느 날 큰형이 사냥을 떠나자 동생들은 집 밖으로 나갔다. 막둥이가 이렇게 노래하기 시작했다.

아야구나아, 아야구나아,
누구의 발들, 누구의 무릎들이 시합을 하는 거지?
아야구나아, 아야구나아,
누구의 발들, 누구의 무릎들이 시합을 하는 거지?

막둥이가 그렇게 노래를 하는 동안 까마귀가 다가와서 말했다.

"한 번 더 불러 봐!"

그러자 멧새 동생은 또다시 노래를 불렀다.

아야구나아, 아야구나아,
누구의 발들, 누구의 무릎들이 시합을 하는 거지?
아야구나아, 아야구나아,
누구의 발들, 누구의 무릎들이 시합을 하는 거지?

동생 멧새가 노래를 다 부르자 까마귀가 또다시 말했다.

"자, 한 번만 더 불러 봐!"

그리고 세 번째로 멧새 동생이 노래를 부르기 시작했고 노래가 끝나자 까마귀는 그 노래를 낚아채서 날아가 버렸다. 멧새가 노래를 잃어버렸다고 서럽게 울기 시작했다. 이때 사냥에서 큰형이 돌아와서 물었다.

"왜 울고 있어?"

"까마귀가 내 노래를 빼앗아 갔어." 동생이 말했다.

"어디로 날아갔는데?" 큰형이 물었다.

"저쪽 산 너머로 도망쳤어." 동생이 말했다.

형은 말했다.

"얼른 내 활을 건네줘!"

동생이 형에게 활을 건넸다. 그러자 형은 까마귀 집을 찾기 시작했다. 가고 또 가서 까마귀 집을 찾았다. 그쪽으로 다가가서 안으로 들어갔다. 거기에는 까마귀가 앉아서 자기 동생에게서 뺏은 노래를 불러 대고 있었다. 그래서 형은 활을 조준해서 실눈을 뜨고 즐거운 노래를 부르고 있는 까마귀를 쏘았다. 까마귀는 푸드덕 몸부림을 치더니 이렇게 말했다.

"아이고, 왜 나를 찔렀느냐?"

형이 또다시 활을 쏘았다. 그러자 까마귀가 또다시 울

었다.

“아이고, 왜 나를 쏘았느냐?”

그런 다음 까마귀는 실눈을 뜨고 노래하기 시작했다.

아야구나아, 아야구나아,
누구의 발들, 누구의 무릎들이 시합을 하는 거지,
까옥 까옥 까옥!

이때 형이 세 번째로 활을 쏘았고 까마귀를 쏘아 거꾸러뜨렸다. 까마귀한테 다가가서 까마귀를 집어 들어 빼앗긴 노래가 있는 혀끝을 잘랐다. 이 혀끝을 가지고 집으로 갔다. 집에서 동생에게 사냥물을 건네주었다. 동생은 까마귀 혀끝을 먹었고 갑자기 다시 노래하기 시작했다. 노래는 집으로 멧새를 돌아오게 만들었다.

아야구나아, 아야구나아,
누구의 발들, 누구의 무릎들이 시합을 하는 거지,
콕 콕 콕!

이렇게 동생은 까마귀식으로 부른 노래를 자기 노래에 덧붙이게 되었다.

까마귀와 부엉이

이런 이야기가 있었다. 어느 마을에 까마귀와 부엉이가 살았다. 우애 깊게 살면서 싸우지 않았고 사냥물은 항상 함께 먹었다. 이 새들은 둘 다 눈같이 새하얗다. 그렇게 새들은 둘이서 다정하게 살았는데 늙기 시작했다.

어느 날 부엉이가 까마귀에게 말했다.

"우리가 늙으면 죽을 텐데, 우리 자식들과 손자들도 우리를 닮아서 우리처럼 하얗겠지."

그리고 부엉이는 까마귀에게 자신을 예뻐 보이도록 색칠해 달라고 부탁했다. 까마귀는 그렇게 하겠다고 했다. 까마귀는 등잔에서 오래된 검은 기름을 가져다가 자신의 꼬리 깃털로 부엉이를 색칠하기 시작했다. 부엉이는 꼼짝하지 않고 얼어붙은 듯이 앉아 있었다. 하루 종일 까마귀는 부엉이를 색칠했다. 색칠을 마치자 이렇게 말했다.

"다 마르면, 나도 칠해 줘."

부엉이가 그러겠다고 했다. 깃털이 다 마르자 부엉이가 까마귀에게 말했다.

"이제 내가 너를 칠해 줄게. 실눈을 뜨고 앉아서 움직이지 마!"

까마귀가 앉아서 실눈을 뜨고 꼼짝도 못 하고 있었다. 부엉이는 등잔에서 검은 기름이 든 접시를 가져다가 까마귀한테 몽땅 부어 버렸다. 까마귀는 머리에서 발끝까지 검게 되었다. 까마귀는 벌컥 화가 나서 부엉이에게 심하게 성을 냈다.

“아이, 어떻게 이렇게 할 수가 있어! 나는 게으름 피우지 않고 열심히 색칠을 해 주었는데. 봐 봐. 너는 너무나 예쁘게 색칠이 되었잖아! 이제 우리 사이는 영원히 적이야! 우리의 손자들과 증손자들도 원한을 가지고 싸우게 될 거야. 까마귀들은 결코 네가 한 이 일을 용서하지 않을 거야. 보란 말이야. 네가 나를 얼마나 검게 만들어 놓았고, 그래서 얼마나 눈에 띄게 되었는지. 이제 우리는 완전히 남남이고 영원히 적이야!”

그때부터 까마귀들은 모두 검게 되었고 부엉이들은 모두 알록달록하게 되었다.

까마귀와 청설모

이런 일이 있었다. 청설모가 강에 물을 마시러 갔다. 그 사이에 까마귀가 청설모의 집을 자기 몸으로 막아 버렸다. 청설모는 실컷 물을 마시고 집으로 돌아왔다. 와서 보니 까마귀가 입구를 막고 있었다. 청설모는 까마귀에게 말했다.

"길을 비켜. 내 집으로 들어갈 거야!"

까마귀가 말했다.

"못 들어가. 먼저 네 가랑이 비계부터 먹어 버릴 테다!"

청설모가 말했다.

"다시 한번 말하는데 들여보내 줘! 노래를 부르고 들어갈 테야!"

까마귀가 말했다.

"불러 봐라!"

청설모가 노래를 부르기 시작했다.

까마귀가 내 가랑이 비계를
먹고 싶다네.
시카타카타크!
시카타카타크!

그런 다음 청설모는 까마귀에게 말했다.

"이제 눈을 감고 허리를 구부린 다음 다리를 벌려!"

까마귀가 눈을 감고 몸을 구부리고 다리를 벌렸다.

청설모가 다시 까마귀에게 말했다.

"눈을 꼭 감고 다리를 쫙 벌려야지!"

까마귀가 그렇게 눈을 꼭 감고 다리를 쫙 벌렸다.

그러자 청설모가 다시 노래를 부르기 시작했다.

까마귀가 내 가랑이 비계를
먹고 싶다네.
시카타카타크!
시카타카타크!

까마귀가 눈을 살짝 떴다. 청설모가 다시 그에게 말했다.

"자, 눈을 꼭 감으라니까. 그리고 몸을 구부리고 다리를 쫙 벌려!"

까마귀가 그렇게 했다. 청설모는 다시 노래를 부르기 시작했다.

까마귀가 내 가랑이 비계를

먹고 싶다네.
시카타카타크!
시카타카타크!

그리고 까마귀 다리 사이를 폴짝폴짝 뛰어서 지나가자 까마귀가 청설모의 꼬리를 꽉 잡아서 뜯어 버렸다. 청설모는 울음을 터뜨리며 자기 집 안으로 들어갔다. 청설모의 할머니가 물었다.

"무슨 일이냐?"

청설모가 대답했다.

"까마귀가 내 꼬리를 잡아 뜯어 버렸어요!"

할머니가 물었다.

"까마귀가 어디에 있는데?"

청설모가 훌쩍훌쩍 눈물을 흘리며 말했다.

"저기요. 밖에요! 내 꼬리 좀 가져다주세요!"

할머니가 나갔다. 할머니는 까마귀에게 말했다.

"너한테 내 손자의 꼬리가 있다지? 어서 내놔!"

까마귀가 말했다.

"못 줘요! 직접 오라고 해요! 아게 이야 이야, 아게 이야 이야!"

할머니가 돌아와서 손자에게 말했다.

"네가 직접 오라는구나. 아게 이야 이야, 아게 이야 이야!"

할머니 청설모는 손자에게 둥근 돌, 피, 마른 창자 조각을 가져오라고 말했다. 손자는 둥근 돌, 피, 마른 창자 조각을 가져다가 할머니에게 드렸다. 할머니가 창자 조각에 돌을 넣고 싼 다음 피에 적셨더니 눈알처럼 보였다. 할머니 청설모는 집에서 나가서 까마귀를 불렀다.

"까마귀야!"

대답이 들렸다.

"오오이!"

까마귀에게 말했다.

"내 손자의 꼬리를 줘!"

또다시 까마귀가 말했다.

"직접 오라고 해. 아게 이야 이야, 아게 이야 이야!"

할머니가 말했다.

"이 눈알하고 바꾸자!"

까마귀가 소리쳤다.

"좋아, 좋아!"

꼬리와 눈을 바꿨다. 까마귀는 눈알을 집어 들었다. 할머니는 손자에게 꼬리를 가져갔다.

집에 들어가서 말했다.

"자, 네 꼬리를 가져왔다!"

그리고 청설모에게 꼬리를 붙여 주었다.

까마귀는 이렇게 생각했다. '어디서 이 맛난 눈알을 즐기면서 먹지? 그래, 저기 저 언덕에서 먹어야겠군. 아니면 딸한테 가져다줄까? 딸한테 주면 나한테는 아무것도 안 남잖아. 어쩌면 여기서 먹는 것이 좋을지도 몰라.' 까마귀가 눈알을 잡고 있는데 거기서 피가 뚝뚝 떨어졌다. 까마귀는 너무 좋아서 쩝쩝 입맛을 다셨다. 그리고 이렇게 결심했다. '그래, 여기서 먹어 치우자!'

그런데 까마귀는 눈알을 먹기 시작하자마자 이렇게 소리쳤다.

"암라힘임임. 암라힘임임. 이것 때문에 내 이빨 다 빠졌네!"

피가 묻은 이빨을 뱉어 냈다. 그렇게 까마귀는 이빨 없이 살게 되었다.

까마귀와 갈매기

까마귀와 갈매기의 천막은 서로 멀리 떨어져 있었다. 까마귀가 갈매기한테 손님으로 놀러 갔다. 까마귀가 도착해서 보니 갈매기의 딸 다섯이 천막 근처에서 놀고 있었다. 까마귀는 큰딸에게 말했다.

"이름이 뭐야?"

처녀가 대답했다.

"마만이에요!"

"다른 애들은 이름이 뭐야?"

"우리는 모두 마만이에요!"

"네 아버지와 어머니는 존함이 어떻게 되는데?"

"마만이에요!"

까마귀는 천막으로 들어갔다. 주인 갈매기가 반갑게 까마귀를 맞이하면서 아내에게 말했다.

"손님을 위해 음식을 마련하구려!"

그의 아내가 천막에서 밖으로 불쑥 머리를 내밀더니 이름을 불렀다.

"마만!"

큰딸이 들어왔다. 어머니는 그 자리에서 딸을 죽이더니

피가 떨어지지 않고 가죽이 찢어지지 않도록 손질을 했다. 그리고 끓이기 시작했다. 자고 있는 아이 같은 가죽은 뒤 벽에 놓아두었다. 음식이 다 끓자 까마귀는 먹기 시작했고 한 방울도 남기지 않고 음식을 모두 먹었다.

갈매기가 딸을 불렀다.

"마만. 손님이 닦으시게 풀 수건을 가져와라."

그러자 그 처녀는 풀 수건을 건네주고 천막에서 뛰쳐나갔다. 까마귀가 돌아갈 채비를 하자 주인 갈매기는 까마귀에게 말했다.

"나도 당신 댁을 방문하고 싶소."

까마귀가 나갔다. 집에 도착해서 아내에게 말했다.

"갈매기가 찾아오면 큰딸을 불러서 그 딸을 죽이고 손질해서 끓여요. 그 딸의 가죽은 뒤 벽에 놓아두고. 갈매기가 다 먹으면 딸에게 말하시오. '풀 수건을 가져와!'라고. 그리고 너희, 딸들아, 갈매기가 이름이 뭐냐고 물으면 '우리 이름은 모두 마만이에요'라고 대답해라."

다음 날 주인 갈매기가 까마귀에게 갔다. 가서 보니 천막 근처에서 까마귀의 딸들이 놀고 있었다. 큰딸에게 물었다.

"이름이 뭐니?"

"마만이에요!"

"다른 애들은?"

"우리는 모두 이름이 마만이에요!"

"너희 어머니, 아버지는 존함이 뭐야?"

"마만이에요."

주인 갈매기는 천막 안으로 들어갔다. 까마귀가 그를 반갑게 맞이하면서 아내에게 말했다.

"손님을 위해 음식을 끓이구려!"

그의 아내가 천막에서 몸을 내밀고 불렀다.

"마만!"

그러자 큰딸이 들어왔다. 어머니는 그 딸을 죽였다. 그리고 피가 떨어지지 않고 가죽이 찢어지지 않도록 손질했다. 다 손질하자 그 가죽을 자고 있는 아이처럼 구석에 놓았다. 아내가 음식을 끓이기 시작했다. 고기가 다 삶아지지도 않았는데 꺼냈다. 그리고 갈매기에게 먹으라고 주었다. 갈매기는 고기를 다 먹지 않았다. 까마귀는 자기 딸을 불렀다.

"마만! 손님에게 풀 수건을 드려라!"

딸은 대답을 하지 않았다. 더 크게 소리쳐 불렀다.

"마만! 수건을 드려."

까마귀는 아내와 함께 통곡을 했다. 손님 갈매기는 뛰쳐나가서 서둘러 집으로 갔다. 집에 도착해서 아이들과 아내에게 이 모든 것을 이야기해 주었다. 갈매기는 강변으로 도망쳤다. 그때부터 물에서 살기 시작했다. 까마귀는 자기 딸을 죽인 꼴이 되었다. 이런 세상에.

물고기, 여우, 까마귀

어느 마을에 물고기, 여우, 까마귀 이렇게 세 친구가 살았다. 어느 날 밤, 모든 짐승들이 깊이 잠이 들었을 때 물고기가 거리로 나가서 툰드라로 갔다. 물고기는 이 밤에 툰드라를 오랫동안 돌아다녔다. 날이 밝기 시작했을 때 물고기는 앞에서 빛나는 불빛을 발견했다. 물고기는 그 불빛을 향해 갔고 토굴을 발견했다. 물고기는 토굴로 다가가서 그 옆에 앉았다. 이때 토굴에서 입이 비뚤어진 처녀가 나왔다. 물고기는 처녀에게 말했다.

"아휴, 정말 아름다우시군요!"

처녀는 토굴로 돌아가서 아버지에게 말했다.

"우리 토굴 옆에 물고기가 앉아 있어요. 물고기가 저한테 예쁘다고 말했어요."

아버지는 딸에게 말했다.

"물고기에게 토굴로 들어오라고 말해라!"

처녀는 밖으로 나가서 물고기에게 갔다.

"들어와, 물고기야. 우리 토굴로 들어와!"

물고기는 일어나서 처녀의 뒤를 따라갔다. 물고기가 들어오자 집주인이 말했다.

"털가죽 옷을 벗고 장막으로 들어오시오!"

물고기는 털가죽 옷을 벗고 장막 안으로 들어갔다. 주인은 물고기에게 말했다.

"밖에 나갔다 오겠소!"

물고기가 물었다.

"왜요?"

주인이 대답했다.

"장막 안이 너무 더워서 바람 좀 쐬러 다녀오겠소!"

주인은 장막 지붕을 걷고 나가서 물고기의 털가죽 외투를 가져다가 늘여 당겨서 입고는 물고기한테 소리쳤다.

"에이, 여기를 보시오. 내가 어떻게 되었는지!"

물고기는 자기 털외투를 입은 주인을 보고 말했다.

"어휴, 좋은데요!"

그러자 주인은 아내에게 이렇게 지시했다.

"물고기를 잘 먹이고 가는 길에 먹으라고 고기를 챙겨 주시오!"

이후에 물고기는 나갔다. 고기를 많이 주었기에 물고기는 집으로 향했다. 집에서 여우가 물고기에게 물었다.

"그렇게 많은 물고기는 어디서 났어?"

물고기가 대답했다.

"여기서 먼 곳에 손님으로 갔는데 거기서 내게 물고기를 주었어."

물고기의 얘기를 듣고 여우는 그 토굴을 향해 출발했다. 여우는 밤에 집을 나와서 툰드라를 오랫동안 가다가 앞에서 빛나는 불빛을 발견했다. 여우는 그 불빛을 향해 갔다. 다가가 토굴을 발견했고 그 옆에 앉아 있었다. 이때 토굴에서 입이 삐뚤어진 처녀가 나왔다. 여우는 처녀에게 말했다.

"아휴, 정말 아름답군요!"

처녀는 토굴로 돌아가서 아버지에게 말했다.

"우리 토굴 옆에 여우가 앉아 있어요. 여우가 내가 아름다운 처녀라고 말했어요."

아버지는 딸에게 말했다.

"여우에게 토굴로 들어오라고 말해라."

처녀는 밖으로 나가서 여우를 토굴로 초대했다. 여우가 들어오자 집주인은 여우에게 말했다.

"털가죽 외투를 벗고 우리 장막으로 들어오시오."

여우가 털가죽 외투를 벗고 장막으로 들어갔다. 주인은 여우에게 말했다.

"잠깐 밖에 나갔다 오겠소!"

여우가 물었다.

"왜요?"

주인이 대답했다.

"장막 안이 너무 더워서 잠시 바람 좀 쐬고 오겠소."

주인이 장막 지붕을 걷고 나가서 여우의 털가죽 외투를 가져다가 자기 몸에 늘여 입고는 소리쳤다.

"에이, 손님 양반. 여기 좀 보시오. 내가 어떻게 되었소?"

여우가 자기 털외투를 입은 주인을 보고 소리쳤다.

"아휴, 정말 멋지군요!"

주인은 곧바로 아내에게 지시했다.

"여우를 잘 먹이고 길 가는 도중에 먹으라고 고기를 주시오."

여우를 배가 부르도록 먹이고 도중에 먹으라고 고기를 주었다. 여우는 집으로 출발했다. 여우가 집에 도착하자 까마귀가 여우에게 물었다.

"고기가 어디서 났어?"

여우가 대답했다.

"여기서 먼 곳에 손님으로 갔는데 거기서 주었어."

그리고 여우는 토굴의 주인과 딸을 칭찬하면서 이야기를 해 주었다.

여우의 얘기를 다 듣고 까마귀는 그 토굴을 향해 출발했다. 까마귀는 밤에 집을 나가서 툰드라를 오랫동안 돌아다니다가 새벽녘에 앞에서 빛나는 불빛을 발견했다. 까마귀는 그 불빛을 향해 갔다. 그 불빛으로 다가가자 토굴이 보였고 그 옆에 앉았다. 이때 토굴에서 입이 삐뚤어진 처녀가 나왔다. 까마귀는 처녀에게 말했다.

"아휴, 당신은 정말 못생겼군요. 추녀예요!"

이 소리를 듣고 처녀는 울음을 터뜨렸고 토굴로 뛰어 들어가서 아버지에게 말했다.

"우리 토굴 옆에 까마귀가 앉아 있어요. 까마귀가 나보고 못생겼다고 추녀라고 했어요."

아버지가 말했다.

"까마귀를 토굴로 들어오라고 해!"

처녀는 까마귀를 불렀다. 까마귀가 들어오자 주인은 말했다.

"털외투를 벗고 장막 안으로 들어오시오!"

까마귀는 털가죽 외투를 벗고 장막으로 들어갔다. 까마귀가 들어오자 주인은 말했다.

"잠깐 밖에 나갔다 오겠소."

까마귀가 물었다.

"왜요?"

주인이 말했다.

"장막 안이 너무 덥군요. 잠시 바람 좀 쐬고 오겠소."

주인이 장막 지붕을 걷고 나가서 까마귀의 털외투를 자기 몸에 늘여 입고는 소리쳤다.

"에이, 손님 양반, 여기 좀 보시오. 내가 어떻게 되었는지!"

까마귀는 장막에서 고개를 삐죽이 내밀고 박장대소하기 시작했다.

"하하하, 정말 못 봐 주겠군요. 정말 꼴불견이오!"

주인은 화가 나서 아내에게 말했다.

"고기도 주지 말고 가는 도중에 먹으라고 아무것도 챙겨주지 마시오!"

까마귀는 아무것도 대접 받지 못하고 선물도 받지 못했다. 토굴에서 나와서 까마귀는 울음을 터뜨렸고 허기진 채로 집으로 갔다.

까마귀 코시클리

코시클리라는 까마귀가 아내와 두 아들과 함께 살고 있었다. 어느 날 코시클리는 소고를 가져오라고 아내를 사촌 형에게 보냈다. 아내가 밖으로 나갔는데 큰 눈보라가 불어닥쳐서 천막 바로 옆에 있던 그녀를 휩싸 안아 데려갔다. 바람이 몰고 간 그녀는 북쪽 방향으로 대지 위를 날아갔다.

코시클리의 아내가 그렇게 오랫동안 날아가고 있는데 주위가 따뜻해졌다. 위를 보니 거기에 독수리가 있었다. 독수리가 그녀에게 물었다.

"어디로 날아가는 거요?"

까마귀의 아내가 대답했다.

"코시클리가 소고를 가져오라고 나를 사촌 형에게 보냈어요."

독수리가 말했다.

"내가 코시클리의 사촌 형에게 당신을 데려다줄 수 있을 것 같아요. 내게 올라타시오!"

까마귀의 아내는 동의했고 독수리의 날개 밑으로 기어올라가서 털 안으로 들어갔다. 독수리는 날아갔다. 그들은 독수리 둥지에 도착했다. 독수리는 까마귀의 아내를 자신의 아내로 삼았다. 그렇게 코시클리의 아내는 거기서 살게 되었다.

독수리에게는 자기 아내와 다 큰 아들이 있었다. 독수리는 계속해서 야생 사슴을 사냥했다. 어느 날 독수리가 사냥에서 돌아와서 까마귀의 아내에게 말했다.

"나는 코시클리의 두 아들을 여기로 데려오고 싶소."

까마귀의 아내가 말했다.

"그러시면 안 돼요. 코시클리가 너무 외롭잖아요!"

독수리는 아내의 말을 듣지 않았고 코시클리를 불쌍하게 여기지도 않았다. 다음 날 독수리는 또다시 사냥을 나갔고 까마귀의 두 아들을 마주치게 되자 데리고 자기 둥지로 왔다.

거기서 그들은 살기 시작했다. 아들들은 셋이서 큰사슴을 사냥했다. 셋째는 독수리의 아들이었다. 독수리는 그들에게 말했다.

"북쪽으로 다니지 말거라. 그쪽에는 매우 악독한 흰 독수리가 사는데 너희를 죽일 거다."

아들들은 그의 말을 들었다.

그러던 어느 날 세 아들이 모두 함께 사슴을 사냥하러 날아갔을 때 독수리의 아들이 말했다.

"북쪽으로 날아가 보자!"

까마귀의 아들들이 그를 말리면서 논쟁을 하고 싸웠건만 독수리의 아들은 결국 그들을 설복했다. 그래서 그들은 함께 북쪽으로 날아갔다. 오랫동안 날아갔는데 갑자기 흰 독수리가 외치는 소리가 들렸다.

"헤이, 헤이. 내가 너희를 따라잡으면 너희를 모두 잡아가겠다!"

까마귀의 아들들은 매우 민첩했다. 독수리 아들은 그들에게서 뒤떨어졌다. 그러자 흰 독수리가 그를 잡았다. 까마귀 아들들은 둘이만 집으로 돌아갔다. 그들이 들어가자 독수리가 물었다.

"내 아들은 어디 있지?"

까마귀 아들들이 말했다.

"흰 독수리가 잡아갔어요!"

그러자 독수리가 말했다.

"그래? 안 좋은 일이군. 아마 벌써 산목숨이 아니겠지! 배불리 먹고 잘 자 두어라. 내일 너희를 나의 의형제에게 보낼 테니."

그 후에 까마귀 형제는 배부르게 먹고 깊이 잠이 들었다. 아침에 일어났을 때 독수리가 그들을 불렀다.

"너희가 어디로 가야 할지 내가 알려 주겠다. 먼저 위로 올라가거라. 땅이 작아지면 밑으로 내려와 남쪽으로 날아가

거라."

까마귀 새끼들은 해변 쪽으로 날아갔다. 그런 다음 위로 날아갔다. 오랫동안 날아가다가 땅이 완전히 작아지기 시작했을 때 밑으로 내려와서 남쪽으로 날아가기 시작했다. 또 다시 땅 위를 오랫동안 날았다. 그러자 앞에 바다가 보이기 시작했다. 까마귀 새끼들은 바다 위를 날았다.

까마귀 새끼들은 지쳐 가기 시작했다. 그러다가 곧 파도가 닿는 곳이 가까워졌고 해변이 보였다. 이때 까마귀 형제 중 동생이 해변 끝 물결 위에 떨어졌고 형은 파도 마루에 두 날개가 스치며 닿기 시작했다. 그들은 겨우겨우 해변에 도착했다. 둘은 뛰어가서 해초를 먹고 해변에서 바로 잠이 들었다. 그런 다음 깨어나서 먹고 다시 잠이 들었다.

두 까마귀는 쉬고 나서 다시 날아갔다. 앞에 천막이 보였다. 그 안으로 들어갔다. 거기에는 아버지 독수리의 의형제인 독수리의 아내가 된 한 여자가 있었다. 그 여자는 까마귀 새끼들에게 먹을 것과 마실 것을 주었는데 독수리가 그들을 마주치게 되면 그 까마귀들을 죽일까 봐 서두르고 있었다.

까마귀 새끼들이 그녀에게 말했다.

"우리 뜻대로 온 것이 아니에요! 아버지 독수리가 우리를 자신의 의형제에게 보냈어요. 흰 독수리가 그의 아들을 데려갔거든요."

여자가 말했다.

"자, 그럼 기다려!"

까마귀 새끼들은 먹을 것을 먹고 자려고 누웠다. 그들이 잠이 들자마자 의형제 독수리가 날아와서 기침을 하고 재채기를 하기 시작했다. 그 독수리가 말했다.

"이런, 여기에 손님들이 왔군. 그것도 처음으로!"

독수리가 들어갔다. 여자가 그에게 말했다.

"심부름꾼이에요. 당신의 의형제에게서 온 거예요. 당신에게 도움을 청하려고요. 흰 독수리가 그의 아들을 데려갔대요."

독수리가 말했다.

"그렇군. 나쁜 일이군. 그 아들은 이미 죽어서 없겠군. 고기를 삶고 손님들을 깨워서 먹게 해요."

까마귀 새끼들이 일어나서 실컷 먹고 놀러 나갔다.

정오에 의형제 독수리가 까마귀 새끼들을 보면서 아내에게 말했다.

"이 까마귀 새끼들과는 흰 독수리와 싸울 수 없겠소. 이 새끼 까마귀들은 달릴 줄도 모르잖소!"

그런 다음 그는 까마귀 새끼들에게 말했다.

"이제 내 아내가 고기를 잘라 줄 것이다. 아내가 고기를 자를 동안 너희는 저기 먼 산까지 달려가서 빙 돌아오너라.

솥 안에 물이 끓기 전에 돌아오려면 빨리 달려야만 한다."

여주인이 고기를 자르기 시작했고 까마귀 새끼들은 뛰어 나갔다. 여주인이 고기를 잘라서 삶기 시작했다. 고기는 다 삶아졌는데 까마귀 새끼들은 보이지 않았다. 여주인은 고기를 꺼내서 식히려고 놓아두었다. 고기가 다 식었는데도 까마귀 형제들은 여전히 돌아오지 않았다. 밤이 되어서야 까마귀 새끼들은 되돌아왔다. 새끼들은 먹고 쉰 다음 깊이 잠이 들었다.

다음 날 아침 독수리는 또다시 까마귀 새끼들을 뛰게 만들었다.

또다시 여주인은 고기를 잘랐다. 또다시 까마귀들은 독수리가 가리킨 그 산까지 달려갔다. 고기는 다 삶아져서 아직 다 식지도 않았는데 까마귀 형제들이 돌아왔다. 먹고 낮을 보낸 후 밤에 잠이 들었다.

다음 날 아침 독수리는 또다시 까마귀 새끼들을 뛰게 만들었다. 이번에는 고기가 다 삶아지기도 전에 까마귀 새끼들이 돌아왔다. 새끼들은 쉬고 실컷 잔 다음 아침에 또다시 뛰었다. 고기가 완전히 날것이었는데 까마귀 새끼들은 이미 돌아와 있었다. 그들은 먹고 쉰 다음 밤에 잠이 들었다.

그리고 또다시 아침에 산까지 뛰었다. 여주인이 고기를 솥에 넣자마자 그들은 이미 돌아왔다. 그리고 또다시 그들은 다음 날 아침에 뛰어갔다. 이번에는 여주인이 고기를 썰고 있는데 그들이 이미 돌아왔다. 아침에 또다시 뛰었다. 까마귀 새끼들은 여주인이 고기를 자르려고 칼을 갈 동안에 이미 천막으로 돌아올 정도로 그렇게 빨리 뛰게 되었다.

그러자 두 번째 독수리는 말했다.

"너희는 흰 독수리를 당해 낼 수가 없다. 아직 힘이 부족하다! 저기 저 큰 돌을 들어 올려 보거라. 만약 들어 올리면 천막으로 가져오너라."

아침 일찍 까마귀 새끼들은 돌을 들어 올리려고 나갔다. 한 까마귀가 발톱으로 돌을 꽉 쥐고 날아올라 보려고 했지만 돌은 들리지가 않았다. 그러자 다른 까마귀가 내려와서 돌을 꽉 쥐고 끌어 보았다. 또다시 첫 번째 까마귀가 돌을 집어서 날아올랐다가 던졌다. 두 번째 까마귀가 돌을 재빨리 잡았다. 그렇게 번갈아 가면서 그들은 돌을 내려놓았고 그런 다음에 돌을 천막 뒤로 던졌다.

까마귀 새끼들이 천막으로 들어왔을 때 두 번째 독수리는 그들에게 말했다.

"이제 되었다. 내일 떠나자!"

그들은 저녁을 먹고 잠시 앉아 있다가 밤이 되자 잠자러 갔다. 아침에 그들은 밥을 먹고 출발했다. 까마귀 새끼들은 독수리가 뒤처질 정도로 그렇게 날았다.

까마귀 새끼들은 독수리를 등에 앉혔다. 그들은 번갈아 가면서 독수리를 날랐다. 그렇게 그들은 해변에 도착했다. 그곳에서 쉬었다. 그리고 또다시 까마귀들은 독수리를 들어 올리려고 했지만 독수리가 마다했다. 그래서 까마귀 새끼들은 먼저 자신들의 천막에 도착했다. 그 새끼들이 들어오자 독수리가 그들에게 물었다.

"내 의형제는 어디에 있느냐?"

까마귀 새끼들은 그에게 말했다.

"이제 곧 오실 거예요!"

"왜 그를 등에 태우고 오지 않았느냐?"

"그가 마다했기 때문이에요."

그들이 잠시 앉아 있는데 독수리의 의형제가 들어왔다. 그를 장막의 벽 쪽 깨끗한 사슴 가죽 위에 눕게 했다. 그는 팔꿈치를 베고 누웠다. 그가 까마귀 새끼들에게 말했다.

"코시클리를 부르면 안 되겠어? 그를 부르면 어때?"

까마귀 새끼들은 코시클리를 부르는 데 동의했다. 그들은 날아가서 곧 그의 천막에 가까워졌다. 그 안으로 들어갔다. 코시클리는 아들들과 인사를 나누고 이렇게 물었다.

"왜 무슨 일로 왔느냐?"

"아버지의 사촌 형한테서 흰 독수리가 아들을 빼앗아 갔어요."

코시클리가 말했다.

“그래… 나쁜 일이군! 아마 그 아들은 이미 이 세상에 없겠구나!”

그들은 함께 식사를 했다. 그리고 코시클리는 나갔고 그의 뒤를 따라 까마귀 새끼들도 나갔다. 까마귀 새끼들은 까마귀 코시클리를 들어 올려서 북쪽으로 날아갔다. 까마귀 새끼들은 코시클리의 머리가 떨어져 나갈 정도로 그렇게 빨리 날았다.

까마귀들은 독수리한테 도착해서 장막 안으로 들어갔다. 주인은 코시클리를 위해서 장막 벽 쪽에 사슴 가죽을 놓아주었다. 코시클리는 팔꿈치를 베고 누웠다. 그런 다음 저녁을 먹고 잠자리에 들었다. 독수리 주인은 그들이 잠자리에 들었을 때 코시클리에게 그의 아내를 돌려주었다. 다음 날 아침 다섯이서 북쪽으로 날아갔다. 그들이 흰 독수리의 집에 가까이 갔을 때 주인 독수리, 까마귀 새끼 두 마리, 두 번째 독수리는 몸을 숨겼다. 코시클리 혼자만 흰 독수리에게 갔다. 천막으로 다가가서 쓰레기 구멍을 파기 시작했다. 흰 독수리의 아내가 밖으로 나와서 코시클리를 발견하고 들어오라고 했다. 코시클리는 안으로 들어갔다. 이때 흰 독수리가 그에게 물었다.

“어떻게 오셨소?”

코시클리가 대답했다.

"그냥 왔습죠. 배가 고파서."

흰 독수리가 말했다.

"아휴, 코시클리, 먹을 복이 있다고 하는 데는 이유가 다 있군요! 어서 드시오!"

코시클리는 먹기 시작했다. 실컷 먹고 나서 이렇게 말했다.

"음 으 음. 배가 너무 아프군요! 잠깐 나갔다 오겠소!"

흰 독수리가 그를 보내 주지 않았지만 코시클리는 천막에서 나왔다. 이때 그는 흰 독수리가 빼앗아 간 독수리 새끼를 발견했다.

코시클리는 독수리 새끼에게 말했다.

"흰 독수리에게 내일 좀 쉬게 해 달라고 부탁해 봐라. 그리고 내일 흰 독수리가 사냥을 나가면 곧장 도망쳐라. 저기 저 언덕 너머에서 친구들이 너를 기다리고 있단다!"

다음 날 독수리 새끼는 흰 독수리에게 집에서 남아 쉬고 싶다고 했다. 흰 독수리는 대답했다.

"어쩌겠느냐! 나는 바다 쪽으로 사냥하러 날아가겠다!"

독수리 새끼는 쉬느라고 남게 되었다. 흰 독수리는 날아갔고 모습이 보이지 않게 되자 코시클리와 독수리 새끼는 밖으로 나와서 그들을 기다리고 있는 동무들에게 도망쳤다.

그렇게 여섯이서 멀리 도망쳤는데 갑자기 흰 독수리의 목소리가 들렸다.

"에이, 코시클리, 내가 네 목숨 줄을 끊어 놓겠다! 잡히기만 하면 죽여 버릴 테다!"

흰 독수리의 외침을 듣고 그들은 더 빨리 날아갔다. 그러나 코시클리는 뒤처졌다. 그러자 흰 독수리가 그를 뒤쫓아와서 낚아채려고 했지만 코시클리가 발톱을 위로 하고 회전을 하여서 흰 독수리는 스쳐 지나가며 허탕을 치고 말았다. 그렇게 공중에서 돌면서 싸웠다. 까마귀 새끼들은 친아버지 코시클리가 위험에 처한 것을 보자 흰 독수리에게 달려들었다. 날아와서 이쪽저쪽에서 어깨를 잡아채고 흰 독수리의 양 날개를 찢었다. 흰 독수리가 떨어지기 시작했다. 까마귀들은 뒤쫓아 가서 독수리의 몸에 달라붙더니 치명타를 입혀서 죽였다. 흰 독수리는 땅에 떨어졌다.

그들은 모두 집으로 날아갔다. 독수리 주인은 코시클리에게 말했다.

"당신은 아내와 자식들과 함께 집으로 가시오!"

까마귀들은 집으로 출발했다. 그리고 자기 집에서 모두 함께 잘 살게 되었다.

까마귀와 여우

어느 한 집에 까마귀와 여우가 살았다고 한다. 까마귀가 집의 절반을 차지했고 여우가 다른 절반을 차지했다. 까마귀는 어부였다. 등에 자리를 메고 고기를 잡으러 다녔다. 하루는 집에 돌아와서 자기 자리 구석에 앉아서 생물 물고기를 요리하여 만족스럽게 먹고 있었다. 여우가 자기의 절반쪽 자리에서 그에게 말했다.

"아휴. 얼마나 맛있겠어. 정말 맛난 생선 냄새가 나는군!"

까마귀가 대답했다.

"잠자코 있어. 너한테도 대접할게!"

더 작은 물고기를 찾으려고 한참 뒤적이더니 생선 하나를 여우 옆에 놓았다.

"자, 먹어!"

여우가 먹었다. 가장 작은 물고기가 여우 차지였다! 여우는 그 물고기를 오랫동안 조금씩 아껴서 맛있게 먹었다. 그런데 까마귀 어부는 마음껏 닥치는 대로 먹었다.

까마귀는 하던 대로 실컷 잔 후에 다음 날 아침 또다시 물고기를 잡으러 나갔다. 낚시에서 돌아와서 모든 것이 처음부터 시작되었다. 자기는 배부르게 먹고 여우에게는 가장 작은 물고기를 주었다. 여우는 물고기를 오랫동안 조금씩 먹었다.

어느 날 까마귀가 깊은 잠에 빠져 있을 때, 여우가 한밤중에 일어나서 물고기를 잡기로 결심했다. 여우는 까마귀의 낚시 도구를 가지고 얼음 구멍으로 출발했다. 얼음 구멍에 낚싯대를 내렸다. 아무리 낚싯대를 넣고 기다려도 물고기는 잡히지 않았다. 여우는 생각했다. '아마도 까마귀가 그냥 잡는 것이 아닌 것 같아. 물고기를 낚으면서 이렇게 말하나 봐. '자장, 자장, 자장!' 여우는 그렇게 말하기 시작했다. 갑자기 미끼가 심하게 흔들렸고 여우가 낚싯대를 잡아당겼다. 겨우 겨우 끌어당겼다. 물에서 물고기 모습이 드러났다! 결국 물고기를 끌어냈는데 물고기가 사람 목소리로 울기 시작하는 것이 아닌가! 여우는 낚시 도구를 던져 버리고 집으로 도망치기 시작했다. 집에 도착해서 가만가만히 들어가서 옷을 벗고 누웠다. 그리고 깊이 잠이 들었다.

까마귀가 아침에 일어나서 물고기를 먹고 고기를 낚으러 갈 채비를 하는데 낚시 도구가 없었다. 까마귀는 낚시 도구를 찾기 시작했다. 찾고 또 찾았지만 발견할 수가 없었다. 여우를 불렀다.

"이봐, 이봐! 내 낚시 도구 어디에 있지?"

여우가 대답했다.

"어디에 있는지 나야 모르지."

까마귀가 여우에게 엄하게 캐묻기 시작했다.

"말하지 않는다면 때려 줄 테다!"

여우가 대답했다.

"아하, 생각났다! 밤에 내가 물고기를 낚으러 갔는데 낚싯대에 무엇인가 잡혔지만 사람 목소리로 울기 시작했어. 그래서 낚시 도구를 얼음 구멍에 던져 버렸지 뭐야."

"이제 너를 어떻게 하면 좋지? 낚시 도구 없이 이제 어떻게 살아?"

까마귀가 화를 냈다.

까마귀는 집에서 나가면서 생각했다. '어디로 가야 될까?' 그리고 까마귀는 강을 따라 위로 가기 시작했다.

여우는 까마귀가 어디로 가는지 쳐다보았다. 까마귀는 가고 또 가다가 작은 천막을 발견했다. 그쪽으로 다가가니 천막 옆에 너무 더럽고 헝클어진 머리에 코를 질질 흘리는 여자 한 명이 돌아다니고 있었다. 코가 거의 턱까지 흐르고 있었다. 한쪽 바짓가랑이는 흘러내렸고 다른 쪽 바짓가랑이는 추켜져 있었다. 그녀에게 다가가서 까마귀가 말했다.

"너무 아름답군요! 평생 이렇게 아름다운 미녀는 만나 보지 못했어요."

여자가 말했다.

"자, 우리 집으로 가요! 지붕 밑에 겉옷을 벗어요."

까마귀는 털가죽 겉옷을 벗어서 장작 위에 올려놓고 여주인이 지붕 밑에서 그를 부른 것을 살피지도 못한 채, 장막 안으로 들어갔다. 까마귀가 장막 밑으로 고개를 들이밀고 보니 여자가 자기 털가죽 겉옷을 입고 이쪽으로 돌았다 저쪽으로 돌아다 하면서 뽐내고 있었다. 까마귀가 쳐다보다가 말했다.

"정말 예쁘군요! 내 털가죽 외투를 입으니 더 예뻐졌네요! 아마도 내가 그 옷을 제대로 입을 줄 몰랐나 봐요!"

"이제 장막으로 들어가요."

여자가 말했다.

까마귀는 또다시 장막으로 기어들었고 여주인은 지붕 밑에서 무엇인가를 찧기 시작했다. 그런 다음 나무 접시에 수많은 물고기를 담아 장막으로 가지고 들어왔다. 까마귀는 먹기 시작했다.

"물고기가 참 많군요!"

까마귀가 말했다.

"내가 내 것을 줄게요."

여주인이 대답했다.

까마귀는 실컷 먹고 장막 지붕을 걷고 나가서 털가죽 외투를 입었다. 그러는 동안 여주인은 창고에서 물고기를 한 아름 가져왔다. 까마귀는 한 짐 지고서 집으로 갔다. 까마귀가 먹을 것을 가지고 돌아왔는데 여우가 때마침 나타났다. 여우가 까마귀에게 말했다.

"아휴, 정말 맛있는 생선 냄새가 나는군!"

까마귀가 생선 하나에서 꼬리를 잘라서 여우에게 주었다.

까마귀가 잠이 들자마자 여우가 가만가만히 천막에서 나와서 까마귀의 발자국을 따라 나섰다. 강을 따라 위로 올라가자 천막이 보였다. 가서 보니 천막 옆에 한 여자가 뛰어다니고 있었다. 여우는 그녀에게 다가가서 말했다.

"흐르는 코라도 좀 닦지!"

여주인이 말했다.

"자, 우리 천막으로 가요!"

그들은 지붕 밑으로 들어갔다.

"털외투를 벗어서 여기에 놓아요."

여주인이 말했다.

여우가 털외투를 벗고 장막으로 들어갔다.

여주인이 지붕 밑에서 말했다.

"자, 지붕 밑을 좀 보세요!"

여우가 고개를 내밀자 여주인이 여우의 털외투를 입고 있는 것이 보였다. 그래서 소리쳤다.

“에이, 왜 내 털외투를 입은 거예요? 당신이 온통 내 옷을 더럽히겠어요! 코 나오는 것 좀 봐요!”

“자, 그럼 장막으로 들어가요.”

여주인이 말했다.

갑자기 우지직 소리가 나더니 천막이 무너지기 시작했다. 여우는 장막에서 뛰쳐나왔는데 나와서 보니 천막도 아무것도 없었고 그 대신에 강이 흐르고 있었다. 여우는 재빨리 털외투를 걸쳐 입었는데 이때 급류가 여우를 휩싸 안아서 데려가 버렸다. 여우는 겨우겨우 강변으로 기어 나와서 젖은 털을 털기 시작했지만 완전히 물기를 털어 낼 수는 없었기에 젖은 채로 있을 수밖에 없었다.

여우는 집으로 돌아와서 곧장 잠이 들어 버렸다. 자는 사이 젖은 털외투에서 나온 물로 여우 주위에 물웅덩이가 고였다. 다음 날 아침 까마귀가 잠이 깨어서 여우를 보면서 말했다.

“자, 어서! 무슨 일이 생긴 거야?”

여우가 대답했다.

“강에 빠져 흘러갈 뻔했어!”

“너는 항상 모든 일을 망치고 내가 먹을 것을 구하는 것을 방해하는구나.”

까마귀가 화를 냈다.

여우는 잠이 들었다. 까마귀는 천막을 나와서 또다시 이제는 먹을 것을 구하러 어디로 가야 할지 생각했다. 그러다 방향을 정해서 출발했고 툰드라 가운데서 커다란 토굴을 발견했다. 까마귀가 토굴 위로 날아가 앉아서 바람구멍으로 들여다보기 시작했다. 안을 보니 토굴은 드넓었고 거기에는 수많은 사슴들이 원을 그리며 거닐고 있었다. 그 원 안에는 한 여자가 앉아서 긴 머리칼을 빗질하고 있었다. 까마귀는 이렇게 생각했다. '어떻게 하지?' 이때 밑의 원을 따라 크지 않은 사슴이 지나갔다. 까마귀는 그 사슴한테 침을 뱉었다. 사슴은 곧바로 넘어졌다. 여자가 일어나서 쳐다보니 사슴은 이미 죽어 있었다. 여자는 자기의 머리칼을 매듭 지어 사슴을 휘감아서 밖으로 옮기더니 던져 버렸다. 까마귀는 사슴의 가죽을 벗겨서 고기를 싣고 그 자리에 가죽을 남겨 둔 채로 집으로 돌아갔다.

여우는 여전히 자고 있었다. 까마귀는 고기를 삶아서 먹기 시작했다. 여우는 그러는 사이에 잠이 깨어 일어나서 말했다.

"아휴, 사슴 고기 냄새가 정말 맛있게 나는군!"

"여우야, 조용히 해. 고기를 줄 테니."

까마귀가 말했다.

그런 다음 한 조각을 잘라서 여우에게 주었다. 여우는 그 고기 조각을 먹어 치우고 잠자리에 들었다.

까마귀가 잠이 들자마자 여우는 또다시 까마귀의 흔적을 따라 출발했다. 여우가 가다 보니 툰드라의 가운데에 커다란 토굴이 보였다. 토굴 위로 올라가서 바람구멍으로 들여다보았다. 토굴 한가운데 여자가 앉아 있었고 긴 머리칼을 빗질하고 있었다. 토굴 안에서는 원을 그리며 수많은 사슴들이 거닐고 있었다. 여우는 생각했다. '까마귀는 어떻게 사슴 고기를 얻었을까?' 여우 아래로 가장 큰 사슴이 지나갈 때 여우는 그 사슴에게 침을 뱉었다. 사슴은 신음 소리를 내며 넘어졌다. 여자가 일어나서 말했다.

"왜 사슴들이 죽어 넘어지는 거지?"

여자는 사슴의 발을 붙잡고 밖으로 끌어내서 던져 버렸다.

여우는 사슴의 몸체로 다가가서 혁대로 묶은 다음 등에 지고 가고 싶었지만 아무리 해도 꼼짝도 할 수가 없었다. 여우가 생각했다. '여자를 불러서 내 등에 이 짐을 지워 달라고 부탁해야겠어.' 여우는 바람구멍으로 다가가서 안을 들여다보았다. 여자가 머리칼을 계속 빗고 있었다. 여우가 소리쳤다.

"에이, 거기 누구 없어요? 에이, 거기 누구 없어요?"

여자가 대답했다. 여우가 여자에게 말했다.

"이리 좀 와 보세요. 사슴을 등에 지는 것을 좀 도와주세요!"

"기다려. 지금 갈게. 도와줄게."

여자가 말했다.

여자는 신발을 신고 가죽을 이기는 도마를 가지고 나갔다.

"먼저 혁대를 차고 고개를 더 낮게 숙이고 있어."

여자가 여우에게 말했다. 여우는 혁대를 차고 고개를 숙였다. 여자가 다가와서 여우의 머리를 도마로 때렸다. 여우는 곧바로 정신이 나갔고 코에서는 피가 줄줄 흘렀다. 얼마의 시간이 지나자 여우는 정신을 차렸다. 여우는 혁대를 짐에서 풀어 던져 버리고 되돌아서 도망쳤다. 여우의 코는 피범벅이었고 머리는 깨져서 쪼개졌다. 여우는 천막에 도착해서 잠자리에 들었다. 그때 까마귀가 잠이 깨서 말했다.

"자, 어서! 또 무슨 일을 저지른 거야?"

"아무 일도 안 저질렀어."

여우가 말했다.

"피가 범벅인데! 너는 항상 모든 것을 망치고 먹을 것을 구하는 것을 방해만 하는구나!"

까마귀가 또다시 화를 내며 이렇게 말했다.

"나랑 더 이상 살 수 없으니 툰드라로 떠나라. 더 이상 너를 용납하지 않겠어. 못된 것 같으니라고! 이제 너는 방랑자로 살게 될 거야! 어서 짐 챙겨서 떠나!"

여우는 천막에서 나와서 툰드라에서 방랑자로 살기 시작했다.

송아지와 새끼 여우

어느 날 작은 새끼 여우 한 마리가 호숫가를 따라 걸어가고 있었다. 이때 송아지가 물에서 불쑥 고개를 내밀었다. 새끼 여우가 그 송아지에게 노래를 불러 주기 시작했다.

황소, 황소, 새끼 황소야,
배뚱뚱이야!
황소, 황소, 새끼 황소야,
배뚱뚱이야!
뼈가 목에 걸리겠구나!

그러자 송아지가 그 여우에게 대답했다.

네 눈은 휘둥그렇고,
머리카락은 덥수룩하구나!

작은 새끼 여우는 울면서 도망쳤다. 어머니가 집에서 새끼 여우에게 물었다.

"왜 우느냐?"

"어떻게 울지 않겠어요? 새끼 황소가 나한테 눈은 휘둥그렇고 머리카락은 덥수룩하대요."

새끼 여우가 대답했다.

어머니가 그 새끼 여우에게 말했다.

"아마도 네가 그 황소한테 뭐라고 먼저 말했겠지!"

그러자 새끼 여우가 대답했다.

"그렇죠. 내가 모두 얘기했죠. '배뚱뚱이야, 배뚱뚱이야!' 하고요."

교활한 여우

그런 일이 있었다. 여우, 늑대, 곰, 사슴이 이웃해서 살았다. 어느 날 여우가 해변을 따라 걷다가 해변 얼음으로 물고기 한 마리가 파도에 밀려 내던져지는 것을 보았다.

여우는 기뻐서 어쩔 줄 몰랐다.

"아이고, 먹을 것이 저절로 들어왔구나!"

이빨로 물고기를 물고 계속 갔다. 가다가 늑대를 만났다.

늑대가 물었다.

"어이, 이웃, 어디서 물고기가 났어?"

여우가 대답했다.

"바다에서 잡았지! 얼음덩이에 앉아서 꼬리를 물속에 내려 넣고 밤새 앉아 있었더니 아침 녘이 되자 얼마나 많은 물고기가 잡혔는지, 실컷 먹고도 한 마리가 남았다네."

늑대가 부탁했다.

"나한테 주게!"

여우가 말했다.

"달라고 하다니 부끄럽지도 않은가, 이웃 양반! 자네한테도 긴 꼬리가 있잖나! 원한다면 나보다도 더 많이 잡을 수 있을 텐데!"

그러더니 여우는 툰드라의 자기 굴로 도망쳤다.

늑대는 어쩔 수가 없었다. 늑대는 얼음물에 꼬리를 집어 넣고 기다리기 시작했다. 오랫동안 앉아 있었고 물고기가 잡힐 것이라는 생각을 하고 있었다. 이미 날이 밝기 시작했다. 늑대는 꼬리를 꺼내려고 했지만 꼬리가 얼어서 얼음에 달라붙어 버렸다! 늑대가 온 힘을 다해서 떼려고 잡아당겼다가 꼬리가 떨어져 버렸다. 너무 아파서 울음을 터뜨렸다. 여우의 발자국을 따라서 달려갔다. 늑대가 생각했다. '자, 거짓말쟁이는 혼쭐을 내 주고 말 테다!'

여우는 굴에 앉아 있었다. 늑대가 도착해서 여우에게 말했다.

"거짓말을 하다니 너를 죽이고야 말겠다! 물고기도 못 잡고 꼬리만 없어졌구나!"

그러자 교활한 여우는 한쪽 눈을 슬쩍 감으면서 말했다.

"왜 나를 죽이려는 겐가? 내가 자네한테 무슨 짓을 했다고?"

늑대가 소리 소리쳤다.

"너 때문에 꼬리가 다 얼어붙었잖아!"

여우가 대답했다.

"자네는 내가 애꾸눈이라서 해변에 나다니지 않는다는 것을 보고도 모른단 말인가! 자네가 틀린 거야. 내가 보니 어제 내 굴 옆으로 다른 여우가 도망치더군. 그 여우가 자네를 속인 거야! 그 여우를 찾아보게."

늑대는 뛰어나갔고 여우는 그 늑대 뒤를 좇아갔다. 늑대는 뛰고 또 뛰어가다가 힘이 빠져서 쓰러졌다. 그렇게 거기서 죽고 말았다.

여우가 툰드라를 달려가고 있는데 맞은편에 큰사슴이 오고 있었다. 큰사슴은 여우에게 물었다.

"이웃 양반, 이끼가 자라는 곳을 혹시 모르오?"

여우가 말했다.

"저 산으로 가요. 내가 이끼가 많은 곳을 알려 줄게요."

그들은 산으로 들어갔다. 여우가 말했다.

"저기 아래 계곡에 이끼가 지천이에요! 갑시다. 내가 먼저 내려갈 테니 당신이 따라와요."

여우가 밑으로 내려가더니 큰사슴에게 소리쳤다.

"에이, 여보시오. 뿔 난 양반! 스무 발자국만 오른쪽으로 가서 내려오시오! 거기가 더 좋다오."

큰사슴은 여우 말을 듣고 그렇게 한 다음 밑으로 내려오기 시작했다. 그런데 거기에는 절벽이 있었다. 큰사슴은 절벽으로 미끄러졌고 깎아지른 듯한 바위에서 곧장 떨어져서 쓰러져 죽고 말았다. 그러자 여우는 기뻐했다. '이게 웬 떡이냐, 이게 웬 고기냐. 내 잔칫날이구나! 뿔난 멍청이가 스

스로 먹이가 되었구나!'

여우는 신선한 고기를 실컷 먹었다. 여우는 큰사슴 고기의 내장을 꽉 물고 툰드라로 갔다.

여우 맞은편에서 갈색 곰이 오고 있었다. 곰은 여우를 보고 이렇게 물었다.

"에이, 이웃 양반. 그 내장 좀 내게 주시오!"

"이것은 내 내장을 꺼낸 거라오. 원하면 당신도 그렇게 하면 되잖소."

곰이 말했다.

"아프잖소!"

여우가 곰에게 말했다.

"내가 도와주겠소. 좀만 참으시오!"

"그럼 해 봅시다."

곰이 말했다.

여우는 곰의 배를 갈라서 내장을 꺼내기 시작했다.

"아휴, 못 하겠소. 아휴, 아파!"

여우가 기뻐하면서 말했다.

"이런 미련퉁이! 내가 너를 죽인 게다!"

곰은 죽어 버렸고 여우는 겨울 내내 먹을 고기와 비계를 저장했다.

거짓말쟁이 여우

이런 일이 있었다고들 한다. 호숫가를 따라 여우가 가고 있었는데 얼음 위에서 꽁꽁 언 물고기 두 마리를 발견했다. 여우는 물고기를 가지고 호숫가로 올라갔다. 거기에 앉아서 공짜로 얻은 물고기를 먹기 시작했다. 옆으로 늑대가 지나가다가 물고기를 먹고 있는 여우를 보고 물었다.

"여우야, 무엇을 그렇게 배부르게 먹고 있는 거야?"

여우가 대답했다.

"물고기를 먹느라고 시간 가는 줄도 모르고 있었지!"

늑대가 다시 물었다.

"그 물고기는 어디서 났어?"

여우가 대답했다.

"내 대장을 발톱으로 꼭 집어서 꺼냈지. 그랬더니 그 안에 이렇게 물고기들이 들어 있지 뭐야. 너도 통통한 내장을 꺼내 봐. 그러면 물고기를 찾을 수 있을 테니."

늑대는 한쪽으로 물러가서 발톱으로 자신의 대장을 꽉 집어서 꺼냈다. 그래서 그 자리에서 죽고 말았다.

그러는 사이에 옆으로 또 다른 늑대가 한 마리 지나갔다. 늑대는 여우가 물고기를 먹는 것을 보고 여우에게 물었다.

"여우야, 물고기는 어디서 잡았어?"

여우가 대답했다.

"호수 가운데서 얼음 구멍을 파고는 내 꼬리를 집어넣고 꼬리가 묵직해질 때까지 천천히 흔들기 시작했어. 꼬리가 묵직해지자 꺼냈지. 그랬더니 꼬리에 물고기가 얼어붙어 있었어. 그래서 지금 물고기를 먹고 있는 거야."

늑대는 그 즉시 호수 가운데로 달려가서 얼음 구멍을 파고 그 얼음 구멍에 꼬리를 집어넣고는 천천히 흔들기 시작했다. 꼬리가 묵직해지기 시작했고 더 무거워졌으며 그런 다음에는 전혀 움직이지 않게 되었다. 늑대는 꼬리를 얼음 구멍에서 꺼내고 싶었지만 뜻대로 되지 않았다. 그러자 늑대는 꼬리를 힘껏 잡아당겼고 꼬리의 가죽이 찢어져서 벌건 맨 꼬리만 나오고 말았다. 늑대가 얼마나 화가 났는지! 늑대는 여우를 뒤쫓기 시작했다. 여우에게 가까이 갔더니 여우는 애꾸눈인 척했다. 늑대가 여우에게 달려가서 소리쳤다.

"아휴, 거짓말쟁이 같으니라고!"

그러자 여우가 물었다.

"누구보고 거짓말쟁이라는 거예요?"

늑대가 말했다.

"너 때문에 내 꼬리 가죽이 모두 벗겨졌잖아!"

여우가 대답했다.

“내가 애꾸눈인 거 안 보이세요? 아마 내 동생이 당신을 속였나 봐요. 가서 개를 찾아보세요.”

여우는 잠자코 있었다. 그러자 늑대는 아무 말도 못 하고 가 버렸다.

송아지와 늑대

이런 일이 있었다고들 한다. 늙은 늑대가 호숫가를 자주 다니곤 했다. 그 호수에서 물을 먹고 호수에 비친 자기 모습도 보곤 했다. 어느 날 송아지가 늑대를 보고 늙다리 영감을 놀려 주고 싶은 생각이 들었다. 송아지는 이웃에 사는 황소에게 가서 이렇게 말했다.

"우리 호숫가에 늙은 늑대가 자주 다니곤 합니다. 저는 달리기 경주 시합을 해 보고 싶어요. 늑대가 '송아지야, 어디 있니?'라고 물으면 물속에서 '여기 있어요, 여기 있어요!'라고 대답만 하게 해 주세요."

그리고 늑대가 또다시 호숫가에 나타났다. 송아지는 늑대에게 제안했다.

"이봐요, 늑대 양반, 누가 더 빨리 달리는지 시합해 봅시다. 당신은 호숫가를 따라 달리고, 저는 물속을 헤엄쳐 갈게요."

늑대는 잠시 생각을 하다가 동의했다. 한 자리에서 동시에 출발했지만 송아지는 곧바로 멈추어 섰다. 늑대가 온 힘을 다해 달리다가 숨이 가빠 헐떡이면서 물었다.

"에이, 송아지, 너는 어디야?"

"저는 여기예요. 여기!"

늑대가 물으면 그에게 다른 황소들이 대답했다.

늑대는 완전히 숨이 차서 헐떡이며 물었다.

"송아지야, 송아지야, 어디 있니?"

그러자 저 앞에서 송아지들이 대답했다.

"여기예요! 저는 여기 있어요!"

늑대는 온 힘을 다 쓰고 쓰러져서 겨우 숨을 내쉬면서 죽어 가고 있었다. 그러자 거짓말쟁이 송아지들이 그를 비웃었다. 한 황소가 늑대에게 말했다.

"자, 뛰어 봐, 늑대야. 할 수 있으면 나를 앞질러 봐!"

그러나 늑대는 아무 말이 없었고 숨이 막혀서 죽었다.

가마우지

가마우지는 새끼 다섯 마리와 벼랑 위에서 겨울을 지냈다. 차례대로 해안의 얼음 끝으로 가서 먹이를 구해 왔다. 까마귀도 새끼 다섯 마리와 함께 벼랑 위에서 살고 있었다. 어느 날 까마귀는 가마우지들을 발견했고 그들을 불쌍히 여겨서 따뜻한 자기들의 둥지로 오라고 말했다. 먹을 것도 많고 따뜻하게 살 수 있다고 말했다.

가마우지들은 까마귀들의 말을 믿고 그들의 천막으로 갔다. 천막 안으로 들어가니 매우 따뜻했다. 그래서 해안의 얼음 층에서 먹이 찾는 것을 그만두고 까마귀들한테 얹혀서 먹고살기 시작했다. 먹을 것은 함께 먹었지만 까마귀들이 두려워서 잘 수가 없었다. 그래서 차례대로 잤다. 어느 날 밤에 가마우지가 자는 척했다. 그러자 한 까마귀가 일어나서 어린 가마우지한테 슬금슬금 다가갔다. 그 가마우지를 잡으려고 했지만 아버지 가마우지가 일부러 뒤척였다. 그러자 까마귀는 새끼 가마우지를 붙잡지 않고 내버려 둔 채 뒤로 껑충 뛰어 물러났다. 가마우지는 까마귀들이 잠들기를 기다렸다. 그리고 까마귀들이 잠이 들자 일어나서 새끼 까마귀들에게 몰래 가서 한 마리를 붙잡았다. 그리고 자기 새끼들한테 가져가서 가장 어린 새끼 옆에 놓아두었다. 가마우지는 누워서 자는 척했다. 그러자 까마귀가 잠이 깨어 가마우지의 새끼들한테 또다시 다가갔다. 가마우지는 잡아왔던 새끼에게서 눈을 떼지 않고 있었다. 그러자 마침 까마귀는 자기 새끼를 붙잡았다. 까마귀는 새끼 까마귀를 데려가서 소리도 없이 죽였다. 그러더니 자기 새끼들을 깨웠다. 새끼들이 일어나자 가마우지들이 일어나기 전에 얼른 먹으라고 재촉했다. 먹기 시작했을 때 까마귀 새끼들이 말했다.

"어쩐지 우리 동생의 냄새가 나는 것 같아요?"

까마귀가 대답했다.

"아니야. 이것은 가마우지 새끼야. 어서 빨리 먹어!"

새끼 까마귀들은 다 먹고 잠자리로 가 잠이 들었다. 가마우지들은 잠이 깨서 옷을 입고 까마귀의 천막에서 나가서 얼음 층이 있는 밑으로 날아갔다. 얼음 층의 끝이 보이자마자 까마귀들이 나타났다. 가마우지들은 물속으로 뛰어들어서 잠수했다. 그러자 까마귀들은 얼음 층의 끝에 앉았다. 가마우지들이 물속에서 고개를 내밀자 까마귀들이 물었다.

"왜 떠났어?"

그러자 아버지 가마우지가 말했다.

"당신이 당신 새끼들한테 자기 동생을 먹게 했기 때문이오."

큰사슴 아카나

이런 일이 있었다. 큰사슴 암컷이 살고 있었다. 그 큰사슴 암컷에게서 작은 새끼 사슴이 태어났다. 새끼 사슴은 아직 연약해서 빨리 뛸 수가 없었다.

어느 날 두 사슴은 햇볕을 쬐며 풀 위에 누워 있었다. 이때 커다란 늑대 두 마리가 다가와서 새끼 사슴과 암컷 큰사슴을 발견했다.

한 늑대가 다른 늑대에게 말했다.

"자, 이봐. 암컷을 죽이자!"

그러자 다른 늑대가 대답했다.

"물론이지. 죽여야지. 고기가 많겠군!"

암컷 큰사슴은 미처 도망치지 못했다. 늑대들이 덤벼들어서 암컷을 죽이고는 먹어 치웠다. 늑대들이 실컷 먹었을 때 첫 번째 늑대가 말했다.

"이봐, 새끼 사슴도 죽여서 먹어 버리자!"

"그래, 죽이자!"

다른 늑대가 동의했다.

그러나 이때 아카나가 그 늑대들에게 말했다.

"잠깐 기다리세요. 저를 먹는 것은 언제든 할 수 있잖아요. 그 전에 먼저 누가 더 힘이 세고 더 잘 달리는지 시합해 봐요, 네?"

아카나는 달려갔다. 늑대들이 아카나의 뒤를 쫓아갔다. 아카나는 산으로 올라갔다. 산에서 계곡으로 내려왔다가 다시 다른 산으로 올라갔다. 전에 매일 하듯이 그렇게 뛰었다.

늑대들은 새끼 사슴 뒤를 쫓고 또 쫓았고 혀를 쑥 내밀고 완전히 힘이 빠졌지만 아직도 새끼 사슴을 쫓아가지 못하고 있었다. 첫 번째 늑대가 말했다.

"이 아카나란 놈은 비쩍 말랐군! 뭐 하러 그런 놈을 쫓겠어?"

두 번째 늑대가 그에게 대답했다.

"물론이지. 뛰어가게 내버려 둬. 누구에게도 쓸모없는 놈!"

아카나는 살아남았다.

어느 겨울날 동물들이 모두 아카나의 힘을 시험하기 위해 모였다. 아카나에게 곰이 다가가서 싸우기 시작했다. 아카나는 힘센 뿔로 곰을 잡아서 위로 올렸다 내리꽂았다. 이후에 동물들은 모두 도망치기 시작했다.

어느 날 아카나가 누워서 쉬고 있는데 갈색 곰이 그를 보고 다가왔다. 그러나 이것이 큰사슴인 것을 알아차리자 곧장 저쪽으로 도망치며 이렇게 말했다.

"아카나가 자는 척하고 있는 거였군!"

그러나 아카나는 그때 정말로 자고 있는 것이었는지도 모른다.

이것이 끝이다.

쥐

어느 날 쥐가 얼어붙은 호수 한가운데로 물을 마시러 갔다. 물을 마시려고 구멍을 냈다. 실컷 물을 마신 후 구멍 옆에 앉았다. 여기서 쥐는 쉬기로 결심했다.

그렇게 앉아서 쉬고 있는데 꼬리가 얼어붙고 말았다. 그러자 쥐는 훌쩍훌쩍 눈물을 흘리고 울면서 노래하기 시작했다.

호수 가운데서 나는 얼어붙고 말았네!
그래서 이제 서럽게 운다네!
어휴, 족제비가 올지도 모른다네,
그러면 얼마나 좋을까!

그렇게 쥐는 노래를 불렀다. 갑자기 어디선가 족제비가 나타났다.

쥐는 족제비에게 말했다.

"저리 가, 너한테 안 좋은 냄새가 나잖아!"

족제비가 도망쳤다. 쥐는 또다시 노래하기 시작했다.

호수 가운데서 나는 얼어붙고 말았네!
그래서 이제 서럽게 운다네!
어휴, 청설모가 올지도 모른다네,
그러면 얼마나 좋을까!

그러자 갑자기 어디선가 청설모가 나타났다. 쥐는 청설모에게 말했다.

"저리 가. 긴 꼬리 녀석아!"

청설모가 도망쳤다.

또다시 쥐가 노래하기 시작했다.

호수 가운데서 나는 얼어붙고 말았네!
그래서 이제 서럽게 운다네!
어휴, 토끼가 올지도 모른다네,
그러면 얼마나 좋을까!

그러자 갑자기 어디선가 토끼가 나타났다. 쥐는 토끼에게 말했다.

"저리 가. 꼬리도 작은 주제에!"

토끼가 도망쳤다.

그리고 또다시 쥐는 마지막으로 노래하기 시작했다.

호수 가운데서 나는 얼어붙고 말았네!
그래서 이제 서럽게 운다네!
어휴, 곰이 올지도 모른다네,
그러면 얼마나 좋을까!

노래를 멈췄다. 갑자기 어디선가 곰이 다가와 발로 쥐를 때렸고 쥐의 꼬리는 완전히 뜯어져 버렸다. 쥐는 꼬리 없이 남게 되었다.

그렇게 곰은 쥐를 도와준 꼴이 되었다.

해를 얻다

이런 일이 있었다. 어느 날 퉁구스 사람들이 툰드라의 주민들로부터 해를 훔쳐 갔다. 모든 동물들이 칠흑 같은 어둠 속에서 살면서 더듬더듬 먹을 것을 찾아냈다. 살기가 힘들게 되었다. 그래서 육지 동물들과 새들은 대회의를 소집하기로 결심했다. 각각의 길짐승과 날짐승 종족 대표가 회의에 도착했다. 제일 현명하다고 여겨졌던 늙은 까마귀가 말했다.

"날개 있고 털 있는 형제들이여, 언제까지 어둠 속에서 지내야 한단 말입니까? 어르신들한테 듣기로는 우리 땅에서 멀지 않은 곳, 깊은 땅속에 우리한테서 빛을 훔쳐 간 퉁구스 사람들이 살고 있다고 합니다. 그 퉁구스 사람들은 흰 돌로 된 그릇에 커다란 빛나는 공을 보존하고 있답니다. 그리고 그 공을 그들은 해라고 부른답니다. 만약 그 해를 퉁구스 사람들한테서 빼앗는다면 땅은 빛으로 밝게 빛날 것입니다. 늙은 까마귀인 저는 해를 가지러 우리 중에 가장 크고 힘이 센 갈색 곰을 보낼 것을 조언하는 바입니다."

"곰, 곰!"

동물들이 소리치기 시작했다.

이때 늙고 좀 귀가 먹은 부엉이가 썰매를 고치고 있었다. 부엉이는 옆에 앉아 있던 작은 멧새에게 물었다.

"동물들이 무슨 의논을 하고 있는 거야?"

멧새가 대답했다.

"가장 힘이 센 곰을 해를 찾아오라고 보내려고 해요."

부엉이가 말했다.

"그들의 노력은 헛된 것이야. 곰은 달콤한 음식만 보면 모든 것을 잊어버릴 것을. 해는 못 찾아올걸."

이때 그 말을 들은 동물들은 부엉이의 말이 옳다고 동의했다.

"맞는 말이 아닌가. 곰은 맛난 음식을 보면 해 같은 것은 잊어버리고 말걸."

늙은 까마귀는 또다시 말했다.

"그러면 늑대를 보냅시다. 곰 다음에는 늑대가 우리 중에서 가장 힘이 세고 빠르잖소."

부엉이가 멧새에게 물었다.

"뭐라고 얘기하는 거야?"

멧새가 부엉이에게 대답했다.

"늑대를 해를 가지러 보내기로 결정했어요. 곰 다음에는 늑대가 우리 중에서 가장 힘이 세고 빠르니까요."

부엉이가 말했다.

"쓸데없는 노력을 하는구나. 늑대는 탐욕스러워서 사슴을 만나면 곧장 죽여서 먹느라고 정신이 없어서 해에 대해서는 까맣게 잊어버릴 것을."

동물들이 부엉이의 말을 듣고 그 말에 동의했다.

"맞아요. 늑대는 탐욕스러워서 사슴을 보면 죽여서 먹느라고 정신이 빠져서 해는 잊어버릴 거예요. 그러면 도대체 해를 가지러 누구를 보내야 한단 말이에요?"

이때 작은 쥐가 말했다.

"토끼를 보내요. 토끼는 가장 잘 뛰는 뜀뛰기 선수니 걸어가면서 해를 집어 올 수 있어요."

또다시 동물들이 소리치기 시작했다.

"토끼, 토끼, 토끼!"

그러자 좀 귀가 먼 부엉이가 세 번째로 멧새에게 물었다.

"뭐라고 말들 하는 거야?"

멧새가 부엉이의 귀에 바로 대고 소리쳤다.

"해를 가지러 토끼를 보내기로 결정했어요. 토끼는 가장 잘 뛰는 뜀뛰기 선수니 걸어가면서 해를 집어 올 수 있다고요."

늙은 부엉이는 잠시 생각하더니 말했다.

"이 토끼는 어쩌면 해를 훔쳐 올 수도 있겠지. 정말로 잘 뛰고 믿을 만하니까. 아무도 이 뜀뛰기 선수를 붙들 수는 없을 거야."

그렇게 토끼는 해를 훔쳐 올 동물로 공인되었다. 오랫동안 생각하지 않고 토끼는 까마귀가 알려 준 길을 따라 출발했다.

오랫동안 갔고 수많은 날들을 걸어가다가 결국 멀리 저 앞에서 반짝이는 점을 발견했다. 그 점에 가까워지기 시작했다.

다가가서 보니 밝은 빛이 땅속에서 좁은 틈을 뚫고 퍼져 나오고 있었다. 토끼가 틈을 들여다보니 흰 돌로 된 커다란 그릇에 불타는 공이 놓여 있었고 그 빛이 지하 세계를 비추고 있었다. '아, 이것이 해구나.' 토끼는 생각했다. 지하 세계의 다른 구석에는 부드러운 사슴 가죽 위에서 퉁구스 사람들이 누워 있었다.

토끼는 틈을 통해서 지하 세계로 내려갔다. 불타는 공 쪽으로 뛰어가서 돌그릇에서 공을 집은 다음 내려서 뒷발로 밀면서 틈으로 뛰쳐나왔다.

이때 퉁구스 사람들이 갑자기 발칵 뒤집혀서는 토끼의 뒤를 쫓아오기 시작했다.

토끼는 온 힘을 다해 도망쳤다. 그러나 퉁구스 사람들은 바짝 뒤쫓아 와서 거의 가까워졌다. 그러자 토끼는 발로 불타는 공을 찼다. 공은 두 동강이 났다. 한 부분은 작고 다른 부분은 컸다. 작은 부분을 토끼가 발로 세게 찼더니 그 부분은 위로 올라가서 하늘에 달라붙었고 달이 되었다.

커다란 부분은 토끼가 들어 올려서 더 세게 발로 찼더니 곧바로 위로 올라가서 하늘에 달라붙었고 해가 되었다. 땅은 갑자기 환해지기 시작했다!

빛에 눈이 먼 퉁구스 사람들은 땅속으로 숨었고 지금까지도 땅에 나타나지 않고 있다. 동물들은 해를 훔친 용감한 토끼를 칭찬했다.

작은 딱정벌레 나그네

이런 일이 있었다고 한다. 마을 어른이 작은 딱정벌레를 보고 이렇게 말했다.

"에이, 작은 주민이여. 세상을 한 바퀴 돌아보고 다른 나라들에서는 사람들이 어떻게 사는지, 어디에 어떤 강, 산, 호수 들이 있는지 말을 해 주시게."

딱정벌레는 그렇게 하겠노라고 동의하고는 길을 떠났다. 마을 어른의 토굴 옆에는 닻돌과 고래 뼈가 놓여 있었다. 딱정벌레는 뼈와 나란히 있는 돌 쪽으로 기어가서 생각했다. '회색 언덕과 흰 산이다. 도대체 어디로 간단 말인가? 만약 이런 산과 언덕이 많다면 결코 세상을 한 바퀴 돌 수가 없을 것이다. 어른을 속여야겠군. 이 언덕을 빙 돌아서 다시 돌아가야겠다.'

그리고 딱정벌레 나그네는 닻돌 주위를 기어갔다. 기어가다가 돌 뒤에서 웅덩이를 만나자 이렇게 생각했다. '어이구, 이렇게 큰 호수를 도중에 만나다니.' 그렇게 생각하고 있는데 맞은편에서 무서운 갑충을 만났다. 딱정벌레를 보고 갑충은 말했다.

"안타깝구나. 내가 배가 부르니. 바로 전에 너를 꼭 닮은 작은 딱정벌레를 먹어 치웠는데. 아직 목숨이 붙어 있을 때 어서 꺼져!"

작은 딱정벌레는 깜짝 놀라서 집으로 재빨리 도망쳤다. 집에 도착해서 마을 어른에게 말했다.

"온 세상을 한 바퀴 돌았어요!"

마을 어른은 웃으면서 물었다.

"무엇을 보았느냐?"

작은 딱정벌레가 대답했다.

"도중에 어마어마한 바다를 만났는데요, 그 바다의 해변에서 수많은 갈색 곰들을 보았어요. 곰들한테 거의 잡아먹힐 뻔했어요."

마을 어른이 딱정벌레를 비웃기 시작했다.

"어이구, 좋은 소식이구나. 작은 웅덩이는 커다란 바다가 되었고 갑충은 곰이 되었구나. 네가 바로 그런 애로구나. 무서워서 거짓말쟁이가 되었구나!"

작은 딱정벌레는 부끄러워졌고 머리를 수그리고 저 멀리 기어갔다.

까마귀와 처녀

오래전 일이라고 한다. 한 처녀가 해변에서 파도가 던져 준 해초를 줍고 있었다. 까마귀가 그 처녀를 보고 말했다.

"처녀야, 처녀야. 내 아내가 되어 주렴!"

"오, 너의 아내가 되어 줄게."

"너는 노래 부를 줄 알아?"

"노래 부를 줄 알아."

"너는 예쁘지?"

"나야 예쁘지."

"자, 그럼 노래 불러 줄게!"

까마귀가 먼저 노래를 부르기 시작했다.

까옥 까오옥,
까옥 까오오옥!

처녀는 아무 말이 없었고 노래도 부르지 않았다.

"노래를 부를 수 없다면 내 아내가 될 수 없어."

까마귀가 저쪽으로 가 버렸다. 처녀는 다른 까마귀를 만났다. 다른 까마귀가 그녀를 발견했고 이렇게 말했다.

“처녀야, 처녀야. 내 아내가 되어 주렴!”

“오, 그래. 내가 아내가 되어 줄게.”

“노래 부를 줄 알아?”

“부를 줄 알지.”

“너는 예쁘지?”

“나는 예쁘지.”

“자, 그럼 노래할게!”

까마귀가 먼저 노래했다.

까옥 까오옥,
까옥 까오오옥!

처녀가 까마귀를 따라서 반복했다.

“네가 노래를 부를 줄 알면, 내 아내가 될 거야!”

“나는 노래를 부를 줄 아니 네 아내가 될 거야!”

“아아, 가자!”

그들은 가서 까마귀의 집으로 들어갔다. 까마귀가 청설모 가죽을 꺼내 놓았다.

“이 가죽들을 이겨!”

처녀가 그 가죽들을 이기고 이겨서 마침내 일을 끝냈다.

“오, 너는 민첩하구나!”

그 후에 그렇게 둘은 함께 살게 되었다.

사람, 게, 까마귀

이런 일이 있었다고 한다. 한 사람이 해변 쪽의 한 유숙지에 살고 있었다. 그는 동향 사람들도 없이 홀로 살고 있었다. 항상 청설모를 사냥해서 그것들을 먹고 살았다. 사냥에서 돌아오면 직접 음식을 만들어서 먹고 자리를 펴고 잠자리에 들었다. 잠이 깨서는 채비를 해서 사냥을 나갔다. 청설모를 잡으면 손질해서 몸뚱이는 끓이고 가죽은 말렸다. 청설모의 작은 가죽으로는 휘장을 만들어서 자기 거처를 씌웠다.

어느 날 그가 일어나서 잠시 생각을 하더니 해변으로 나갔다. 거기서 그는 바다가 던져 준 해초를 물 옆에서 찾기 시작했다. 모래사장을 거닐다가 그는 갑자기 물 옆에서 살아 있는 게를 발견했다. 그 게를 잡아서 집으로 가져갔다. 천막 지붕 아래 건조기에서 가죽을 꺼내다가 게를 쌌다. 그런 다음 휘장 너머 가름대에 걸어 놓았다. 그 후에 그는 툰드라로 갔다. 툰드라에서 청설모를 잡아 허리에 묶고 집으로 돌아왔다. 그는 청설모를 아궁이 옆에 놓아두고 침대로 쓰이는 나무 평상에 앉았다. 그리고 매달아 놓은 게 쪽으로 몸을 돌린 후 말했다.

"거기서 뭐 하는 거야? 내가 사냥해 온 것을 손질이나 해!"

그러자 무슨 일이 벌어졌겠는가? 잡혀온 청설모가 갑자기 저절로 접시로 기어 올라가더니 자기 가죽을 벗고 나왔다. 그리고 차례차례 몸통의 모든 부분이 손질되었고 내장은 저쪽으로 떨어져 나갔다.

그 후에 사람은 게 쪽에 대고 말했다.

"자, 조수, 음식을 요리해!"

그러자 갑자기 몸통 부분이 저절로 토막이 나더니 토막들이 저절로 솥으로 뛰어 들어갔고 솥이 저절로 아궁이 위로 뛰어 올라갔다. 음식이 다 끓자 그가 먹고 또다시 걸려 있는 게 쪽에 대고 말했다.

"좋아. 조수, 이제 내 잠자리 좀 펴 놓아. 곧 돌아올게."

사람은 거리로 나가서 조금 지난 후에 돌아왔다. 휘장 안으로 들어갔다. 잠자리가 저절로 펴져 있었다. 사람이 누워서 잠이 들었다. 아침에 눈을 떠서 잠을 깬 후에 또다시 사냥에 나갔다. 도중에 언덕을 넘어서 까마귀를 발견했다. 사람이 까마귀한테 가서 물었다.

"에이, 손님! 어디 가는 거야?"

"그냥 이렇게 여기를 맴도는 거야!"

"그래, 내 손님이 되어 줘! 우리 집에 가자!"

그런 다음 사람은 손님 까마귀를 자기 집으로 데려갔다. 그들이 도착했을 때 주인은 까마귀를 반갑게 맞이했고 가죽 위에 앉혔다. 청설모 가죽에 앉아서 까마귀는 사람이 무엇을 하나 하고 기다렸다. 그러자 사람이 말했다.

"이봐, 조수, 뭘 꾸물대고 있는 거야? 대접을 해야지!"

그러자 청설모 고기가 저절로 그릇에 들어가더니 조각으로 나뉘었고 솥으로 뛰어갔으며 솥은 저절로 아궁이 위에 걸렸다. 까마귀는 너무 놀라서 주위를 뱅뱅 돌았고 입을 '쩍' 하니 벌리고 휘장의 사방을 둘러보았지만 누가 이 사람에게 음식을 요리해 주는지 도무지 알 수가 없었다.

음식을 먹고 난 후에 손님과 주인은 지붕 밑에서 나와 휘장 안으로 들어갔다. 거기서 청설모 가죽으로 된 침상에 누워 잠이 들었다. 아침에 일어나서 밥을 먹고 나갔다. 사람이 까마귀에게 말했다.

"나는 툰드라로 가는데 너는 어디로 가니?"

까마귀가 대답했다.

"저기, 남쪽으로 가. 정착지를 찾고 있어."

이후에 그들은 헤어졌다. 사람은 북쪽으로 갔고 까마귀는 남쪽으로 갔다. 그러나 까마귀는 언덕 뒤에 숨었다가 돌아와서 몰래 사람의 뒤를 쫓기 시작했다. 사람이 저 먼 북쪽으로 사라질 때까지 뒤를 쫓아 따라갔다. 이후에 까마귀는 언덕을 넘어서 사람의 거처로 서둘러 갔다. 사람의 거처에 도착해서 안으로 들어가 평상에 앉았다. 주인을 흉내 내면서 까마귀는 말했다.

"자, 조수야. 내게 음식을 요리해 줘!"

게는 까마귀 말을 듣지 않았다. 까마귀는 너무도 화가 나서 집 안을 여기저기 뛰어다니면서 사방 군데서 그 사람의 보이지 않는 조수를 찾기 시작했다. 갑자기 까마귀는 천막의 휘장과 벽 사이의 통로에서 매듭으로 묶인 청설모 가죽을 발견했다. 까마귀는 매듭으로 묶인 것을 움켜쥐고 풀었다. 그 안에서 까마귀는 가죽 속에 겨우 살아 있는 게를 발견했다. 까마귀는 이렇게 생각했다. '아마도 이 게가 사람의 조수인가 보다.' 까마귀는 게를 조각조각 잘라서 다시 가죽에 쌌다. 그리고 바로 그 장소에 그 매듭을 걸어 두고 밖으로 나가서 도망쳤다. 그러는 사이에 천막 주인은 동물을 사냥해서 집으로 돌아왔다. 집으로 들어가서 사냥물을 아궁이 옆에 놓아두고 이렇게 말했다.

"자, 조수야. 내게 음식을 요리해 줘!"

그러나 조수는 아무 대답이 없었다. 사냥물은 아무런 미동도 없이 아궁이 옆에 그대로 있었다. 다시 한번 사람은 말했다.

"자, 조수야. 어서 내게 음식을 요리해 줘!"

그러나 아무 일도 없었다. 사람은 자기 바람을 이루지 못했다. 그는 매달린 매듭을 내려서 가죽을 풀었고 갈기갈기 잘린 게 조각들을 발견하게 되었다.

그래서 그 사람은 예전처럼 살기 시작했고 스스로 음식을 요리하게 되었다.

두 형제와 까마귀

이런 일이 있었다고 한다. 우나지크라는 마을에 한 사람이 아내와 살고 있었는데 그들에게는 어린 아들이 둘 있었다. 어느 날 아버지가 병이 나서 얼마 후 죽고 말았다. 여자는 두 아이와 함께 살기가 힘들어졌다. 동물을 사냥해 올 사람이 없었다. 그런데 아내를 잃은 시레니키 마을 사람이 이 사실을 알고 우나지크 마을의 그 여자를 찾아왔다. 그는 여자를 아내로 삼고 그녀의 아들들을 아들로 맞이해서 시레니키 마을로 데려갔다. 집에서 그는 그 아들들에게 말했다.

"이 마을에는 나쁜 사람들이 있다. 만약 낮에 마을 주위를 다니게 되면 너희를 때릴 것이다. 아침에 아직 어두울 때 산으로 가서 힘을 길러라."

계부는 의붓아들들에게 거짓말을 했다. 시레니키 마을에는 착한 사람들과 용감한 사냥꾼들이 살고 있었다. 그러나 계부는 의붓자식들이 강하고 용감하길 바랐다. 그래서 매일 그 아들들은 산으로 도망쳐서 힘을 길렀다. 몇 년이 흘렀고 형제는 부쩍 자랐으며 진정한 사냥꾼이 되었다. 어느 겨울날 야생 사슴을 잡으러 나섰다. 하루도 지나지 않아서 두 형제는 각각 사슴 한 마리씩을 잡아서 집으로 가져왔다. 다음 날 바다코끼리를 사냥하러 나갔다. 다른 동향 사람들보다 더 멀리 가서 막 언 얼음 위로 나갔다. 얼음이 녹은 곳을 발견했다. 겨울 바다코끼리를 그곳에서 잡았다. 시레니키 마을 산들이 멀리서 파랗게 보였다. 사냥물을 가지고 맨 먼저 집에 도착했다. 그렇게 형제는 인정받는 사냥꾼이 되었다.

어느 날 아침 두 형제는 야생 사슴을 사냥하러 나섰다. 사슴을 한 마리씩 잡고서 일찍 돌아왔다.

집에 사냥한 사슴들을 놓아두고 바다코끼리를 사냥하러 출발했다. 모든 동향 사람들을 앞서갔다. 막 얼음이 언 곳을 따라 바다 멀리까지 나갔다. 그러나 아버지는 형제들에게 다른 사냥꾼들보다 더 멀리 나가지 말라고 여러 번 말했다. 그러는 사이에 동향 사람들은 모두 해변에서 가까운 곳에서 바다코끼리를 잡아서 집으로 돌아갔다. 형제들은 더 멀리 멀리 얼음이 언 곳을 따라 나갔고 바다코끼리를 잡으려고 했다. 어느새 저녁이 되었고 결국 바다코끼리 한 마리를 죽였다. 사냥한 바다코끼리를 손질해서 집으로 돌아오려고 채비를 했을 때 동생이 해변 쪽을 바라보았다. 그쪽에서 짙은 안개 띠를 발견했다.

"얼음이 깨졌나 봐!"

동생이 소리치기 시작했다.

형제는 바다코끼리를 던져 버리고 해변 쪽으로 달려갔

다. 얼음 조각까지 뛰어서 도착했지만 얼음 덩어리들 사이의 틈이 이미 넓어지기 시작했고 건너뛸 수가 없었다. 강풍이 일었고 얼음덩이를 따라 물을 몰아갔다. 형제는 바다 쪽으로 도로 달려갔다. 젖은 얼음에서 마른 얼음 쪽으로 뛰어갔지만 물이 벌써 발뒤축까지 따라오고 있었다. 바람이 불면서 눈이 오기 시작했고 눈보라가 거세게 일어났다. 형제는 앞으로 뛰어갔고 발밑의 얼음이 미끄러졌다. 마침내 오래된 두꺼운 얼음에 도착해서 높은 얼음덩이를 발견했고 그 위로 올라가서 거기에서 얼음 동굴을 팠다. 동굴로 기어 들어가서 날씨가 개기를 기다리기 시작했다. 이때 동생이 말했다.

"천천히 죽어 가길 기다리지 말고 무슨 기적이라도 일으켜 봐!"

형은 작은 북 대신에 손뼉을 치기 시작했고 손뼉 소리에 맞춰서 노래를 부르기 시작했다. 형이 노래를 하는 동안 동생은 저 멀리서 까마귀 울음소리를 들었다. 형이 노래를 마치자 동생에게 물었다.

"무슨 소리 못 들었어?"

동생은 그 소리를 들었는데도 이렇게 대답했다.

"아니, 아무 소리도 못 들었는데!"

또다시 형이 노래를 부르기 시작했고 손뼉을 쳤다. 그러자 동생은 또다시 까마귀 울음소리를 들었는데 이제는 아주 가까이서 들렸다. 형도 '까옥까옥' 하는 소리를 들었고 또다시 물었다.

"이번에도 무슨 소리 못 들었어?"

동생은 아주 잘 들렸지만 또다시 이렇게 대답했다.

"아니, 아무 소리도 못 들었어!"

세 번째로 형은 손뼉 소리에 맞춰서 노래를 부르기 시작했다. 이번에는 까마귀 울음소리가 바로 가까이서 들렸다. 형제는 그 소리를 잘 들을 수 있었다. 그러자 형이 물었다.

"무슨 소리 못 들었어?"

동생이 대답했다.

"아니, 아무 소리도 못 들었어!"

그러자 까마귀가 바로 옆에서 소리치기 시작했다.

"까옥, 까옥, 까오옥!"

그러자 형이 까마귀 말로 대답했다.

"까옥, 까옥, 까오옥! 아니야. 나는 그렇게 하지 않겠어. 나는 동생을 버려 두지 않을 거야!"

동생이 물었다.

"까마귀가 뭐라 물었어?"

형이 대답했다.

"까마귀가 나만 구해 줄 거라고 말했어."

까마귀는 또다시 까옥거렸다.

"까옥, 까옥, 까오옥, 까오옥!"

형이 그에게 까마귀 말로 말했다.

"까옥, 까옥, 까오옥. 그렇게 해 봐!"

동생이 물었다.

"까마귀가 뭐라 했어?"

"우리 둘 다 구하도록 해 본다고 말했어. 하지만 도중에는 쉴 수 있는 커다란 얼음덩이가 하나밖에 없대. 자, 이제 동굴에서 나가자!"

형제는 나갔다. 형은 동생에게 얼굴을 위로 하고 누우라고 했다. 동생이 누웠다. 형은 그 위에 앉아서 털가죽 외투의 옷자락으로 그의 얼굴을 덮었다. 갑자기 그들은 얼음덩이에서 떨어져 나와서 위로 흘러갔다. 얼마 후에 멈추게 되었다. 그들은 커다란 얼음덩이 위에 놓여 있었다. 그들은 잠시 쉬었다. 또다시 형이 동생에게 엎드리라고 말했다. 동생이 엎드려 누웠다. 또다시 형은 동생의 위에 앉아서 털가죽 외투의 옷자락으로 그의 얼굴을 덮었다. 얼음덩이가 떨어져서 더 멀리 흘러갔다. 얼마 후에 내려가서 주위를 둘러보았더니 그들은 깎아지른 듯한 벼랑 위 까마귀 둥지 가운데에 앉아 있었다.

이때 형은 자신의 조수인 족제비를 불렀다. 족제비가 대답했다.

"피크, 피크, 피크!"

형은 족제비의 말로 말했다.

"피크, 피크! 아니야. 나 혼자서 위로 기어가지는 않을 거야!"

동생이 물었다.

"족제비가 뭐라고 하는 거야?"

형이 대답했다.

"족제비가 나 혼자만 여기서 기어나갈 수 있을 거라고 말했어."

동생이 말했다.

"내가 먼저 벼랑을 기어 올라가고 그다음에 형이 가도록 하자."

동생이 기어서 벼랑을 따라 올라가기 시작했다. 형은 동생 뒤를 따라 기어갔다. 형도 기어이 올라갔다. 벼랑에서 내려와서 집으로 갔다.

그러는 사이에 집안사람들은 주문을 외는 굿을 하고 있었다. 모든 주변 마을에서 노래하는 샤먼들이 모였다. 어떤 샤먼들은 형제가 바다에서 죽었다고 말했고 어떤 샤먼들은 형제가 살아 있다고 했고, 또 어떤 샤먼들은 수호신들에게 대답을 묻고 있었다.

그러는 사이에 형제가 집에 가까워졌다. 자기 토굴집에 다가가서 바람구멍으로 기어 올라가서 들어 보았다. 그러자 아버지가 그들을 부르는 노래를 시작했고 노래를 마친 후에 말했다.

"나는 내 노래를 얼음덩이로 날려 보냈소. 바다 쪽에서 까마귀 소리가 내게 들렸소!"

그리고 또다시 노래를 부르기 시작했고 노래를 마친 후에 이렇게 말했다.

"나는 내 노래를 얼음 속으로 날려 보냈소. 거기로 까마귀가 날아갔고 거기서 까마귀 울음소리를 들었소."

그런 다음 아버지는 세 번째로 노래를 부르기 시작했고 또다시 노래를 마친 후에 이렇게 말했다.

"내가 노래를 하고 멈췄을 때 까마귀는 나를 북쪽 얼음덩이로 데려가겠다고 내게 말했소. 그래서 나는 거기로 날아갔소. 도중에 얼음덩이 위에 멈춰서 쉬었소. 그런 다음 또다시 날아갔소. 도중에 또다시 멈췄더니 그곳은 까마귀 둥지였소. 하지만 어쩌면 내가 잘못 안 것일지도 모르오."

형제는 바람구멍 사이로 아버지의 말을 들었다. 아버지는 다시 한번 노래를 불렀고 멈추더니 이렇게 말했다.

"까마귀 둥지에서 쉬었소. 벼랑으로 기어 올라갔고 툰드라로 내려와서 집으로 갔소. 토굴집에 도착해서 바람구멍으로 기어 올라가서 안에서 무슨 노래를 부르는지 들어 보기 시작했소."

아버지는 이 말을 하고 다른 청년들에게 말했다.

"가서 봐라. 바람구멍 옆에 누가 있는지 없는지!"

형제는 이 말을 듣고 바람구멍에서 뛰어나가서 저쪽으로 숨었다. 청년들이 나와서 보았더니 아무도 없었다. 토굴집으로 들어가서 밖에는 아무도 없다고 주인에게 말했다. 형제는 또다시 바람구멍으로 다가갔다. 그러는 사이에 아버지는 직접 밖으로 나와서 그들을 발견하게 되었다. 그들에게 토굴집으로 가라고 말했다. 그런 다음 이렇게 물었다.

"어떻게 얼음덩이에서 나올 수 있었지?"

형제가 대답했다.

"여기로부터 멀리에 있는 물살이 우리 얼음덩이를 해변 쪽으로 밀고 가 주었어요. 우리는 사람·없는 곳에 도착해서 얼음덩이에서 내려서 이곳으로 왔어요."

아버지가 그들에게 말했다.

"해변으로 너희를 데려다주었구나!"

동생이 말했다.

"아버지가 아버지 눈으로 모든 것을 보았잖아요!"

이후에 형제는 바다에서 다른 사람들보다 더 멀리 나가지 않게 되었다. 형제는 사냥을 아주 잘했다고 한다.

까마귀가 결혼한 이야기

이런 일이 있었다고 한다. 다섯 집이 있었다. 다섯 형제의 가족이 각 집에 살고 있었다. 이 형제들에게는 각각 외동딸이 있었다. 형제들과 멀지 않은 곳에 까마귀 가족이 살고 있었다. 할머니와 손자 까마귀였다.

어느 날 형의 딸이 물을 길으러 나갔다. 딸이 물을 길었을 때 까마귀가 다가와서 부탁했다.

"물 좀 주세요! 물 좀 줘요!"

처녀는 그 까마귀에게 물을 주었고 까마귀는 물을 마시기 시작했는데, 물동이에서 물을 몽땅 땅바닥에 흘리는 것이었다. 처녀는 까마귀를 손바닥으로 때리면서 말했다.

"에이, 칠칠치 못하기는. 물을 몽땅 쏟았구나. 한 방울도 안 남았네!"

까마귀가 대답했다.

"당신이 내 가죽을 찢었어요. 꿰매 주세요!"

처녀가 대답했다.

"그래. 이리 와. 꿰매 줄게!"

처녀는 집으로 갔고 까마귀는 자기 집으로 갔다. 까마귀는 집에 도착해서 할머니에게 말했다.

"할머니께 이제 손자며느리가 생겼어요. 첫 번째 토굴집에 살아요. 그 처녀를 이리 데려오세요!"

까마귀 노파는 채비를 하고 첫 번째 토굴집으로 갔다. 까마귀 노파가 들어갔더니 그 집에서 물었다.

"어떻게 오셨어요?"

까마귀 노파가 대답했다.

"손자가 색싯감을 데려오라고 당신한테 보냈다오."

주인은 버럭 화를 냈고 코뼈를 잘라 버리라고 명령했다.

까마귀의 코뼈가 잘렸다. 까마귀 노파는 울음을 터뜨렸다. 까마귀 노파는 울면서 집으로 갔다.

다음 날 둘째 형의 딸이 물을 길으러 나갔다. 물을 다 길었을 때 까마귀가 그 처녀에게 다가가서 부탁했다.

"물 좀 주세요! 물 좀 줘요!"

처녀는 까마귀에게 물을 먹이기 시작했다. 또다시 까마귀는 물을 몽땅 튀겼다. 처녀는 까마귀를 손바닥으로 때리고 이렇게 말했다.

"에이, 칠칠치 못한 녀석. 물을 온통 쏟았잖아. 한 방울도 안 남았네!"

까마귀가 대답했다.

"당신이 내 가죽을 찢어 버렸어요. 꿰매 주세요!"

처녀는 말했다.

"자, 그럼 이리 와. 꿰매 줄게!"

처녀는 집으로 갔고 까마귀는 자기 집으로 갔다.

까마귀는 집에 도착해서 할머니에게 말했다.

"이제 할머니께 손자며느리가 생겼어요. 두 번째 토굴집에 살아요. 그 처녀를 이리 데려오세요!"

늙은 까마귀 노파는 두 번째 토굴집으로 갔다. 그 집에 도착해서 들어갔더니 그 집 사람들이 물었다.

"어떻게 오셨소?"

까마귀 노파가 대답했다.

"내 손자가 색싯감을 데려오라고 나를 보냈소!"

사람들이 까마귀 노파에게 대답했다.

"아휴, 그 녀석은 검둥이잖아! 기름때 묻은 초라한 노파 같으니라고!"

노파의 코뼈를 또 잘랐다.

노파는 서럽게 울면서 집으로 갔다. 까마귀 노파의 코는 이번에는 부풀었다.

세 번째 날에 셋째 형제의 딸이 물을 길으러 나갔다. 물을 길었을 때 까마귀가 그 처녀에게 다가가서 말했다.

"물 좀 주세요. 물 좀 줘요!"

처녀가 까마귀에게 물을 주기 시작했다. 까마귀는 물을 사방에 뿌렸다. 처녀는 손바닥으로 까마귀를 때리면서 말했다.

“에이, 칠칠치 못한 녀석 같으니라고. 물을 온통 흘렸잖아. 한 방울도 안 남았네!”

까마귀가 대답했다.

“당신이 내 가죽을 찢었으니 꿰매 줘요!”

처녀가 말했다.

“자, 그래 이리 와. 꿰매 줄게!”

처녀는 집으로 갔고 까마귀는 자기 집으로 갔다.

까마귀는 집에 도착해서 할머니에게 말했다.

“할머니에게 이제 손자며느리가 생겼어요. 세 번째 토굴집에 살아요. 이리 데려오세요!”

까마귀 노파는 가고 싶지 않았다. 손자 까마귀는 계속 고집을 피웠다. 노파 까마귀는 세 번째 토굴집으로 갔다. 다가가서 문 앞에 멈춰서 이렇게 말했다.

“손자가 색싯감을 데려오라고 나를 보냈다오!”

집안사람들이 노파 까마귀에게 대답했다.

“에휴, 그는 검둥이야! 기름때 묻은 초라한 노파 같으니라고!”

노파 까마귀의 코뼈를 잘랐다. 노파는 서럽게 울면서 집으로 갔다.

네 번째 날에 넷째의 딸이 물을 길으러 갔다. 물을 길었을 때 까마귀가 그 처녀에게 다가가서 부탁했다.

"물 좀 주세요. 물 좀 줘요!"

처녀가 까마귀에게 물을 주기 시작했다. 까마귀는 물을 사방에 뿌렸다. 처녀는 손바닥으로 까마귀를 때리면서 말했다.

"에이, 칠칠치 못한 녀석 같으니라고. 물을 온통 흘렸잖아. 한 방울도 안 남았네!"

까마귀가 대답했다.

"당신이 내 가죽을 찢었으니 꿰매 줘요!"

처녀가 말했다.

"자, 그래 이리 와. 꿰매 줄게!"

처녀는 집으로 갔고 까마귀는 자기 집으로 갔다.

까마귀는 집에 도착해서 할머니에게 말했다.

"할머니에게 이제 손자며느리가 생겼어요. 네 번째 토굴집에 살아요. 이리 데려오세요!"

노파 까마귀는 가지 않겠다고 거부했지만 손자 까마귀는 고집을 피웠다. 노파 까마귀는 네 번째 토굴집으로 갔다. 문지방에서 소리쳤다.

"손자가 색싯감을 데려오라고 나를 보냈다오!"

집안사람들이 노파 까마귀에게 대답했다.

"에휴, 그는 검둥이잖아! 기름때 묻은 초라한 노파 같으니라고!"

노파 까마귀는 도망치고 싶었지만 사람들이 노파 까마귀를 붙잡아서 코뼈를 더 많이 잘라 버렸다. 노파 까마귀는 울면서 집으로 향했다.

밤이 되었다. 마을 사람들 모두가 깊이 잠들었다. 아침에 잠을 깼다. 그리고 다섯 번째 토굴집에서 다섯째 형제의 딸이 물을 길으러 나갔다. 물을 길었을 때 까마귀가 그 처녀에게 다가가서 부탁했다.

"물 좀 주세요. 물 좀 줘요!"

처녀가 까마귀에게 물을 주기 시작했다. 까마귀는 물을 사방에 뿌렸다. 처녀는 손바닥으로 까마귀를 때리면서 말했다.

"에이, 칠칠치 못한 녀석 같으니라고. 물을 온통 흘렸잖아. 한 방울도 안 남았네!"

까마귀가 대답했다.

"당신이 내 가죽을 찢었으니 꿰매 줘요!"

처녀가 말했다.

"자, 그래 이리 와. 꿰매 줄게!"

처녀는 집으로 갔고 까마귀는 자기 집으로 갔다.

까마귀는 집에 도착해서 할머니에게 말했다.

"할머니에게 이제 손자며느리가 생겼어요. 다섯 번째 토굴집에 살아요. 이리 데려오세요!"

이번에는 까마귀 노파가 거부했다. 손자 때문에 노파 까마귀는 너무나 아팠기 때문이다! 손자 까마귀는 고집을 피웠다. 까마귀 노파는 다섯 번째 토굴집으로 며느리를 데리러 갔다. 다섯 번째 토굴집의 문에 가까이 가서 큰 소리로 소리쳤다.

"손자가 색싯감을 데려오라고 나를 보냈다오!"

이렇게 말하고는 잽싸게 도망쳤다. 그러나 아무도 노파를 뒤쫓아 오지 않았다. 아버지는 그 처녀에게 까마귀한테 가도록 허락했다. 처녀가 출발했다. 집에 도착해서 보니 까마귀의 집은 너무 좁아서 처녀가 들어갈 수가 없었고 처녀는 울기 시작했다. 그렇게 눈물을 흘리며 울다가 잠이 들었다. 까마귀 노파는 울다 잠이 든 처녀를 보고 그 처녀 주위에서 노래를 부르고 춤을 추기 시작했다. 그러자 갑자기 작고 더러웠던 까마귀의 토굴이 커다랗고 넓고 깨끗한 집으로 바뀌었다.

까마귀는 사람이 되었고 까마귀 노파는 여자가 되었다. 처녀가 눈을 떠 보니 주위가 온통 바뀌어 있었고 아주 좋아져 있었다.

노파는 마을 사람 모두에게 사슴 고기를 대접했다. 그런 다음 처녀에게 먹을 것을 주었다. 이때 다른 처녀들이 도착했다.

첫 번째 처녀가 말했다.

"나를 첫 번째로 아내로 선택했었어!"

두 번째 처녀가 말했다.

"아니야, 나야!"

세 번째 처녀가 말했다.

"아니야, 나야!"

네 번째 처녀가 말했다.

"아니야. 나야!"

그러나 까마귀는 제 발로 그에게 왔던 그 처녀와 결혼했다. 이후에 그들은 사람들로 변해서 잘 살게 되었다.

사냥꾼과 백곰

한 사냥꾼이 있었는데 짐승을 한 마리도 잡을 수가 없었다. 오랫동안 그렇게 짐승을 잡지 못했다. 어느 날 그 사냥꾼은 먼 바다로 물범을 찾으러 떠났다. 바람이 일었고 얼음을 해변에서 떼어 냈다. 사냥꾼은 얇은 얼음 위에서 떠내려갔다. 그러다가 그 사냥꾼은 갑자기 두꺼운 얼음을 발견하게 되었다. 얇은 얼음 위에서 그 두꺼운 얼음 위로 옮겨 갔다. 얼음으로 거처를 만들고 그 속으로 들어가서 옷을 벗고 사슴 가죽 장화에서 깔창을 꺼내서 넓적다리를 덮었다. 다리는 털가죽 외투 밑에 오그리고 그렇게 오랫동안 앉아 있었다. 그런데 갑자기 어떤 목소리가 가까이 오는 것이 들렸다. 밖을 보니 백곰의 머리가 틈새를 뚫고 나타났다. 곰은 사냥꾼에게 기어 들어왔는데 그 곰은 털가죽이 없이 벌거벗은 맨몸이었고 털은 머리에만 있었다. 곰이 말했다.

"나를 도와주시오, 사람아. 완전히 얼었다오."

사냥꾼은 곰에게 자신의 털외투를 입으라고 주었다. 곰은 거절했다. 사냥꾼은 자신의 바지를 입으라고 주었다. 또 다시 곰은 거절했다.

사냥꾼에게는 곰 가죽으로 만든 속 털외투가 있었다. 그는 그 속 털외투를 곰에게 입으라고 했다. 곰은 그 속 털외투를 받더니 사람에게 말했다.

"왜 당신이 사냥을 못 하는지 아시오? 왜냐하면 당신의 아내가 옷을 지을 때 머리를 긁적이기 때문이오."

그런 다음 곰은 털외투를 물에 담갔다 꺼냈는데 그 털외투에서 기름이 등잔에서 흐르듯이 그렇게 흘렀다. 곰이 말했다.

"이런 더러운 것 때문에 당신은 사냥을 잘할 수가 없었던 거요. 짐승들은 당신의 옷에서 나는 더러운 냄새를 두려워 한다오."

곰은 털외투를 헹구더니 말했다.

"이제 내 집으로 갑시다. 나를 다 치료해 주면 당신을 집까지 바래다주겠소."

그들은 곰의 토굴로 갔다. 토굴집은 텅 비어 있었다. 그들은 둘이서 살면서 곰의 상처가 아물기를 기다렸다. 곰은 자신의 상처 입은 몸에 곰의 가죽으로 지은 사냥꾼의 속 털외투가 달라붙도록 그 털외투를 입었다. 곰은 다음 날 건강해졌고 그들은 떠날 채비를 했는데 갑자기 밖에서 어떤 목소리가 들렸다.

"주인, 나와라. 힘을 겨뤄 보자!"

곰이 사냥꾼에게 말했다.

"저들은 나를 산 채로 남겨 두지 않을 것이오."

곰이 나갔고 싸움이 시작되었다. 오랫동안 곰들이 싸웠다. 그리고 밤이 되었다. 사냥꾼이 보니 한 곰은 얼음 위에 누워서 일어나지 못했고 다른 곰은 저 멀리 떠나고 있었다. 누워 있던 곰이 사냥꾼을 불렀다.

"자, 나를 토굴집으로 끌고 가 주시오!"

사람은 밖으로 나와서 곰을 붙들어 끌고 갔다.

곰이 말했다.

"내일, 상처가 아무는 대로 당신을 집으로 데려다주겠소."

그들이 다음 날 떠날 채비를 하고 있었는데 이때 또다시 곰이 와서 결투를 하자고 주인을 불렀다. 사냥꾼이 물었다.

"저곳에 그 곰들이 많은가요?"

"아니에요."

곰이 대답했다.

"나처럼 혼자 있는 곰이오."

그러자 사냥꾼이 말했다.

"그렇다면 그를 죽여야겠소. 당신에게 좋지 않으니."

"그럽시다."

곰이 동의했다.

"그를 죽여야겠어요. 그래야 내가 평안해질 것이오."

사냥꾼이 주인 곰에게 다가가서 등에 검댕으로 표시를 그려 넣었다. 곰의 등에 표시가 되었고 그 곰이 찾아온 곰을 붙잡자 사냥꾼이 창을 들고 토굴집에서 뛰쳐나와서 찾아온 곰을 찔렀다. 그런 다음 활을 들고 두 번이나 그 곰의 옆구리를 쏘았다.

주인 곰은 토굴집으로 들어갔고 사냥꾼은 그 뒤를 따라갔다. 주인 곰이 물었다.

"완전히 죽어서 누워 있어요."

사람이 물었다.

"그는 왜 죽었소?"

곰이 대답했다.

"옆구리에 화살을 맞아 두 개의 상처가 났고 창으로 찔렀잖아요."

사람이 말했다.

"그럼 내가 그 곰을 죽였군."

곰이 말했다.

"잘했어요. 나한테는 이제 도둑 이웃이 사라졌으니까요. 내일 당신을 집으로 데려다줄게요."

그리고 정말로 곰은 다음 날 사냥꾼을 그의 마을로 데려다주었다.

사슴 사육자와 늑대 가족

저 멀고 먼 툰드라에 사슴 사육자 한 사람이 살고 있었다. 그에게는 아내와 두 아들이 있었다. 그들은 이웃 없이 외로이 살고 있었다. 아들들은 낮에 사슴 떼를 방목했고 밤에는 아버지가 아들들과 교대했다. 사슴 떼는 얼마 되지 않았지만 다른 사슴 사육자들과 합칠 수는 없었다. 아버지와 아들들은 사슴 떼를 소중히 지켰다. 식용으로는 사슴을 잘 잡지 않았지만 잡은 사슴들의 가죽은 의복용으로 충분했다.

높은 산의 바다 쪽에는 늑대 굴이 있었다. 사슴 사육자는 이 늑대 굴에서 멀지 않은 곳에서 사슴 떼를 방목했다. 낮에는 아들들이 방목했고 밤이 되면 아버지가 아들들과 교대했다. 그렇게 그들은 조용히 살고 있었다. 그들의 많지 않은 사슴 떼는 수가 줄어들지는 않았지만 늘어나지도 않았다. 허약한 사슴 새끼들은 낳는 동안에 죽어 버렸다. 아버지는 이제 나이가 들어서 힘이 약해졌다.

어느 날 아들들이 온통 눈물범벅이 되어서 집으로 돌아왔다.

"무슨 일이냐?"

부모가 물었다.

"우리에게는 이제 더 이상 사슴 떼가 없어요."

아들들이 대답했다.

"늑대 두 마리가 다가와서 우리 사슴들을 모두 쫓아냈어요. 우리는 사슴 떼를 뒤쫓아 갔지만 따라잡을 수가 없었어요. 너무 빨라서 순식간에 시야에서 사라져 버렸어요."

아버지는 먹을 음식을 챙겨서 사슴 떼를 찾으려고 길을 나섰다. 곧 사슴 떼를 발견했다. 늑대들이 먹어 치운 사슴의 몸통이 뒹굴고 있었고 사슴들의 혀가 쭉 내밀어져 나와 있었다. 약간 멀리 떨어진 곳에서 무리에서 낙오된 몇 마리 사슴이 배회하고 있었다.

사슴 사육자는 죽은 사슴의 가죽을 벗겼고 탈 만한 사슴 한 쌍을 잡아서 그 두 마리의 몸통을 썰매에 싣고는 집으로 가져갔다. 아내가 그 사슴들을 손질했다. 주인은 또다시 썰매에 그 사슴들을 싣고 늑대 굴로 갔다. 늑대 굴에 다가가서 이렇게 소리쳤다.

"에이, 거기 누구 없소? 늑대들이 내 사슴을 몇 마리 죽였다오. 그 사슴들을 함께 먹읍시다! 어차피 나는 이제 사슴이 하나도 없는 것이나 마찬가지니까요."

갑자기 그의 눈에 무엇인가 검은 것이 비쳤다. 뚫어지게 살펴보았더니 그 앞에 토굴집 입구가 열렸다. 들어오라는 소리가 들렸다. 사슴 사육자가 들어갔다. 둘러보니 그는 아주 커다랗고 밝은 토굴집에 있는 것이었다. 주인이 그에게 말했다.

"알고 있소. 알고 있어. 당신한테는 사슴이 얼마 없지. 매번 내가 아들들에게 당신의 사슴은 건드리지 말라고 말했소. 당신은 가난뱅이니까. 그런데 아들들이 말을 듣지 않았소. 그 아이들이 당신의 사슴 떼를 흩어 버리고 찢어 죽여 버린 거요. 앉으시오. 잠깐만! 아들들이 돌아오나 보군요."

저녁이 되었다. 밖에서 누군가의 발걸음 소리가 들렸다.

"아들들이오. 지금 내가 마땅하게 혼내 주겠소."

주인이 말했다.

아래 입구를 통해서 건장한 청년이 토굴집으로 들어왔다. 그는 이제 막 콧수염이 난 것 같았다. 그의 뒤로 두 번째 청년이 들어왔는데 아주 어린애였다. 아버지가 그들에게 말했다.

"말도 안 듣는 녀석들 같으니라고! 내가 너희에게 몇 번이나 말했느냐. 그 무리의 사슴들은 건드리지 말라고! 왜 그 사슴들을 찢어 죽였느냐? 집에서 멀리 가기가 겁났느냐? 겁쟁이들 같으니라고!"

동생이 형을 고개로 가리키면서 말했다.

"형이 그 사슴들을 죽이고 싶어 했어요!"

그러자 아버지는 더욱더 화를 냈다.

"봐라. 이 사람은 너희를 대접하려고 고기를 가져왔다. 말썽꾸러기 같으니라고! 이제 밤이 되면 사냥을 나가라. 저 먼 북쪽에 부유한 사슴 사육자가 살고 있다. 그에게는 셀 수 없이 많은 수의 사슴 떼가 있고 그 사슴 떼는 거의 보살핌이 없이 배회하고 있다. 거기서 사슴들을 쫓아서 될 수 있는 대로 많이 몰고 와서 이 사슴 사육자의 사슴 떼에 풀어 놓아라. 자, 나는 할 말을 다 했구나. 이제 이 사람이 집으로 가면 너희는 사슴을 잡으러 가거라. 길을 떠나기 전에 잘 먹어 두고 옷을 갈아입어라!"

사슴 사육자는 집으로 돌아왔다. 그리고 아내에게 말했다.

"늑대 굴에 다녀왔소. 거기에 사슴 두 마리의 몸통 고기를 가져갔었소. 늑대들이 아주 친절하게 맞아 주었고 나를 도와주겠다고 약속했다오. 이제 우리는 사슴들이 거의 남지 않았소. 그 늑대들이 우리 사슴들을 찢어 죽인 것이었소. 늑대 새끼들이 아버지 늑대 말을 듣지 않은 거요. 아버지 늑대는 계속 아들 늑대들에게 더 멀리 사냥을 다니라고 말했다고 하오. 오늘 밤에 그 늑대들은 저 멀리 사슴들을 잡으러 떠날 것이고 우리에게 손해 입힌 것을 돌려줄 거요."

그때 이른 아침 냉기가 이미 찾아들었다. 사슴 사육자는 아내와 함께 아침 일찍 눈을 떴다. 날씨는 맑고 고요했다.

어디선가 사슴 발굽 소리 같은 가볍게 두드리는 소리가 들렸다. 주인의 얼마 되지 않는 사슴 떼는 유숙지에서 먼 곳에서 방목하고 있었다. 주인이 아내에게 말했다.

"들리오? 마치 사슴 떼가 다가오는 것 같은 발굽 소리 말이오. 가서 무슨 소리인지 봅시다."

아내가 옷을 입고 밖으로 나가서 보니 그들의 집 쪽으로 수많은 사슴 떼가 다가오고 있었다.

"보세요. 엄청나게 많은 사슴 떼가 오고 있어요!"

아내가 소리쳤다.

"아마도 부유한 사슴 사육자가 우리한테 왔나 봐요."

사슴 떼가 집으로 다가와서 멈췄다. 주인이 밖으로 나가서 보니 정말로 수도 없이 많은 사슴 떼였는데 그 속에 살아남은 자신의 사슴 몇 마리도 끼어 있었다.

아들들이 잠에서 깨자 아버지는 말했다.

"오늘은 사슴을 잡도록 하자!"

사슴 두 마리의 몸통을 또다시 늑대 굴에 가져갔다. 매번 그렇게 했다. 사슴들을 잡으면 늑대들에게 사슴 몸통을 한 쌍 가져다주었다. 그때부터 그의 사슴 떼는 수가 많아졌다. 사슴 떼가 얼마 없었던 다른 사육자들도 그에게 합류하기 시작했다. 그 사슴 떼는 스스로 풀을 뜯었다. 늑대들이 감시를 했다. 사슴 사육자의 오래된 숙박지 자리에서 커다란 유목지가 생겨났다. 사슴을 잡으면 그는 가난한 사슴 사육자들에게 먹을 고기와 옷을 해 입을 가죽을 나눠 주었고 늑대 수호자들에게도 잊지 않고 가져다주었다.

사슴 사육자에게는 수많은 친구들이 생겨났다. 개체 수가 적은 가난한 사육자들의 사슴 떼들은 그의 사슴 떼 속에서 수가 불어났다. 사슴 사육자들은 부자가 되어 분리되어 나갔다. 그때부터 엔멜렌스카야 툰드라의 사슴 떼는 수많은 방목지가 생겼다. 해변의 사람들도 사슴 사육자들과 왕래하기 시작했다. 사슴 사육자들은 그들에게 고기와 가죽을 나눠 주었고 해변 사람들은 비옷, 사슴 가죽 장화, 혁대, 바다짐승들의 비계 등을 가져다주었다.

사슴 사육자의 아들들은 성장해서 결혼을 했고 아이들을 많이 낳았다. 툰드라에서 사슴 사육자들의 사슴 떼는 더 많아졌다.

새끼 늑대

이런 일이 있었다고 한다. 유목민들 중에서 남편과 아내 두 명이 아이들이 없이 살고 있었다. 남편은 사슴 떼가 있는 곳을 계속 오가면서 사슴이 풀 뜯기 좋은 장소를 찾아 다녔다. 어느 날 봄이 이미 찾아왔을 때 사슴 사육자가 계곡을 따라 걷다가 산에서 내려가고 있는 암컷 늑대를 발견했다. 그는 암컷 늑대가 가는 곳으로 따라가기 시작했다. 암컷 늑대는 계곡을 따라 뛰어가더니 다시 산으로 올라갔다. 그 사람은 이렇게 생각했다. '아마도 산꼭대기 암컷 늑대한테 누군가가 있는가 보군.' 저녁이 되자 암컷 늑대는 다시 산에서 내려왔다가 또다시 위로 올라갔다.

유목민은 집으로 돌아와서 아내에게 온종일 암컷 늑대를 뒤쫓은 얘기를 하면서 산 위에 그 암컷 늑대한테 틀림없이 새끼 늑대들이 있는 것 같다고 말했다. 그런 다음 그 남자가 말했다.

"내일 온종일 암컷 늑대 뒤를 쫓아다닐 테니 걱정 말고 나를 기다리지 마시오. 이 암컷 늑대의 굴이 어디인지 보고 싶어서 그런다오."

다음 날 그 사람은 또다시 산으로 갔다. 지저분한 곳에 숨어서 암컷 늑대를 기다리기 시작했다. 이때 암컷 늑대가 아래로 내려와서 계곡을 따라갔다. 그 사람은 재빨리 산꼭대기로 올라가서 바위 사이에서 늑대 굴을 찾았다. 굴에는 새끼 늑대 네 마리가 있었다. 갓 태어난 아주 어린 것들이었다. 그는 새끼 늑대 한 마리를 낚아채서 숨어 있었던 그 자리로 도망쳤다.

저녁이 되자 어미 늑대가 돌아와서 산을 올라가기 시작했다. 사람은 어미 늑대가 무엇을 하는지 뒤쫓았다. 어미 늑대는 늑대 굴로 올라가더니 사람의 흔적을 좇아 재빨리 도로 내려왔고 그에게 다가왔다.

그는 새끼 늑대를 손에 들고 어미 늑대에게 말했다.

"자, 내가 네 새끼를 들고 있다. 왜냐하면 내게는 자식이 없기 때문이다. 나는 새끼 늑대를 해치려고 잡은 것이 아니라 잘 키워서 내 조수를 만들려고 잡은 것이다."

어미 늑대는 그 사람의 말을 듣고 있었다.

그가 계속해서 말했다.

"너에게는 새끼가 네 마리나 있는데 나에게는 자식이 한 명도 없다. 내가 키우도록 해 줘라. 나는 새끼 늑대를 죽이지 않을 것이고 나쁜 짓은 하나도 하지 않을 것이다."

그가 말을 마치자 어미 늑대는 산 쪽을 바라보면서 땅에 낯짝을 대고 울부짖었다. 어미 늑대의 울부짖음에 답하며 갑자기 산에서 커다란 늑대가 내려와서 어미 늑대에게 뛰어왔다. 그 늑대는 어미 늑대의 남편이자 새끼 늑대들의 아비였다. 늑대와 암컷 늑대는 서로의 낯짝을 부비면서 배를 대고 누웠다. 그렇게 얼마 동안 누워 있었다. 그런 다음 산으로 올라갔고 자신들의 굴로 달려갔다.

그는 새끼 늑대를 손에 들고 자신의 집으로 돌아갔다. 집으로 들어가서 아내에게 말했다.

"늑대 새끼를 가져왔소. 함께 이 늑대 새끼를 키웁시다."

아내는 매우 기뻐했다. 이제 그녀에게는 업둥이가 생긴 것이었다. 늑대 새끼를 키우고 사냥 기술을 가르치기 시작했다. 새끼 늑대는 훌쩍 자랐다.

그는 사슴 사냥을 다닐 때는 언제나 새끼 늑대를 데리고 다녔다. 그와 함께 늑대 새끼는 사슴을 사냥했고, 다 자라자 혼자서 사냥을 다니기 시작했으며 사냥물 없이 집에 돌아오는 법이 없었다. 그렇게 이 늑대는 자신을 키워 준 사람들에게 평생 원조자가 되었고 그 사람들이 나이 들어 죽게 되자 자신의 형제들이 있는 산으로 떠났다.

늑대와 물새

야리라는 한 처녀가 아버지와 함께 살고 있었다. 아버지에게는 수많은 사슴이 있었다. 남동생은 아직 어렸다. 야리는 혼자서 사슴을 방목했다. 탄니트의 도적떼가 와서 그 처녀를 사슴들과 함께 데려가 버렸다. 아버지는 아무것도 없이 가난하게 되었다. 사슴 배 속에 있는 내용물이라도 먹을 양으로 사슴 사육자들과 왕래하기 시작했다. 그의 아들이 자라서 사냥을 다니기 시작했고 청설모를 활로 잡았다. 어느 날 강 골짜기를 배회하고 있는데 바위 근처에 누워 있는 커다란 늑대를 발견했다. 활로 조준을 했는데 늑대가 돌아서서 그에게 이렇게 말했다.

"나는 바로 너를 기다리고 있었어. 네가 불쌍했거든."

소년이 물었다.

"도대체 무슨 말을 하는 거야?"

늑대가 말했다.

"너는 너희 집에서 사슴을 방목한 적이 없었다고 생각하겠지? 사슴을 찾아 나서고 싶으면 내가 네 뒤를 쫓아갈게. 집에 돌아가면, 아버지한테 '우리 집에는 정말로 사슴이 없었나요?'라고 물어봐."

소년은 늑대 말을 다 듣고 잠시 서 있다가 집으로 갔다. 집에 도착해서 아버지한테 물었다.

“정말 우리 집에는 사슴이 없었나요?”

아버지가 대답했다.

“오, 그래 없었단다! 전에 야생 사슴이 많이 있었을 때는 야생 사슴을 먹고 살았단다.”

다음 날 소년은 잠이 깨서 사냥을 하러 나갔다. 호수에서 물새를 발견하고 몰래 다가가기 시작했다. 그런데 물새가 돌아서더니 이렇게 말했다.

“나는 여기서 바로 너를 기다리고 있었단다. 네가 불쌍해졌거든. 너는 너희 집에서 한 번도 사슴을 방목한 적이 없었다고 생각하겠지? 집에 가면 아버지한테 물어봐라. 만약 사슴을 찾아 길을 나선다면 내가 네 뒤를 쫓아갈게.”

소년은 집에 가서 아버지한테 물었다.

“정말 우리 집에는 사슴이 없었나요?”

아버지가 대답했다.

“우리 집에는 사슴이 없었단다. 야생 사슴을 먹고 살았단다.”

저녁에 소년은 잠을 자지 않았다. 아버지가 잠들기를 기다렸다. 아버지가 잠들자 소년은 조용히 천막에서 빠져나왔다. 소년이 밖으로 나왔을 때는 밝은 달이 떠 있었다. 소년은 걸어갔다. 늑대가 도중에 쫓아와서 그를 태우고 날이 밝아 올 때까지 온 힘을 다해서 달렸다. 호수에 다가가자 늑대가 말했다.

"어휴, 나는 지쳤다. 배가 고프다. 뭐 좀 먹어야겠다."

늑대는 이렇게 말하고 계곡으로 사라졌다. 갑자기 물새가 나타나서 이렇게 말했다.

"이제는 내가 너와 함께 날아갈게."

물새는 그를 데리고 날아갔다. 밤이 오자 그들은 쉬었다. 물새가 말했다.

"곧 그 장소에 도착하게 될 거야. 바로 저기, 산 너머에서 사슴들을 잡고 있어."

그리고 이때 늑대가 와서 곁에 앉아 발톱을 핥기 시작했다. 물새가 소년에게 말했다.

"내가 천막 너머에서 소리칠 테니 비를 불러!"

물새는 천막 너머로 날아갔다. 호숫가에 앉아서 소리치기 시작했다.

"야리이!"

탄니트의 노인이 말했다.

"왜 이 새가 이렇게 소리치는 거지?"

밤이 오자마자 수평선에서 먹구름이 일어났다. 비와 함께 강풍이 불기 시작했다.

늑대는 소년에게 말했다.

“건조대 옆에 기대도록 하자! 한 여자가 건조대에 다가오면 그 여자에게 ‘당신은 누구요?’라고 물어라. 그러면 ‘나는 야리요’라고 대답할 것이다. 그러면 그녀에게 ‘건조대를 어서 빨리 풀어라’라고 말해라. 그리고 그 여자한테 ‘사람을 태운 적이 없는 사슴의 비계를 자루에서 꺼내서 바지에 옮겨 놓아라!’라고 말해라.”

소년이 와서 건조대에 기댔다. 천막 근처에서 사슴들이 누웠다. 비가 퍼부었다. 늑대가 사슴들을 부르기 시작했다. 사슴 떼가 그 자리에서 빙빙 돌면서 발을 굴렀다. 갑자기 한 여자가 소년에게 다가갔다. 소년이 그녀에게 물었다.

“당신은 누구요?”

그 여자가 소년에게 대답했다.

“나는 야리요.”

“재빨리 건조대를 푸시오!”

소년이 그 여자에게 말했다.

여자가 건조대를 풀었다. 사람을 태워 본 적이 없는 사슴의 비계를 자루에서 꺼냈다. 그 여자의 남동생이 말했다.

“에휴. 이 헛간에는 필요가 없어요. 그냥 두시오!”

그들은 늑대에게 갔다. 탄니트 사람들이 사슴 발자국 소리에 소리소리 치면서 뛰어나왔다. 수많은 사슴 떼가 발을 굴렀다. 늑대가 몇 마리를 물어뜯어 죽였다. 물새가 또 다른 사슴들을 쪼아 댔다. 늑대가 사슴 떼를 꾀어 불러냈다. 사슴 떼는 그들의 뒤를 따라갔다. 늑대는 여자를 자기 등에 태웠고 물새는 소년을 태우고 갔다. 그렇게 가고 가다가 섬에 도착했다. 늑대가 사슴 떼를 멈춰 세웠다. 그리고 말했다.

"어휴, 이제 좀 쉽시다! 사슴의 비계는 어딨소?"

여자가 비계를 꺼냈다. 늑대가 말했다.

"비계를 반으로 자르시오. 이 조각들을 남동생과 함께 통째로 삼키시오. 당신의 동생이 반쪽을 삼키고 당신은 남은 반쪽을 삼키시오. 당신들이 살 운명이라면 쉽게 삼키게 될 것이오. 만약 죽을 운명이라면 삼킬 수가 없을 것이오."

동생은 입으로 비계를 가져갔다. 비계가 저절로 목구멍으로 미끄러져 갔다. 누이도 그렇게 쉽게 반쪽을 삼켰다. 늑대는 그들에게 말했다.

"탄니트 사람들은 당신들을 죽일 수가 없을 거요!"

그들이 아직 잠을 자고 있을 때 추적자들이 다가왔다.

"이랴! 이랴!"

싸우는 소리로 오누이를 깨웠다.

늑대는 사슴 떼를 꾀어 불러냈다. 사슴들은 그 자리에서 빙빙 돌았다. 그 사슴들을 모두 짓밟았다. 사슴 떼는 누구의 것도 아닌 것이 되었다.

물새가 말했다.

“가을이 오면 나는 고향으로 날아갈 것이오. 나는 내 목숨을 아끼지 않았는데 내 새끼들을 짐승들이 먹어 버렸소.”

소년이 말했다.

“당신을 위해 무엇을 하면 좋겠소? 무엇으로 보답하면 되겠소?”

물새가 말했다.

“나는 아무것도 필요 없소. 다만 내년에 당신들이 호숫가에 살게 되기를 바랄 뿐이오.”

소년이 말했다.

“그렇게 하지요. 내년 여름에 호숫가에 살 것이오.”

“나는 가야 할 시간이오.”

물새가 말했다.

“따뜻한 지방으로 날아갈 거요.”

오누이는 언덕의 비탈에서 자신들의 천막을 발견했다. 늑대가 소년에게 말했다.

“결혼을 하고 싶으면 내 누이를 데려가시오!”

그런 다음 소년이 누이에게 말했다.

“이제 아버지한테 가요.”

늑대가 여자에게 말했다.

“내일 아침 일찍 잠에서 깨면 곧바로 요강을 쏟아 버리지 말고 북쪽을 보시오. 만약 여자를 발견하거든 붙잡아서 그 여자에게 침을 뱉고 집으로 데려가시오!"

그 여자는 소년에게 아내로 주겠다고 약속한 늑대의 누이였다. 소년은 아내를 삼으려고 그 여자를 데려갔다. 그리고 오누이는 집으로 출발했다. 천막으로 들어가니 노인의 눈꺼풀이 퉁퉁 부어 있었고 붉어져 있었는데 그렇게 많이 눈물을 흘린 것이었다. 곧 노인은 죽었고 자식들은 그의 장례를 치른 후 여름이 되자 호숫가로 이사했다. 물새는 그리로 날아들었고 수많은 새끼 물새를 낳았는데, 왜냐하면 짐승들이 그들을 건드리지 않았기 때문이다. 그때부터 툰드라에는 물새가 많아졌다. 소년은 자신의 사슴 떼를 직접 방목하지 않았다. 늑대가 그의 사슴들을 방목했고 지켜 주었다.

노인과 야생 사슴

멀고 먼 나라의 나우칸 마을 근처에 우니흐카크라는 작은 부락이 있었다. 우니흐카크에는 한 나이 든 부부가 살고 있었다. 어느 날 겨울에 노인은 대구를 잡으러 나갔다. 그가 낚시를 시작하는데 눈보라가 일었다. 노인은 얼음집 속에서 얼음 구멍 옆에 앉아 있었다. 갑자기 노인의 얼음집으로 숨을 헐떡이는 야생 사슴이 뛰어들었다. 노인은 먹을 것이 저절로 그에게 왔다며 기뻐했고 야생 사슴한테 이렇게 말했다.

"아이고, 이렇게도 착하다니. 배고픈 때에 스스로 먹이가 되려고 왔구나! 네 스스로 여기로 왔으니 자, 이제 너를 죽여야겠다!"

노인이 그렇게 말하고 칼집에서 칼을 꺼내더니 또다시 말했다.

"이제 너를 죽이겠다, 야생 사슴아! 네 스스로 자진해서 여기 왔구나! 이렇게 먹음직스럽다니!"

야생 사슴이 대답했다.

"선하신 노인이여, 저를 죽이지 마세요. 살려 주세요! 늑대가 내 뒤를 바짝 쫓아오고 있어요. 저를 죽이려 한다고요!"

노인이 보니 얼음집 옆에 늑대가 서 있었는데 숨이 차서 헐떡거리며 있었다.

늑대가 말했다.

"선하신 노인이여. 그 사슴을 지켜 주지 마세요. 먹잇감으로 내게 넘겨 주세요! 내가 직접 죽여서 먹게요!"

야생 사슴은 노인에게 말했다.

"늑대 말을 듣지 마세요, 노인 어르신! 저를 놓아주시고 무엇이든 말씀만 하세요. 제가 뭐든 해 드릴게요. 부자가 되게 해 줄 수도 있고, 훌륭한 사냥꾼으로 만들어 드릴 수도 있고, 무엇이든 할 수 있는 용사가 되게 할 수도 있어요. 되고 싶은 대로 될 수 있게 해 드릴게요!"

노인이 사슴에게 말했다.

"나는 아무것도 원하지 않는다. 나는 효자손만 있으면 된단다. 내게 효자손을 다오. 집에 가자마자 실컷 등이나 긁고 싶구나. 그러면 너무 좋을 것 같구나! 효자손이나 다오. 그럼 너를 구해 주마."

야생 사슴은 노인에게 말했다.

"어르신이 말씀하신 모든 것이 이루어질 거예요. 다만 저를 늑대한테서 구해만 주세요!"

노인은 지팡이를 가지고서 늑대에게 가서 이렇게 말했다.

"자, 여기서 나가지 않으면 너를 이제 잡아먹어 버리겠다! 나도 고기 맛 좀 보고 싶구나!"

늑대가 애원했다.

"아이고, 너무 배가 고파요! 배가 등가죽에 붙었다고요!"

노인은 늑대의 말이 끝나기도 전에 그를 내쫓아 버렸다.

그렇게 야생 사슴을 죽음으로부터 구해 주었다.

아이고, 야생 사슴이 얼마나 기뻐했는지!

이후에 노인은 집으로 갔다. 집에 가서 보니 효자손이 이미 놓여 있었다. 노인의 몸이 심하게 간지러웠다. 그는 야생 사슴이 준 효자손을 들고 긁기 시작했다! 피부에 상처가 날 정도로 긁곤 했다고 한다!

다섯 아들

이런 일이 있었다고 한다. 해변에 한 부부가 살고 있었다. 그 부부에게는 자식이 없었다. 어느 날 그 사람은 새 사냥을 하러 나갔다가 벼랑에서 가마우지 새끼들이 우는 소리를 들었다.

그는 벼랑으로 올라가서 새끼 가마우지 다섯 마리를 발견했다. 사냥꾼이 둥지로 다가가니 새끼 가마우지들이 가녀린 목을 빼고 그를 쳐다보았다. 그는 새끼 가마우지들을 데리고 집으로 갔다. 사냥꾼의 아내가 기뻐하면서 말했다.

"이 새끼 가마우지들을 자식 대신에 키워요."

사냥꾼은 아내의 말에 동의했다. 그는 그물을 가지고 해변으로 가서 잔챙이 물고기들과 바다 벌레들을 잡으러 갔다.

그렇게 매일 매일이 흘러갔다. 남편은 새끼 가마우지들을 위해서 물고기와 벌레를 잡아왔고 아내는 새끼 새들을 먹였다. 새끼 새들은 빠르게 자라서 벌써 뛰어다녔고 휘장 안에서 날아다니는 법을 익히기 시작했다. 어느 날 남편은 야생 사슴을 사냥하러 나갔고 아내는 물고기와 벌레를 잡으러 해변에 나갔다.

새끼 가마우지들은 장막 안에서 뛰면서 춤을 추기 시작했고 너무 뛰어서 땀이 나고 더워지기까지 했다. 새끼 가마우지들은 가죽을 벗고 춤을 추기 시작했다.

이때 여자가 해변에서 돌아와서 가만히 몰래 장막의 바람구멍으로 다가갔다. 바람구멍으로 보니 새끼 가마우지들이 즐겁게 뛰놀고 있었다. 여자는 장막으로 들어가서 가마우지들의 가죽 옷을 움켜쥐고 나와서 찢어 버렸다. 그러자 새끼 가마우지들이 갑자기 모두 사람이 되었다. 그때부터 그 부부에게는 아들 다섯 형제가 생기게 되었다.

암곰이 훔친 소년

한 여자가 아이와 함께 나뭇가지를 주우러 툰드라로 갔다. 아이는 거기서 잠이 들었고 어머니는 아이를 나뭇가지 무더기 옆에 놓아두고 나뭇가지를 계속 모으면서 가끔씩 자고 있는 아들 쪽을 쳐다보았다. 그런데 여자가 나뭇가지를 찾으려고 자신도 모르게 아이 곁에서 떠나 멀리 갔다가 아이를 눕혀 놓은 나뭇단으로 돌아와 보니 아이는 이미 그곳에 없었다. 갈색 암곰이 아이를 훔쳐 갔던 것이었다. 여자는 너무 슬퍼서 신음했다. '어디서 내 아들을 찾는단 말인가? 이제 나는 아들이 없구나!' 여자는 집에 돌아가기가 무서웠고 툰드라에서 살려고 남았다. 여자는 돌로 집을 지었다. 그리고 갖가지 풀로 연명했다.

곰이 납치한 그녀의 아들은 빠르게 성장했다. 그는 활을 잘 다루었고 툰드라의 짐승을 사냥하기 시작했다. 그는 훌륭한 사냥꾼이 되었고 야생 사슴을 계속 잡아서 암곰에게 가져다주었다. 그렇게 그곳, 암곰의 집에서 살았다. 암곰을 친어머니로 생각했다.

어느 날 툰드라에서 사냥을 하다가 저 멀리 다른 쪽으로 가게 되었고 희미한 연기를 발견했다. 그 연기 쪽으로 더 다가가서 토굴집의 바람구멍을 통해 안을 들여다보았다. 한 여인이 식용 풀을 끓이고 있었다. 청년은 털가죽 외투 속에 사냥한 야생 사슴에서 꺼낸 비계가 붙은 내장을 가지고 다녔다. 그는 토굴집의 바람구멍 위에서 머리를 불쑥 들이밀고 그 안을 둘러보았다. 그런 다음 사슴 비계 한 조각을 물어뜯어서 잘게 씹더니 끓고 있는 솥에다 곧바로 뱉어 냈다. 솥 안의 내용물이 지글지글 부글부글 심하게 끓어올랐다. 그 여자가 말했다.

"무엇 때문에 솥 안이 저렇게도 부글부글 끓는 거지?"

이후에 그 여자는 돌아보았지만 청년이 또다시 솥에 잘게 씹은 비계를 뱉어 내는 것을 눈치채지는 못했다. 또다시 솥 안이 부글부글 끓었다. 여자는 약간 몸을 일으켜 세워서 바람구멍으로 고개를 내밀었고 청년을 발견했다. 여자는 놀라서 물었다.

"너는 누구냐? 어디서 왔느냐?"

청년은 대답했다.

"난 암곰 아들이오."

여자가 말했다.

"아이고, 아이고. 너는 내 아들이구나! 아주 오래전에 내가 나뭇가지와 장작을 주우러 갔을 때 툰드라에서 아이를 잃어버렸단다. 너무 놀라고 슬퍼서 집으로 가지 않고 그때부터 여기서 살고 있단다."

청년은 털가죽 외투 속에서 저장용 사슴 비계를 꺼내서 여자에게 주었다. 그 후에 그 청년은 집으로 갔다. 암곰의 집에 도착했을 때 암곰은 그 청년이 온 것을 눈치채지 못하고 화가 나서 으르렁거렸다.

"어휴, 왜 이렇게 안 오는 거지! 도대체 무엇을 본 거야? 무엇 하러 내가 꾸물거렸을까? 그렇게 다 키워 놓고도 아직까지 잡아먹지를 않다니!"

청년은 암곰에게 다가가서 물었다.

"무슨 말씀을 하는 거예요?"

암곰이 말했다.

"아, 아니다. 별일 아니다. 네가 너무 오래 돌아오지 않아서 걱정하고 있었던 게다. 그 말을 하고 있었어."

그 후에 또다시 그 청년은 사냥을 계속 다니기 시작했고 야생 사슴을 잡아왔다. 사냥한 짐승의 일부는 얼마 전에 찾은 친어머니에게 가져다주었다. 만약 청년이 사냥에서 오랫동안 돌아오지 않으면 암곰은 버럭 화를 내고 으르렁거렸다. 어느 날 청년이 암곰에게 말했다.

"왜 그렇게 계속 화를 내세요? 저는 어머니가 친어머니라고 생각했는데!"

청년이 잠을 자고 있을 때 암곰이 그의 등을 발로 더듬거리기 시작했다.

사냥을 하는 동안 청년은 암곰의 행동에 대해 생각하게 되었다. 이제 암곰이 그를 잡아먹으려고 작정을 한 것인가? 어느 날 청년은 툰드라에 사냥을 떠났고 거기서 사냥한 짐승들을 숨길 수 있도록 나뭇가지를 한 무더기 모았다. 그런 다음 야생 사슴 두 마리를 잡아서 그 나뭇가지 무더기 옆에 감춰 두고 집으로 갔다. 그 청년은 암곰에게 사냥물을 집으로 가져올 수가 없다고 말하기로 결심했다. 혼자서는 집까지 끌고 올 수가 없었다고 말하고, 내일 암곰이 직접 그 사냥물을 가져올 수 없느냐고 했다.

그러자 암곰이 말했다.

"그렇다면야 할 수 없지. 어떻게든 가져와야지."

다음 날 아침, 암곰이 사냥한 짐승들을 가지러 나가자 청년은 몰래 암곰의 뒤를 밟았다. 그리고 암곰이 짐을 등에 지려고 들어 올리기 시작했을 때 암곰을 죽였다. 청년은 죽은 암곰을 애도했다. 그런 다음 암곰의 거처에서 물건을 전부 끌고 와서 암곰이 죽은 그 장소에 암곰과 나란히 놓았다. 거기에 암곰을 장사 지냈다. 그 후에 청년은 자신의 친어머니에게 갔다. 어머니는 그동안 청년이 사냥한 야생 사슴의 가죽으로 거처의 지붕을 만들고 여름용 장막도 만들었다. 그 후 청년은 해변으로 내려갔다. 그는 파도에 밀려온 장작을 가져다가 진짜 천막을 만들었다. 그렇게 그들은 거기서 끝까지 살았다.

현명한 사슴 두 마리

그런 일이 있었다. 옛날에 한 사람이 살고 있었는데, 그에게는 자식이 둘이었다. 아들과 딸이었다. 아들은 계속 사슴을 방목했다. 어느 날 탄크 사람들이 해변을 따라 걸어와서 소년과 함께 사슴 떼를 훔쳐 갔다. 소년은 여름용 사슴 가죽 장화를 신고 있었다. 벌써 가을이 왔고 곧 겨울이 되었다. 그들은 소년에게 먹을 것은 주었지만 잠은 한데서 자도록 했다. 어느 날 소년이 그렇게 밖에서 자고 있었는데 그에게 사슴 두 마리가 다가왔다. 한 사슴은 머리 한쪽이 검었고 머리의 다른 쪽은 하얗게 되어 있었다. 두 번째 사슴은 얼룩무늬였다. 이 두 사슴은 그 소년의 죽은 할아버지의 것이었다. 사슴들은 소년이 춥지 않게 하려고 옆으로 누웠다. 그렇게 그들은 계속 살았고 이곳에서 저곳으로 옮겨 다녔다.

그러는 동안 소년의 친척들은 소년을 찾아다녔다. 특히나 소년의 누이가 그를 찾으려고 백방으로 노력했다. 소년의 누이가 산에서 더 멀리 가서 넓은 길을 발견했다.

밤이 되자 소년은 사슴들과 함께 잠자리에 들었다. 한 사슴이 소년에게 말했다.

"내일 일어나자마자 저쪽 먼 길로 가라. 그 길에 다가가면 탄크 사람들 쪽으로 고개를 돌리고 멈춰 서라. 그 사람들은 이틀을 걸어 도착하게 되는 자신들의 마을에 머물 것이다."

그 후에 그들은 잠이 들었다. 아침에 잠이 깬 소년은 사슴 가죽으로 만든 얇은 옷을 입었다. 탄크 사람들이 밥을 다 먹고 소년을 불렀다. 그는 그들이 먹은 후에 밥을 먹었다. 배불리 먹고 저쪽 먼 길을 향해 떠났다. 길에 도착해서 탄크 사람들 쪽을 돌아보면서 멈춰 섰다. 그 사람들은 사슴들을 매라고 그를 불렀다. 하지만 소년은 대답하지 않고 그들을 향해 돌아서서 꼼짝도 않고 서 있었다.

"죽으라고 내버려 두지 뭐!"

탄크 사람들이 말했다.

그런 다음 고기용으로 도살하려고 소년과 함께 잠을 잤던 사슴 두 마리를 잡으러 다니기 시작했다. 그러나 사슴들은 도망쳤다. 처음에 그 사슴들은 소년 주위를 뛰어 다녔고 나머지 사슴들도 모두 똑같이 따라서 뛰었다. 그런 다음 그 사슴들은 소년에게 뛰어가서 그 앞에서 머리를 숙였다. 소년은 사슴을 잡으러 다니던 한 사람에게 뛰어 올랐다. 그러자 모든 사슴들이 뛰어 도망쳤다. 그 사람들이 사슴들을 뒤쫓기 시작했다.

멀리 도망쳤을 때 두 번째 사슴이 첫 번째 사슴에게 말했다.

"눈보라를 불러!"

그러자 정말로 그 사슴이 눈보라를 불렀다. 눈보라가 치기 시작하더니 눈과 바람으로 뒤덮였다. 뒤는 무서운 눈보라였는데 앞은 날씨가 화창했다. 탄크 사람들은 뒤에서 꽁꽁 얼어 죽었다.

한 사슴이 소년에게 말했다.

"만약 배가 고프면 사슴을 죽여서 먹고 계속 길을 가라."

소년은 그렇게 했다. 배가 고파 오자 사슴을 죽여서 먹고 길을 계속 갔다. 그렇게 해서 어느덧 봄이 왔다. 암사슴들이 모두 새끼를 낳았다. 사슴은 또다시 소년에게 말했다.

"만약 새끼 사슴들이 태어나면 그 사슴들을 남겨 두어라. 그 사슴들은 우리를 쫓아올 것이다."

소년은 새끼 사슴들을 남겨 두었다. 또 하루가 흘러갔다. 도중에 사슴이 말했다.

"이것은 무슨 산이지?"

소년은 아래에 언덕이 있는 고향 산을 발견하고 알아보았다. 그 언덕 너머에 그들의 천막이 있었다.

"이 산은 우리 산이야!"

그런 다음 그들은 길을 계속 갔다. 그들이 언덕을 넘었을 때, 그때 집에 있던 노인이 딸에게 말했다.

"양동이를 밖에 내가라!"

처녀가 양동이를 가지고 밖으로 나갔다. 양동이를 밖에 쏟고 나서 뒤를 보니 언덕을 넘어오고 있는 사슴 두 마리가 보였다. 처녀가 멈춰 서서 쳐다보고 있는데 아버지가 말했다.

"어서 이리 들어오너라. 너는 거기서 무엇이라도 본 것 같구나!"

처녀가 들어와서 본 것을 말했다. 노인은 노파와 함께 밖으로 나가서 수많은 자신들의 사슴 떼를 발견했다. 언덕에서부터 사슴들이 모두 나타나기 시작했다. 한 소년 이외에 사람들은 없었다.

부모는 아들을 알아보고 울며 기뻐했다.

까마귀 인피나

어느 날 까마귀가 해변을 산책하고 있었다. 이 까마귀의 이름은 인피나였다. 이때 옆으로 바이다라[3]가 지나가고 있었다. 바이다라에 타고 있던 사람들이 까마귀에게 소리쳤다.

"인피나, 우리랑 같이 타고 가자. 태워 줄게!"

인피나가 말했다.

"왜요? 내 둥지는 아주 가깝답니다."

"왜 걸어가려고 그래? 바이다라에 타라. 태워다 줄게."

바이다라에 탄 사람들이 말했다.

까마귀는 그 말에 동의하고 바이다라에 탔다. 그들은 배를 타고 갔다. 까마귀는 실눈을 뜨고 가만히 바이다라에 앉아 있었다. 까마귀가 눈을 조금 뜨고 보니까 바이다라가 이미 그의 야란가[4]를 지나쳐 가고 있었다. 그를 속이고 자신들의 집으로 데려가고 있었던 것이다. 사람들은 자신들의

---

3) 바이다라 : 바다짐승의 가죽으로 만든 배.

4) 야란가 : 시베리아 토착 민족들이 사용하는 사슴 가죽 지붕의 이동식 원형 가옥을 말한다.

집에 도착하자 두 날개를 낚아채서 까마귀를 붙잡았다. 까마귀는 소리치고 빠져나가려고 애를 썼지만 아무런 소용이 없었다. 사람들은 까마귀를 집으로 데려가서 문에서 고래뼈를 가져다가 거기에 구멍을 내더니 까마귀의 목에 씌웠다. 그렇게 까마귀의 얼굴이 안으로 들어가게 앉혀 놓고는 내버려 두었다. 주인들은 까마귀가 보초를 서게 하려고 했던 것이다. 까마귀는 밤새 소리를 쳤다. 그 주인들한테는 하녀가 한 명 있었다. 그 하녀는 쉬지도 않고 나무 그릇을 닦았고 아무것도 먹지 못했다. 그 하녀는 자기 일을 하면서 몰래 까마귀에게 고기 조각을 가져다주곤 했다.

어느 날 주인들이 잠이 들었을 때 까마귀는 여자에게 애원했다.

"이 뼈에서 저를 좀 풀어 주세요!"

여자가 말했다.

"내가 그랬다고 사람들이 바로 알 텐데."

까마귀가 그 여자에게 말했다.

"저랑 같이 도망가면 되잖아요!"

여자는 그 말을 믿고 까마귀를 풀어 주었다. 까마귀는 여자를 자기 집으로 데려갔다. 그런 다음 까마귀는 되돌아가서 야란가를 들어 올려서 다른 곳에 세워 놓았다. 주인들이 잠을 자는 동안 까마귀는 그들에게 마법을 걸었다. 자기 집에서 까마귀는 매일 밤 그 여자와 사랑을 나누었다. 까마귀는 주인들의 야란가를 해변 바위 옆에 세워 두어서 기슭에 부딪치는 파도 물결이 때리도록 했다.

주인 노파가 밤에 잠이 깨서 파도 소리를 들었다. 그 노파는 집 밖으로 나가려고 했지만 바닷가에 부딪치는 파도가 야란가를 때리고 있었다. 노파가 옷을 입는 동안 야란가의 한쪽이 무너졌다. 노파는 말했다.

“사람들은 항상 집을 이렇게 잘 못 짓는다니까! 무슨 고생이누!”

그런데 까마귀 인피나는 부서진 야란가의 꼭대기에 앉아서 이겼다는 듯이 소리쳤다.

까마귀를 속여 먹은 사람들은 무너진 야란가 더미 아래 깔려 있었다.

물범 나라에 놀러 갔던 사람

이런 일이 있었다고 한다. 한 사람이 아내와 같은 마을 사람들과 함께 살고 있었다. 매일 그는 물범을 잡으러 나갔지만 너무나 운이 없어서 한 번도 집에 사냥한 것을 가져오지 못했다. 다른 사냥꾼들은 항상 잡은 것을 가지고 돌아왔다.

어느 날 그 사람은 또다시 사냥에 나섰다. 얼음 위에 도착해서 물범의 얼음 구멍을 발견했고 그 옆에 나란히 앉았다. 그렇게 그는 앉아서 기다렸다. 그 얼음 구멍에서 갑자기 물범의 머리가 보였고 자기 식의 말을 하기 시작했다.

"람 킬랴샤프, 람 킬랴샤프, 람 킬랴샤프!"

물범은 그렇게 재빨리 말을 하더니 얼음 구멍 밑으로 사라져 버렸다. 사람은 이렇게 생각했다. '이 물범이 무슨 말을 한 것일까?' 그 사람은 물범이 또 고개를 내밀지 않을까 하고 기다리고 기다렸지만 소용이 없었다.

그는 일어나서 코피가 나도록 코를 후벼 판 다음 그 피를 얼음 구멍 주위에 묻혔다. 다른 사냥꾼들은 그가 물범을 찔렀지만 물범이 미끄러져 나갔고 작살이 빠져 버린 것이라고 생각하게 될 것이다. 그리고 아내도 그렇게 속일 것이다.

사냥꾼은 집으로 가서 아내에게 말했다.

"물범을 잡을 뻔했는데 작살이 빠져 버렸지 뭐요."

아내는 그 말을 믿고 남편이 그렇게 운이 없는 것을 매우 안쓰럽게 생각했다.

그는 다음 날 아침 일찍 눈을 떠서 밥을 먹고 또다시 사냥에 나섰다. 얼음 위를 걷고 또 걷다가 바로 그 얼음 구멍에 도착했다. 또다시 거기 앉아서 기다리기 시작했다. 얼마가 지나자 얼음 구멍에서 물범 머리가 나왔다. 그 사람은 어제의 물범을 알아봤다. 그리고 또다시 물범은 그 사람에게 말했다.

"람 킬랴샤프, 람 킬랴샤프, 람 킬랴샤프!"

그러더니 바로 얼음 밑으로 사라졌다.

그 사람은 생각했다. '아마 자기 집으로 나를 부르는가 보다.'

그는 일어나서 얼음 구멍으로 기어 들어가서 물범 뒤를 쫓아갔다.

물 밑에서 숨이 막히는 것도 느끼지 못했다. 그는 쉽게 바다 밑바닥으로 내려가서 땅 위를 다니듯이 걸어갔다. 갑자기 뚱뚱하고 큰 몸집에 팔다리가 짧은 사람이 걸어가는 것이 보였다. 이 사람은 얼음 구멍에서 나타났던 바로 그 물범이었다! 그래서 사냥꾼은 물범 사람의 뒤를 따라서 옆에 있던 커다란 토굴집으로 갔다.

사냥꾼은 토굴집 복도로 들어갔는데, 거기서 보니 물범들이 즐겁게 시간을 보내고 있었다. 토굴집 가운데에는 노인 물범이 앉아 있었다. 그는 사냥꾼에게 말했다.

"들어와서 우리의 잔치를 보시오!"

사냥꾼은 들어가서 판자 침대에 앉아서 물범들이 흥겹게 노는 것을 보기 시작했다.

물범 노인이 말했다.

"내 소고를 가져와라. 노래를 부를 것이다!"

그의 아내가 벽에서 소고를 내려서 노인에게 건넸다. 그는 소고를 들고 노래를 하기 시작했다.

저기 위에서는, 땅 위에서는, 저기 위에서는, 땅 위에서는,
우리 물범 눈깔들을 기름에 묻혀서
맛있게 먹는다네!

그렇게 두 번을 노래 부르더니 미친 사람처럼 소리치기 시작했다.

카기샤 비샤 비샤 비,
카기샤 비샤 비샤 비!

그런 다음 노인은 진정했고 물범 처녀들에게 말했다.

"처녀들아, 춤을 추어라!"

그리고 노인은 다시 노래를 부르기 시작했다.

팔꿈치를 저쪽으로 세우시오,
가슴을 앞으로 쭉 펴시오!
그렇게 춤을 추시오, 그렇게 춤을 추시오!
야 이야 이야 아,
야 이야 이야 아!

처녀들이 춤을 춘 후에 잔치는 끝났다. 물범 노인은 아내에게 말했다.

"이 사람에게 해초를 주시오!"

물범 노파는 사냥꾼에게 해초를 한 아름 가져다주었다.

노인은 말했다.

"이제 돌아가시오. 위로 올라가게 될 때 눈을 감고 큰 걸음을 한 발짝 내딛고 다른 쪽으로 침을 뱉으시오. 그러면 기적이 일어날 거요."

사냥꾼은 물범들한테서 떠나갔다. 위로 올라가기 시작했다. 얼마가 지나서 눈을 감고 큰 걸음을 한 발짝 앞으로 내

딛고 딴 쪽으로 침을 뱉었다. 눈을 뜨자 자기 집 옆이었다. 땅 위에 해초를 놓았다. 그러자 이렇게 신기한 일이! 해초가 수많은 물범으로 변했다. 사냥꾼은 아내를 불러서 물범을 집으로 옮겨 가라고 말했다.

그때부터 그 사람은 능숙한 사냥꾼이 되었다고 한다.

다섯 형제와 여자

다섯 명의 사냥꾼 형제가 살고 있었다. 큰형이 요리를 담당했다.

이웃에 한 노인이 딸을 시집보내려고 했다. 그런데 딸은 모두를 거절했고 청혼자들을 쫓아냈다. 노인은 딸을 나무랐다. 그리고 딸에게 직접 신랑감을 찾으라고 했다. 화가 난 딸은 신발 세 켤레를 만들어 길 떠날 준비를 했다. 아침에 잠이 깨서 떠날 채비를 하며 비상용 음식을 장만했다. 아버지가 잠이 깨자 딸은 북쪽으로 떠났다. 처녀는 사냥꾼 형제들에게 갔다. 처녀가 야란가를 들여다보니 아무도 없었다. 처녀는 안으로 들어갔다. 그들의 음식을 먹었다. 그리고 풀 속에 숨었다. 형제들이 돌아왔다. 막둥이는 물을 길으러 나갔다. 처녀는 몰래 형제들을 살펴보았다. 형제들은 먹을 것을 찾기 시작했다. 막둥이 형제가 말했다.

"형들은 남아 계세요. 제가 사냥하러 갈게요."

형들은 동의하지 않았다. 집에 그를 남겨 두었다. 그리고 형들이 직접 사냥에 나섰다. 막둥이는 숨어서 기다렸다. 한밤중에 처녀가 현관으로 들어왔고 막둥이는 문을 잠갔다. 막둥이는 처녀에게 여주인이 되어 달라고 설득하기 시작했다. 형제들이 밤에 돌아왔다. 형들은 처녀를 발견했다. 형이 그녀와 결혼했다.

어느 날 형제들은 사냥에 나갈 채비를 했다. 막둥이는 나가기를 원치 않았다. 형수가 바느질을 할 때 온종일 형수 곁에 붙어 있었다. 갑자기 형수는 칼을 집어다가 청년에게 휘둘렀다. 형수의 손에서 칼이 미끄러져서 실수로 청년이 죽어 버렸다. 형수는 그 청년을 끌어내서 건조용 걸이들 사이에 걸어 두었다가 가죽 사이에 숨겼다. 여자는 야란가로 돌아와서 점심을 준비하기 시작했다. 요리를 하면서 서글프게 울었다.

형들이 돌아와서 막둥이에 대해 물었다.

"형들을 마중하러 나갔어요."

여자가 대답했다.

다음 날 폭우가 내리기 시작했다. 큰형이 건조용 걸이들 밑에서 무엇인가를 만들고 있었다. 그런데 그가 앉은 자리에 피가 떨어지기 시작했다. 그가 건조용 걸이들이 있는 곳으로 올라가서 가죽을 파헤쳐 보았더니 막둥이가 있는 것이 아닌가. 사냥꾼 형제들은 막둥이 형제를 장사 지냈다. 다음 날 형제들은 사냥을 떠났다. 길을 가면서 상의를 했다. 큰형이 말했다.

"무덤 구멍을 파서 벌레를 두 마리 키우자. 산양으로 그

벌레들을 먹이자."

음식을 만들면서 울던 여자는 눈물이 마르지 않았다. 그녀의 남편이 사냥에서 돌아와서 물었다.

"눈이 왜 그렇게 부은 거요?"

"연기가 눈에 들어가서 그래요."

여자가 말했다.

음식을 요리할 때마다 거미줄의 거미가 그녀의 얼굴로 내려오곤 했다. 한번은 여자가 손으로 거미를 저쪽으로 치우면서 이렇게 말했다.

"그렇잖아도 너무 힘들고 영원한 공포 속에서 살고 있는데 너까지 방해를 하는구나!"

거미가 대답했다.

"당신이 계속해서 우는 것을 보았어요. 당신이 불쌍해져서 그래요. 그래서 당신한테 내려오는 거예요. 당신의 남편은 막둥이 형제 일로 당신에게 복수를 하려고 벌레를 두 마리 키우고 있어요. 벌레들이 바다토끼만큼 자라면 형제들은 당신을 죽은 막둥이의 추도식에 데려갈 거예요. 한 짝은 하얀색 양가죽으로 만들고 다른 한 짝은 붉은색 양가죽으로 만든 여름용 신발을 저에게 주세요. 제가 옷을 지어 드릴게요. 자, 이제 떠날 때가 되었어요. 여름용 신발을 다 만들면 그것으로 무엇을 할지 설명해 드릴게요."

형제들은 사냥물이 전혀 없이 집으로 돌아오기 시작했다. 형제들이 사냥에 나가기만 하면 여자는 온종일 울고 있었다.

그러던 어느 날 거미가 또다시 내려왔다.

"오늘 형제들이 사냥물을 가지고 집으로 올 거예요. 당신을 위해 그동안 키운 벌레들이 벌써 바다토끼만큼 자랐어요. 당신의 남편은 당신에게 이렇게 말할 거예요. '우리 막둥이 동생을 위해 기도하는 이들을 대접하러 갑시다.' 처음에는 흰 양가죽으로 만든 여름용 신발을 남편에게 보여 주고 다음에는 붉은 양가죽으로 지은 여름용 신발을 보여 주세요. 추도식에 도착하거든 보여 주셔야만 해요. 형제들은 나쁜 영혼들로 당신을 겁주려고 해요. 그러니 당신은 손을 위로 번쩍 드는 것을 잊으시면 안 돼요. 제가 당신을 지켜보고 있을게요. 내일 당신을 추도식에 데려갈 거예요. 이제 저는 떠날게요."

남편은 형제들과 집으로 돌아왔다. 모두가 사냥물이 든 짐을 들고 왔다. 큰형이 아내를 불렀다.

"우리가 가져온 것을 모두 끓이시오. 우리 막둥이를 위해 기도해 주는 이들을 대접하러 갈 것이오!"

여자가 음식을 다 하자 추도식장으로 출발했다. 동생을 위해 기도하는 이들이 나타났는데 이것들은 커다란 벌레들이었다. 구멍 끝을 기어오르면서 먹을 것을 기다리고 있었다. 형제들이 구멍 쪽으로 다가가서 보니 정말로 벌레들이 바다토끼만큼 자라 있었다. 형제들은 벌레들에게 먹을 것을 주기 시작했다. 큰형이 아내를 불렀다.

큰형은 구멍 끝을 가리키면서 이렇게 말했다.

"여기 서시오. 당신한테서 부정함을 털어 내야겠소!"

여자는 일어섰다. 그는 여자를 구멍 속으로 밀어 버리려고 했지만 아내는 그에게 흰 양가죽으로 만든 여름용 신발을 주었다. 그는 땅 위에 누워서 여름용 신발을 살펴보기 시작했다.

또다시 아내를 불렀다.

"이리 오시오. 당신한테서 부정함을 털어야겠소!"

여자는 그에게 붉은 양가죽으로 만든 여름용 신발을 내주었다. 또다시 남편은 그 여름용 신발을 살펴보기 시작했다. 이번에는 더 오랫동안 살펴보았다. 그런 다음 또다시 아내를 구멍 끝으로 불렀다. 그녀를 맨 끝으로 데려가서 마치 아내한테서 부정함을 털어 내려는 듯이 했다. 그러더니 직접 아내를 밀치기 시작했다! 아내가 손을 번쩍 위로 쳐들었다. 거미가 그녀를 붙잡더니 데려갔다. 남편은 아내를 부르면서 왜 자신을 버리는지 물었다. 여자가 대답했다.

"왜 당신은 저를 위해 벌레들을 키웠나요?"

남편이 보니 아내를 되돌릴 수는 없었다. 그는 슬펐다. 그는 너무 슬퍼서 구멍 속으로 뛰어들었다. 여자가 아래를 보니 남편이 한순간에 해골로 변해 버렸다.

고아

이런 일이 있었다고들 한다. 부모가 죽은 한 소년이 할머니와 남게 되었다. 먹을 고기와 옷을 해 입을 짐승을 잡을 사람이 없었다. 소년에게는 신발도 없고 옷도 다 떨어져서 밖으로 나갈 수가 없었다.

소년에게는 숙부가 있었는데 운 좋은 사냥꾼에다가 착한 사람이었다. 아직 여름이었는데도 그는 할머니와 고아를 위해서 고기 넣어 두는 구멍에 기름기 많은 부위의 고기를 넣어두었다.

그는 말했다.

"여기 월동용 식량입니다."

할머니와 손자는 그 고기를 아끼고 가끔 사냥꾼들이 가져다주는 것으로 어떻게든 연명했다. 그렇게 그들은 길고 긴 겨울 내내 월동용 고기를 건드리지 않고 버티며 살았다.

소년은 자주 배를 곯았고 할머니에게 이렇게 말하곤 했다.

"할머니, 고기 구멍에서 고기 좀 꺼내요. 너무 배가 고파요."

그러나 할머니는 이렇게 대답했다.

"아니다. 아직도 시간이 많이 남았단다. 초봄이면 사람들의 월동용 식량도 다 떨어질 것이고 그러면 그때 우리도 고기를 꺼내자꾸나."

어느 날 숙부는 그들이 사는 토굴집에 와서 바람구멍에 대고 소리쳤다.

"에이, 조카, 산까치가 날아왔구나. 봄이 오는구나!"

소년은 기뻐서 소리쳤다.

"할머니, 산까치가 날아왔대요. 제가 고기를 가져올게요!"

이번에는 할머니도 허락했다. 소년은 할머니의 겉 외투를 입고 고기 구멍으로 달려갔다. 구멍 안으로 기어 들어가서 얼어붙은 고기를 도끼로 찍기 시작했을 때 무엇인가가 안에서 찍찍거렸고 거기서 쥐가 한 마리 뛰쳐나왔다. 소년이 고기를 쳐다보니 고기의 기름이 온통 갉아 먹힌 상태였고 안에는 구멍이 크게 나 있었다. 고아는 너무 실망해서 울음을 터뜨렸다. 그런데 쥐가 돌벽의 구멍에서 불쑥 고개를 내밀더니 이렇게 말했다.

"거기, 고기 안에는 내 새끼들이 있어요. 그 새끼들을 죽이지 말고 제게 주세요!"

고아가 말했다.

"아니. 못 줘. 너희가 고기 기름을 모두 먹어 치워 버렸잖아!"

쥐가 말했다.

"내 새끼들을 주세요. 그러면 당신을 백전백승의 강한 사람으로 만들어 드릴게요."

소년은 동의했다. 쥐는 그에게 자신에게 다가와서 등을 돌리고 있으라고 명했다. 소년은 그 명령을 수행했다. 쥐는 그의 등으로 뛰어올라서 그의 목덜미에 무엇인가를 하고는 사라졌다. 소년이 자신을 쳐다보니 알아보지 못할 정도였다. 그의 몸은 쭉 늘어나서 팽팽해져 있었고 살이 올랐으며 손에서는 강한 힘이 느껴졌다. 할머니의 옷은 꽉 끼어서 작아져 있었다. 그는 고깃덩어리에서 작은 조각을 잘라 내고 남은 부분은 쥐들에게 남겨 두었다.

고아가 토굴집으로 들어가자 할머니는 그를 알아보지 못했다. 할머니 앞에는 이미 소년이 아니라 진짜 남자가 서 있었다. 할머니는 자신의 손자를 닮은 얼굴의 다른 사람이 온 것이 아닌가 생각할 정도였다.

"너는 누구냐?"

할머니가 물었다.

손자가 대답했다.

"바로 저예요. 할머니 손자요. 제가 할머니한테 겨울에 고기를 먹자고 했잖아요. 이제 고깃덩어리에는 기름이 하나도 남지 않았어요. 쥐새끼들이 모두 먹어 치워 버렸어요."

할머니가 또다시 말했다.

"그런데 너한테 무슨 일이 생긴 것이냐? 왜 그렇게 갑자기 다 커 버렸지?"

청년이 대답했다.

"그것은 묻지 마세요. 그러면 제가 힘을 잃어버리게 되니까요."

그 마을에는 다섯 형제가 살고 있었다. 그 형제들은 힘이 세고 운 좋은 사냥꾼들이었다. 큰형이 대장이었고 사냥꾼들에게 사냥물의 일부를 자신에게 바치기를 요구했다. 모두가 그 사람을 두려워했다.

어느 날 숙부가 고아의 토굴집으로 찾아와서 바람구멍에 대고 말했다.

"사냥꾼 형제들이 흰 곰들을 쫓아가고 있구나!"

고아는 할머니에게 말했다.

"저도 흰 곰을 잡아 볼래요. 제게 할머니의 옷을 주세요. 작지만 그래도 어떻게든 입어 볼게요."

할머니가 말했다.

"가지 마라, 손자야. 흰 곰을 쫓아갈 수는 없을 게다."

그러나 청년은 할머니의 말을 듣지 않고 할머니의 옷을 입고 아버지의 장도리를 들고 사냥꾼 형제들의 발자국을 따라 뛰어갔다. 곧 그는 그 형제들을 모두 앞질러서 흰 곰을 쫓아갔고 곰의 머리를 장도리로 내리쳤다. 한 방에 곰을 죽였다. 고아는 자신의 첫 번째 사냥물을 한 손으로 등에 들쳐 메고 집으로 갔고 사냥꾼 형제들은 가만히 서서 멍하니 쳐다보고 있었는데 너무 놀라서 자리를 뜰 수가 없었다.

청년은 흰 곰을 집으로 가져갔고 할머니는 하도 기뻐서 울음을 터뜨렸을 정도였다.

얼마간의 시간이 지나서 대장이 보낸 전령이 청년에게 와서 이렇게 말했다.

"대장님이 꾸물대지 말고 곰을 가져오라고 명하셨습니다."

청년이 말했다.

"제가 잡은 곰을 드릴 수는 없습니다. 그렇게 대장에게 전하세요."

전령들은 물러갔다. 곧 또 한 사람이 뛰어와서 바람구멍에 대고 소리쳤다.

"어서 썩 나와라. 대장님이 너를 부르신다! 창도 가지고 나와라!"

청년은 결투를 준비했고 손에 창을 든 대장을 맞으러 나갔다. 그들은 결투를 시작했다. 청년이 더 강했고 대장은 치명상을 입었다. 그런 다음 청년은 동생들에게 말했다.

"만약에 당신들이 형을 위해 싸우겠다면 저는 한 사람씩 차례대로 힘을 겨룰 준비가 되어 있소."

그러나 사냥꾼 형제들은 동의하지 않았다. 큰형이 말했다.

"당신이 우리 마을에서 가장 힘이 센 사람이오. 우리는 당신이 우리를 모두 죽이는 것을 원치 않소. 우리의 대장이 되어 주시오."

이후에 청년은 제일가는 사냥꾼이 되었고 할머니와 함께 잘 살게 되었다.

작은 나비와 티나기르긴

이런 일이 있었다고 한다. 장가를 가지 않은 홀아비 작은 나비가 어머니와 살고 있었다. 홀아비 아들은 샤먼이었고 계속해서 노래를 불렀다. 매일 저녁 노래를 불렀다. 노래를 부를 때면 힘이 충만해지는 것을 느꼈고 어머니한테 말했다.

"에휴, 티나기르긴[5]한테서 아내를 뺏어 오면 좋을 텐데!"

그러면 어머니는 보통 이렇게 대답했다.

"조용, 조용히 해. 천신이 듣기라도 하면 어쩌려고. 위대한 티나기르긴은 우리 생명을 창조했잖니. 천신들이 우리를 뒤쫓을 때는 신발창으로 우리를 문질러 버린단다. 티나기르긴과 우리는 감히 비교도 못 한단다."

그러면 아들은 이렇게 말했다.

"나는 천신과 겨루어서 아내를 빼앗아 올 거예요."

어느 날 아침 아들은 밖으로 나가서 풀을 뜯어서 줄을 엮기 시작했다. 줄을 다 엮고 나서 줄을 돌돌 말았다. 그는 밤

---

5) 티나기르긴은 천신으로 추코트 신화에서 차용된 것이다. 추코트어로 그의 이름은 '새벽'이라는 뜻이다.

이 되자 노래를 부르기 시작했다. 노래를 다 부르자 등잔을 밝히고 옷을 입기 시작했다. 그 후에 작은 나비는 풀로 엮은 줄 타래를 등에 걸머지고 하늘로 올라가기 시작했다. 그렇게 그는 천신 티나기르긴한테 올라갔다. 거기서 한 천막을 발견했고 그 천막으로 다가갔다. 그는 현관으로 들어갔다. 안에서 묻는 소리가 들렸다.

"거기 누구요?"

"접니다."

"누구란 말이오?"

"작은 나비입니다."

"왜 찾아온 거요?"

"당신 부인을 뺏으러 왔소이다."

"뭐라고! 이리 들어오너라. 먼저 내가 너를 시험을 해 볼 테다."

"아이고, 당신이 나를 지체하게 만드는군요!"

"자, 어서 빨리 들어와라!"

옷에 묻은 먼지를 털고 안으로 들어갔다. 작은 나비가 들어가자 천신의 두 부인이 보였다. 한 부인은 밤의 딸이었고, 다른 부인은 태양의 딸이었다. 손님이 태양의 딸이 있는 쪽을 향해서 가서 옷을 벗기 시작했다. 옷을 벗은 다음 팔꿈치를 베고 누웠다. 태양의 딸은 그의 사슴 가죽 장화를 널어 두었다. 그러자 티나기르긴은 그 부인에게 말했다.

"당신의 약혼자를 잘 대접하시오!"

여자는 대야를 들고 장막에서 나갔다. 그 부인은 창고로 가서 문을 두드리기 시작했다. 그런 다음 장막 안으로 대야를 들이밀었다.

"자, 받으세요."

작은 나비가 대야를 받아서 자기 쪽으로 당겨서 보니 그 안에는 살아 있는 딱정벌레가 가득했다. 대야를 잡고 그 안에 있는 딱정벌레를 다 먹고는 그 대야를 여자에게 주었다. 여자는 그 대야를 치웠다. 그런 다음 그 여자는 들어와서 장막에서 등잔불을 내갔다. 티나기르긴은 노래를 부르기 시작했다. 천신은 노래를 불러서 자신의 조수신인 바다 파도를 부르기 시작했다. 그러자 바다 파도가 나타났다. 부글거리는 물소리가 들렸다. 바다 파도는 문을 통과해서 넘쳐흘렀고 장막을 물바다로 잠기게 하더니 그런 다음에 밀려갔다.

티나기르긴은 말했다.

"작은 나비의 날개가 물에 달라붙었을지도 모르겠군. 자, 불을 줘 봐라."

불을 밝히자 작은 나비가 잠을 자고 있는 것이 보였다.

다시 불을 껐다. 티나기르긴은 또다시 노래를 불러서 백곰 신을 부르기 시작했다. 백곰이 들어와서 턱으로 문을 쾅

쾅 두드리기 시작했다. 백곰이 나갔을 때 티나기르긴은 불을 밝히라고 말했다. 불을 밝히자 작은 나비가 벽에 붙어서 자고 있는 것이 보였다. 그런데 이번에는 작은 나비가 눈을 뜨더니 말했다.

"당신한테 계속 빚을 질 수는 없는 노릇이죠. 저도 노래를 부를게요."

그러는 사이에 티나기르긴은 옷을 입고 장막에서 나갔다. 천신이 나가자 작은 나비도 옷을 입기 시작하더니 태양의 딸에게 이렇게 말했다.

"빨리 옷을 입어라. 함께 가자!"

태양의 딸은 옷을 입었고 그들은 밖으로 나갔다. 그들이 하늘 문으로 다가갔을 때 작은 나비는 태양의 딸을 줄로 묶어서 땅으로 내려보냈다. 그런 다음 자신도 내려갔다. 땅에 도달하자 둘이서 함께 작은 나비의 천막으로 들어갔다. 그렇게 작은 나비는 태양의 딸에게 장가들었다.

다음 날 잠이 깼을 때 작은 나비가 이렇게 말했다.

"어휴, 아마도 티나기르긴이 자기 아내를 빼앗으려고 오겠지!"

작은 나비는 밖으로 나가서 눈으로 여자를 만들기 시작했다. 여자를 다 만들자 그 여자를 창고로 가져가서 물건들 사이에 두었다. 그런 다음 그 여자에게 말했다.

"티나기르긴이 오면 내가 바로 당신을 부를 테니 곧장 나오시오."

그 말을 하고 작은 나비는 장막에서 나갔다. 그가 옷을 벗고 앉기도 전에 쾅쾅거리는 굉음 소리가 들렸다. 작은 나비가 소리쳤다.

"거기 누구요?"

"나다."

"아아, 티나기르긴이군요!"

"그래."

"들어오세요!"

"아니다. 나는 아내를 찾으러 왔다!"

"좋아요. 아내를 데려가세요. 하지만 잠깐 들어와서 뭐라도 좀 드세요."

티나기르긴은 들어와서 작은 나비의 맞은편에 앉았다.

"내 아내는 어디 있느냐? 왜 고기를 가져오지 않는 거냐?"

창고에서 문 두드리는 소리가 들렸고 장막으로 고기가 가득한 나무 쟁반을 든 처녀가 들어왔다. 쟁반을 놓고 모두에게 고기를 나눠 주기 시작했다. 티나기르긴은 처녀를 쳐다보았고 그 처녀가 마음에 쏙 들었다. 음식을 먹으면서 작은 나비는 이렇게 말했다.

"만약 당신이 당신의 아내를 데려가시지 않겠다면 내 누이인 이 여자를 데려가셔도 돼요. 하지만 그래도 만약 당신의 아내를 도로 찾아가기로 결심하신다면, 그렇게 하세요."

티나기르긴은 작은 나비에게 말했다.

"그래 좋다. 너는 내 아내를 하늘에서 함께 살려고 데리고 내려온 것이니 그렇게 살아라. 나는 네 누이를 데리고 올라가겠다."

작은 나비의 누이 눈 처녀는 옷을 입고 밖으로 나갔다. 티나기르긴도 밖으로 나갔다. 천신은 눈 처녀를 하늘로 데리고 올라가서 그녀와 결혼했다.

그렇게 해서 티나기르긴의 눈 아내는 임신을 했다. 이른 봄이 되었을 때 눈 아내는 해산을 했고 땅에 눈을 흩뿌렸다. 작은 나비와 그의 아내는 땅에 남아 계속 살았다.

일상담

예멤쿠트

로리노 마을 너머 어딘가에 예멤쿠트라는 이름의 한 사람이 살고 있었다. 그는 작은 마을에 아내와 두 아들과 함께 살았다. 예멤쿠트에게는 커다란 바이다라가 한 척 있었지만 그는 사냥을 다니고 싶어 하지 않았기에 그의 가족은 자주 굶곤 했다. 예멤쿠트의 아들들은 아주 작았다. 그 마을에는 몇 가족이 살고 있었다. 그리고 거기에는 집 없는 고아 처녀가 한 명 더 살고 있었다.

어느 날 예멤쿠트는 아내에게 말했다.

"이웃 마을에 먹을 것을 가지러 다녀오겠소."

그 마을에서는 사람들이 풍요롭게 배불리 먹으며 살고 있었다.

"거기에는 성공한 고래잡이들이 살고 있다오."

예멤쿠트는 덧붙였다. 그리고 자주 밖으로 나가서 날씨를 살피기 시작했다.

이번에는 드물게 좋은 날씨였다. 예멤쿠트는 일찍 일어나서 채찍을 준비했다. 예멤쿠트의 가족은 작은 토굴집에 살고 있었지만 그에게는 또 하나의 커다란 토굴집이 있었고 그는 홀로 거기서 살았다. 예멤쿠트는 자신이 직접 키우는 개가 없었지만 한 쌍의 작은 채찍을 준비했다. 날이 밝기 시작했다. 예멤쿠트는 밖으로 나와서 툰드라 방향으로 몸을 돌리고 이렇게 부르기 시작했다. "세 세 세!" 그러자 그 즉시 툰드라에서 늑대 두 마리가 나타났고 예멤쿠트에게로 달려왔다. 그 늑대들은 너무 지쳐서 긴 혀를 쑥 내밀 정도로 그렇게 빨리 달려왔다. 예멤쿠트는 늑대들이 채 달려오기도 전에 채찍으로 늑대들을 철썩 때리면서 이렇게 말했다.

"달리기 시합할 겨를이 없다!"

그러자 늑대들은 돌아서서 툰드라로 도로 달려갔다. 늑대들이 시야에서 사라지자마자 예멤쿠트는 얼음이 언 바다 쪽을 향해 돌아서서 또다시 소리쳤다. "세 세 세!" 그러자 그 즉시 바다에서 하얀 곰 두 마리가 나타났다. 그 곰들이 다가오자마자 예멤쿠트는 채찍으로 곰들을 철썩 때리면서 이렇게 말했다.

"달리기 시합할 겨를이 없다!"

흰 곰들은 도로 돌아서서 바다의 얼음 위로 떠났다. 흰 곰들이 시야에서 모습을 감추자마자 예멤쿠트는 툰드라 쪽을 향해 몸을 돌리고 또다시 이렇게 소리쳤다. "세 세 세!" 그러자 그 즉시 툰드라에서 토끼 두 마리가 나타났다. 토끼들이 달려오자마자 줄로 매고, 커다란 바이다라를 준비했다. 그런 다음 토끼들을 배에 태워 묶고 이렇게 소리쳤다.

"먹을 것을 가지러 성공한 고래잡이들한테 다녀와야겠구나!"

키 앞에 앉아서 토끼들에게 소리쳤다.

"자, 앞으로!"

토끼들은 바이다라를 빨리 저어 갔다. 마을에 가까이 가기 시작했을 때 예멤쿠트는 토끼들을 세워 놓고 이렇게 말했다.

"이제 천천히 저어라. 이렇게 마을까지 가자꾸나."

토끼들은 어떻게든 배를 타고 가서 겨우겨우 바이다라-썰매를 땅 위로 잡아끌었다. 마을 주민들이 밖으로 뛰어나와서 사람이 썰매 대신에 바이다라를 타고 오는 것을 쳐다보았다. 토끼들은 겨우겨우 바이다라를 끌고 있었다. 예멤쿠트는 마을에 도착했다. 사람들은 그에게 이것저것 묻기 시작했다.

"어떻게 오셨소?"

"먹을 것을 좀 가지러 왔습니다."

예멤쿠트가 대답했다.

사람들이 말했다.

"저기가 성공한 고래잡이들의 집이오!"

예멤쿠트는 그 고래잡이들에게로 출발해서 곧 도착하게 되었다. 고래잡이들은 반갑게 그를 맞이하면서 물었다.

"당신은 먹을 것을 가지러 온 것이오?"

"네, 고기를 가지러 왔습니다."

예멤쿠트가 대답했다.

"그렇죠. 고기 없이는 떠날 수가 없겠죠. 내일 되돌아가시면 되죠."

그에게 말했다.

그런 다음 함께 저녁을 먹었다. 예멤쿠트는 옷을 벗고 휘장 안으로 들어갔다. 주인이 그에게 말했다.

"당신은 우리의 길손이니 우리를 위해 주문을 외워 주고 우리를 즐겁게 해 주시오!"

예멤쿠트는 동의를 했고 이렇게 말했다.

"이제 주문을 외겠소. 그런데 다만 볼일이 있어 밖에 잠시 나갔다 오겠소."

"당신은 여기서 필요한 것은 뭐든 할 수 있소이다."

주인이 말했다.

"아니오. 잠시만 밖에 다녀오겠소."

예멤쿠트가 대답했다.

예멤쿠트는 밖으로 나갔다. 거리는 어둡고 달도 떠 있지 않았다. 그는 자신의 토끼-개들에게 다가가서 이렇게 말했다.

"내가 노래를 부를 테니 너희는 밤새 천막의 줄을 모두 갉아 버리도록 해라. 그리고 다시 이리로 돌아오너라."

예멤쿠트는 토끼들을 풀어 주고는 천막 안으로 되돌아갔다. 주문을 외기 시작했다. 그러는 사이에 토끼들은 천막의 줄을 모두 갉아 버렸고 자기 자리로 돌아갔다.

아침 일찍 예멤쿠트는 눈을 떠서 주인에게 말했다.

"이제 되돌아갈 시간이 되었네요."

"지금 당신께 봇짐을 준비해 드리죠."

주인이 말했다.

사람들은 천막에서 나오기 시작하면서 자기들끼리 말을 주고받았다.

"그의 바이다라를 산더미처럼 잔뜩 채웁시다. 그러면 그가 떠날 수 없게 될 테니까."

"물론이지. 그렇게 합시다! 그럼 짐 때문에 꼼짝도 못 하게 될 테니 우리는 짐을 전부 도로 가져옵시다."

사람들은 고기를 예멤쿠트의 바이다라에 싣기 시작했고 성공한 고래잡이들은 지느러미발이 달린 고래의 뒷부분을 전부 그에게 주었다.

이 마을에는 할머니와 사는 고아 소년이 있었다. 그 소년이 거리에서 할머니에게 달려와서 말했다.

"마을 사람들이 모두 손님에게 풍족하게 선물을 주고 있어요. 그에게 사슴 고기며, 바다코끼리며, 고래 고기도 선물

해 주고 있어요. 마을 사람들은 그가 고기를 실은 바이다라를 타고 꼼짝도 못 할 것이라면서 그러면 자신들이 도로 모두 가져간대요. 저는 손님에게 무엇을 주면 될까요?"

고아 소년은 찾고 또 찾다가 망치를 발견했다.

"손님에게 망치를 가져다줄게요."

소년이 할머니에게 말했다.

"소용없단다. 손님은 어수룩한 척할 뿐이란다. 이제 봐라. 그 손님이 자기 바이다라를 타고 곧 떠날 테니."

할머니가 말했다.

"떠날 수가 없다니까요. 바로 망치를 도로 가져올게요."

소년이 고집을 피웠다.

소년은 망치를 들고 예멤쿠트에게 가져가서 배에 던지면서 말했다.

"나도 당신께 선물을 드렸어요!"

예멤쿠트는 바이다라-썰매를 산더미처럼 온갖 물건들로, 특히 사슴 고기로 채웠다. 수많은 사람들이 모여들었다. 모두가 비웃으며 손가락질을 했다.

"저자는 갈 수가 없을 거야. 어떻게 가겠어! 우리 재물을 몽땅 도로 찾게 될 거야!"

"자, 그럼 가 보겠습니다."

예멤쿠트가 바이다라에 앉으며 말했다.

예멤쿠트가 자기 토끼들에게 소리를 꽥 지르자마자 토끼들이 어찌나 빨리 내달리는지! 사람들이 예멤쿠트를 뒤쫓아 갔다. 바이다라-썰매를 따라 뒤쫓아 달려갔다. 후텁지근해지자 털가죽 외투를 벗어 던지고 계속 달려갔다. 마을은 이미 저 멀리 뒤에 있었다. 그러자 예멤쿠트는 차가운 북풍을 불렀다. 광포하고 찬 북풍과 눈보라가 불어닥쳤고 아무것도 보이지 않았다. 사람들이 길에 버려 둔 옷을 찾았지만 이미 없었고 바람에 모두 날아가 버렸다. 수많은 사람들이 추위에 얼어붙었으며 집에 있던 사람은 지붕도 없이 남겨졌다. 바람이 천막 가죽을 찢어 버렸다. 토끼들이 줄을 모두 갉아 버렸기 때문이다. 온 마을에서 몇몇 천막만이 온전하게 무사했다.

그러는 동안 예멤쿠트는 집에 당도했다. 바이다라에 음식을 가득 싣고 돌아왔다. 바이다라의 짐을 풀고 고기를 정리해서 걸쳐 놓았다.

이제 예멤쿠트네는 음식이 너무 풍족했다. 바다코끼리에, 사슴 고기에, 고래 고기까지 있었다. 예멤쿠트의 가족은 실컷 먹었다. 고기 외에도 예멤쿠트는 물범 가죽 자루에 기름을 잔뜩 가져왔다.

며칠이 흘렀고 예멤쿠트는 아내에게 말했다.

"아무래도 몸이 아픈 걸 보니 곧 이 세상을 뜰 것 같소. 내가 죽으면 장사 지내지 말고 커다란 토굴집에 옮겨 놓으시오. 나와 함께 내가 가져왔던 음식을 모두 갖다 놓으시오. 아마 그 음식 때문에 내가 병이 난 것 같소. 나 때문에 고기를 모두 빼앗긴 사람들이 아마도 나에게 주문을 걸었고 그래서 내가 죽는 것 같소."

그리고 예멤쿠트는 아픈 척했고 그런 다음 죽은 척했다. 아내는 이웃들을 불러서 예멤쿠트를 커다란 토굴집으로 옮겼다. 고기 창고에서 저장 음식을 모두 가져다가 거기에 끌어다 놓았다.

예멤쿠트의 아내는 아들들과 살아가기가 힘겨워지기 시작했다. 그들은 작년치 산딸기와 솔방울 등을 모아 솥에 넣고 끓여 먹었다. 그러나 아들들은 곧 올가미로 들새 잡는 법을 익히게 되었다. 어머니는 고래수염으로 올가미를 만들어 주었다. 어머니는 수많은 올가미를 만들었고 이 때문에 손은 항상 상처투성이였다. 매일 아들들은 두세 마리씩 들새를 잡아 왔다. 어머니는 그 새로 요리를 했다. 그렇게 그들은 살아갔다.

그 마을에는 고아 처녀가 살고 있었다. 이 집 저 집에서 살았다. 한번은 그 고아 처녀가 잠을 자려고 한 토굴에 갔는데 문이 잠겨 있었다. 문을 두드리기가 두려워서 그냥 길에 있었다. 달빛이 밝고 조용한 밤이었다. 처녀가 한밤중에 죽은 예멤쿠트가 누워 있는 커다란 토굴집 쪽을 쳐다보니 토굴집의 창문에 불이 밝혀져 있었다. '저기는 예멤쿠트가 죽은 후에 데려다 놓은 곳인데! 무슨 일인지 가서 봐야겠다.' 고아 처녀는 이렇게 생각하면서 토굴집으로 향했다. 지붕 위에서 구멍을 통해 안을 들여다보았더니 예멤쿠트가 음식을 끓이고 있었고 등잔이 너무나 밝게 타고 있었다! 예멤쿠트는 사슴 고기를 푹 끓였고, 사슴 기름으로 소스를 만들더니 식히려 밖으로 내갔다. 그런 다음 고래 껍질을 가져오더니 먹기 시작했다. 고래 껍질을 먹더니 이렇게 말했다. "아이, 맛 좋다! 왜 지금까지 내가 아내와 살았을까?" 그런 다음 소스를 먹었고 침상을 펴더니 등잔불을 끄고 잠자리에 들었다.

아침이 되었고 고아 처녀는 예멤쿠트의 아내에게 갔다.

"무슨 일이야?"

예멤쿠트의 아내가 물었다.

"저는 오늘 밖에서 잠을 잤어요. 문을 두드리기가 부끄러워서요. 그런데 비밀 한 가지를 알게 되었어요. 아주머니는 예멤쿠트가 죽었다고 생각하지만 아저씨는 이 밤에 소스를 만들고 고기를 끓여서 드셨어요. 아저씨는 살아 있어요. 잠자리에 들면서 기름 소스를 식히더니 이렇게 말씀까지 하셨어요. '아이, 맛 좋다! 왜 지금까지 내가 아내와 살았을까?'"

"나는 고래수염으로 올가미를 만드느라 이렇게 생고생을 했는데 그는 우리를 속였구나! 오늘 들새를 잡아서 한 마리는 산 채로 내게 가져오너라!"

아들들은 올가미를 보러 나갔다. 들새 몇 마리를 잡았고 모두 죽였지만 한 마리는 산 채로 남겨 두었다. 저녁때 아들들은 집으로 돌아와서 어머니에게 산 메추라기를 건네주었다. 어머니는 메추라기의 털을 뽑았다. 몸통 털을 몽땅 뽑아서 메추라기는 알몸이 되었고 털은 머리, 다리, 날개에만 남게 되었다. 죽은 들새들의 똥주머니를 모두 꺼내서 털 뽑힌 메추라기의 가슴에 매달았다. 모래주머니 밑부분을 검은 돌로 칠한 다음 자기 토굴로 고아 처녀를 불러서 하룻밤을 묵으라고 했다.

"한밤중이 되면 아저씨한테 가서 뭐 하는지 살펴보자."

한밤중이 되었고 그들은 예멤쿠트의 토굴로 갔다. 창문을 들여다보았다. 그들이 보니 예멤쿠트는 토굴에서 집안일을 하고 있었다. 양쪽에는 등잔이 환하게 비치고 있어서 집안은 대낮처럼 밝았다. '죽은' 예멤쿠트는 고기를 삶고 있었다. 아내가 말했다.

"나는 그가 정말로 죽은 줄 알았어. 그렇게 슬퍼하고 그렇게 힘들게 일했는데!"

예멤쿠트는 그러는 사이에 활개를 치면서 집안일을 계속

했다. 창고에서 소스를 가져와서 삶은 바다코끼리 고기를 요리했고 고래 껍질을 가져오더니 음식을 만들었다. 고기를 몽땅 먹고 사슴 고기로 입가심을 하더니 말했다.

"아이, 맛 좋다! 왜 내가 지금까지 아내와 살았을까?"

아내는 알몸의 메추라기에게 말했다.

"잘해, 그를 깜짝 놀라게 해 주어야 해!"

그리고 바람구멍을 통해 새를 토굴집으로 집어넣었다.

예멤쿠트는 날갯짓을 하는 소리를 들었다. 고개를 들었는데 머리 위에서 알몸의 메추라기가 빙빙 돌고 있었다. 그는 너무나 놀라서 뒤로 나자빠졌다. 여자들은 그러는 사이에 집으로 돌아갔다. 토굴집으로 들어가자마자 예멤쿠트가 여자들의 뒤를 쫓아서 들어와서 문지방에서 소리쳤다.

"에이, 너희 안에 있지! 나 예멤쿠트가 저세상에서 돌아왔다!"

예멤쿠트는 문지방을 넘어서서 몇 걸음 딛더니 넘어졌다. 아내가 보니 정말로 그는 죽어 있었다. 다음 날 예멤쿠트를 장사 지내고 그의 토굴집에서 저장 음식을 모두 옮겨왔다. 이런 일이 있었다고 한다.

꾀돌이 쿠킬린

툰드라에 쿠킬린이 미티라는 이름의 아내와 살고 있었다. 그들에게는 아이들이 셋 있었다. 쿠킬린은 메추라기를 사냥해서 많은 새를 집으로 가져왔다. 그렇게 계속 메추라기를 먹고 살았다. 그러나 어느 날 메추라기를 잡지 못했고 집에서 아이들은 저장한 것을 전부 먹어 버렸다. 쿠킬린은 아픈 척했고 죽은 것처럼 위장했다. 그의 아내 미티와 아이들은 쿠킬린을 위해 곡을 했고 그런 다음 툰드라로 옮겨서 장사를 지냈다. 미티와 아이들이 집으로 떠나자 쿠킬린은 일어나서 옷을 입고 천막을 지었다. 이후에 쿠킬린은 메추라기를 사냥하러 나갔다. 메추라기를 잡아서 기름을 많이 장만했다. 고기와 비계로 맛난 완자를 만들었다. 완자를 먹으면서 노래를 했다.

우가아아, 우가아아!

그의 아내 미티는 마지막 남은 메추라기들을 아이들에게 먹였다. 저장 식품이 얼마 남지 않았다. 그러는 사이 쿠킬린은 비계와 고기로 완자를 만들면서 노래를 불렀다.

우가아아, 우가아아
우가아아, 우가아아!

어느 날 미티의 천막으로 바람구멍을 통해서 메추라기가 날아 들어와서 이렇게 말했다.

"쿠킬린은 죽지 않았어요. 저기, 툰드라에서 메추라기를 잡아서 완자를 만들어요. 미티, 내 가죽을 가져가서 그것을 입고 거기로 가세요. 가다 보면 천막을 발견하게 될 거예요. 그 천막이 쿠킬린의 천막이에요."

미티는 메추라기 가죽을 입고 나갔다. 도중에 천막을 만나게 되었다. 천막으로 다가가서 그 안으로 들어갔다. 쿠킬린은 이때 앉아서 음식을 먹고 있었다. 미티는 메추라기의 목소리로 말했다.

"당신은 정말 살아 있었군요? 당신 아내에게 당신이 살아 있다고 말해야겠어요."

쿠킬린은 부끄러워졌다. 이후에 미티는 집으로 돌아갔다. 집으로 돌아가서 메추라기 가죽을 벗어서 메추라기에게 주었다. 메추라기는 재빨리 자기 가죽을 입고 날아가 버렸다. 쿠킬린이 집으로 돌아왔다. 미티는 그를 보자 이렇게 말했다.

“누구세요? 쿠킬린은 죽었는데!”

쿠킬린이 말했다.

“아니오. 나는 죽지 않았소. 메추라기를 가지러 어서 가시오. 내가 많이 잡았다오.”

이후에 아이들을 쓰다듬기 시작했고 더 이상 그들을 버려 두지 않았다.

노파가 동물들을 속인 이야기

이런 일이 있었다고 한다. 한 노파가 어린 손자와 살고 있었다. 어느 날 노파는 언덕에 올라가서 가죽을 더 부드럽게 만들려고 발로 늑대 가죽을 밟아서 이기고 있었다. 이때 노파에게 어마어마하게 큰 늑대가 다가와서 이렇게 물었다.

"노파, 무엇을 이기고 있는 거요?"

"야생 사슴의 가죽을 이기고 있지."

노파가 말했다.

늑대는 노파의 말을 믿지 않고 재차 물었다.

"무슨 가죽이오?"

"흰 곰 가죽이지."

늑대는 더 놀라서 또다시 노파에게 물어보기 시작했다. 노파는 온갖 짐승의 이름을 그에게 열거하기 시작했다. 야생 사슴, 흰 곰, 갈색 곰, 여우, 북극여우, 토끼, 족제비, 청설모, 쥐 등을 모두 말했지만 늑대라는 말은 하지 않았다. 그런데도 늑대는 또다시 물었다.

"발 밑에서 이기고 있는 가죽은 무슨 가죽이오?"

"늑대 가죽이다."

노파는 화가 치밀어 이렇게 말했다.

늑대는 너무 놀라서 저쪽으로 도망쳐 버렸다. 그러자 노파는 늑대의 뒤에 대고 소리쳤다.

"늑대 가죽이다, 늑대 가죽!"

집으로 돌아가서 노파는 손자에게 이렇게 말했다.

"큼직한 돌멩이를 모아서 토굴집으로 가져와라. 나는 나뭇가지를 모으러 갈 테니."

소년은 돌멩이를 모아서 토굴집에 쌓아 놓았고 노파는 나뭇가지를 모아 가져왔다. 이때 언덕에서 모든 짐승들이 보낸 사신들이 모였다. 늑대, 흰 곰, 갈색 곰, 야생 사슴, 여우, 북극여우, 토끼, 족제비, 청설모, 쥐였다. 그들은 노파가 정말로 짐승들의 가죽을 이기고 있었는지, 어떻게 그 짐승들을 잡았는지 알아내고 싶어서 온 것이었다. 노파는 반갑게 말했다.

"손님들, 어서 토굴집으로 들어오세요. 내가 먹을 것을 대접할 테니 그다음에 이야기를 나눕시다."

짐승들이 토굴집으로 들어가자 노파는 토굴집 가운데 커다란 모닥불을 피웠다. 연기가 바람구멍으로 흘러 나갔다. 노파는 말했다.

"여기서 기다리세요. 내가 손자와 장작을 가져와서 음식을 요리할 테니."

짐승들은 토굴집에 그대로 있었고 노파는 나가서 장작을

두드리기 시작했다. 늑대가 물었다.

"노파, 무엇을 두드리는 거요?"

"산딸기를 짓밟아 빻아서 음식을 만들 거요!"

"그 음식을 누가 먹을 거요?"

"이제 손님들을 모두 먹일 거요!"

이후에 노파는 문을 더 꽉 닫고 밖에서 커다란 돌멩이들로 문을 눌러 놓았다. 손자는 토굴집 위로 올라가서 돌로 바람구멍을 막았다. 모닥불에서 나온 연기가 토굴집에 꽉 차게 되었다. 짐승들은 연기에 질식했다. 그래서 노파와 손자는 모든 짐승들의 가죽을 가지게 되었다.

누나그미트의 고래

한 사람에게 아내가 둘 있었다. 한 아내는 자식들을 낳았지만 두 번째 아내는 자식이 없었다. 두 번째 아내는 따로 살았다. 어느 날 그 아내는 아픈 척했다. 그러자 남편은 사냥도 그만둘 정도로 걱정을 했다. 문턱을 벗어나지 않고 두 번째 아내가 죽지나 않을까 하고 걱정을 했다. 그는 토굴집 옆에 앉아 있었는데 그 옆을 고아 소녀가 계속 뛰어다니면서 비웃었다. 남자는 화도 내지 않았다. 그러자 소녀는 이리저리 왔다 갔다 하면서 비웃고 그를 흉내 냈다. 남자는 참지를 못하고 소녀한테 달려들어 비웃었다고 혼쭐을 내려고 했다. 그러자 고아 소녀가 말했다.

"때릴 테면 때리세요! 다만 말씀드릴 것이 있어요. 그래서 계속 아저씨 곁을 걸어 다닌 거예요."

남자는 이 말을 듣고 자신이 살고 있는 첫 번째 부인의 토굴집으로 갔다. 그리고 아내에게 말했다.

"고아 소녀가 계속 나를 비웃었소. 내가 혼쭐을 내주려고 하자 소녀는 무엇인가를 말해 주겠다고 약속했소."

아내는 그에게 말했다.

"내일 고아 소녀가 또다시 오면 집으로 들어오라고 부르세요. 맛난 음식으로 대접할게요."

남편이 말했다.

"그 고아 소녀가 들어오면 내가 캐물어 보겠소."

다음 날 고아 소녀가 또다시 왔다. 남자는 아내에게 그 소녀를 대접하라고 했다. 소녀가 말했다.

"따로 살고 있는 아저씨의 두 번째 부인은 아픈 척하는 거예요."

남편이 말했다.

"아는 것을 모두 말해 봐라! 새 옷을 지어 주마."

소녀가 말했다.

"아저씨는 오늘 밤에 주무시지 마시고 지키고 섰다가 그 아주머니가 무엇을 하는지 직접 보세요."

달 밝은 밤이 찾아왔다. 남자는 밖으로 나가서 엄폐물 속에서 아픈 아내를 감시하기 시작했다. 밤하늘에 달이 보였다. 아픈 아내는 토굴집에서 나왔다. 비옷을 입고 사냥용 사슴 가죽 장화를 신고 있었다. 손에는 고기가 가득 든 쟁반을 들고 있었고 물이 찬 양동이도 들고 있었다. 그 아내는 토굴집 지붕으로 기어 올라가더니 노래를 부르기 시작했다. 노래로 또 다른 남편인 고래를 부르고 있었다. 노래를 끝내자 가만히 귀를 기울였다. 저 멀리 바다에서 고래의 숨소리가 들렸다. 여자는 또다시 고래를 부르는 노래를 불렀다. 고래의 숨소리가 더 가까이 들렸다. 세 번째로 노래를 불렀다. 그러자 고래의 숨소리가 아주 가까워졌다. 네 번째로 노래를 부르자마자 고래가 해변으로 다가와서 험난한 바위에 머리를 기댔다. 여자가 물로 내려가서 고래에게 다가가더니 고기를 먹이고 물을 주었다. 고래의 코에서 한 사람이 나와서 위로 갔다. 그는 그 여자의 토굴집으로 들어가서 그녀와 함께 잤다. 그 모습을 지켜보던 남자는 첫 번째 아내에게 돌아가서 이렇게 말했다.

"글쎄 두 번째 아내가 시집을 갔구려."

그리고 남자는 잠자리에 들었다. 다음 날 아침 잠이 깼을 때 그는 고래 잡는 창을 벼렸다. 온종일 벼려서 뺨에 대고 뾰족한 창끝을 시험해 보았다.

어휴, 잘 벼려졌군! 다 벼르고 나자 그 고아 소녀를 불러서 고맙다고 대접을 잘해 주었다. 그 고아 소녀는 그에게 진실을 말해 준 것이었다.

그는 저녁에 또다시 아내를 감시하러 갔다. 한밤중에 그 여자는 밖으로 나왔는데 이번에도 사냥용 옷을 입고 있었다. 여자는 노래를 부르기 시작했고 고래 남편을 불렀다. 또다시 네 번째로 노래를 불렀다. 해변으로 고래가 다가왔고 고개를 바위에 기댔다. 여자가 해변으로 내려갔다. 고래에게 먹을 것과 물을 주었다. 그러자 또다시 고래의 코에서 남자가 나왔고 여자와 함께 뛰어서 위로 올라갔다. 그들은 토굴집으로 들어가서 또다시 함께 잠을 잤다.

그러는 사이에 그 여자의 진짜 남편은 엄폐물에서 나와서 창을 손에 들고 밑으로 내려갔다. 고래에게 몰래 다가가서 그의 심장을 곧장 찔렀다. 남자는 고래를 죽였다. 창을 찔렀을 때 바로 그 순간에 여자한테 올라갔던 남자가 소리를 질렀고 여자를 밀어냈다. 그 여자는 그를 붙잡았지만 계속 잡고 있을 수가 없었다. 그는 밑으로 떨어졌고 고래의 코로 뛰어 들어갔는데 고래가 갑자기 몸을 떨더니 죽어 버렸다.

여자의 첫 번째 남편은 집으로 갔다. 다음 날 고래를 손질했다. 저녁에 그는 아픈 척했던 두 번째 아내에게 자러 갔다. 여자는 임신을 한 상태였다. 그 여자의 배는 매우 빠르게 불러 왔다. 여자의 남편은 이제 다시 사냥을 다니기 시작했다. 결국 아내가 해산할 때가 되어 자식을 낳았다. 남편이 물었다.

"누구를 낳았지?"

"새끼 고래를 낳았어요!"

여자는 물이 든 대야에 아이를 눕혔다. 그렇게 물속에서 고래 아들을 키웠다. 자신의 젖으로 고래 아들을 먹였다. 남편은 고래 아들과 친하게 잘 지냈다. 여자가 낳은 고래는 빠르게 성장했다. 그를 위해서 개울 옆에 물이 든 구멍을 파 주었다. 그 고아 소녀는 그 고래와 놀기 시작했다. 그리고 곧 구멍이 고래한테 작아졌다. 바다 쪽에 더 가까운 다른 곳에 구멍을 팠다. 그렇게 고래는 커다란 철갑상어만큼 자라게 되었다. 곧 아주 커다래졌다. 그러자 그 고래를 바다코끼리 가죽에 싣고 바다로 끌고 갔다. 물까지 끌고 가서 코에 색칠한 물범 가죽으로 만든 빨간 표식을 달아 주었다. 그리고 바다에 놓아주었다. 고래는 먼 바다로 떠다니기 시작했지만 항상 고향 해변으로 돌아왔다. 그 고래와 함께 다른 고래들도 돌아오곤 했다. 그래서 누나그미트 사람들은 고래를 아주 많이 잡았다.

누나그미트 고래는 갈수록 오랫동안 돌아오지 않게 되었다. 어느 날부턴가 아예 돌아오지 않았다. 누나그미트 주민들은 그 고래를 걱정하기 시작했다. 여자가 낳은 고래에게 무슨 일이 생긴 것일까? 알고 보니 옆 마을 맘로흐파크의 주민들이 누나그미트의 고래를 죽였던 것이다. 맘로흐파크 사람에게 시집을 간 누나그미트 사람의 누이가 있었다. 그 누이는 사촌 같은 고래가 불쌍해서 누나그미트에 전령을 보냈다. 그 전령은 고래의 어머니에게 맘로흐파크 사람들이 어떻게 아들 고래를 죽였는지 이야기해 주었다.

누나그미트에는 렙샤라는 힘센 장사가 있었는데 활의 명

수였다. 바다 사냥에서 사냥물을 가지고 사냥꾼들이 도착했을 때 키잡이는 바다로 노를 던졌고 렙샤는 마을의 높은 곳에서 활을 쏘아 물에 던져진 노를 맞추곤 했다. 누나그미트 사람들은 보통 북쪽의 오유크봉(峰) 쪽으로 활을 들고 사냥을 다녔다. 한번은 그들이 그쪽으로 사냥을 갔을 때 맘로흐파크의 장사도 그쪽으로 카약을 타고 가고 있었다. 그가 오유크봉의 북쪽 해변, 맘로흐파크에서 멀지 않은 곳에 혼자 남았을 때, 누나그미트 사람들이 그를 공격했다. 그는 카약에서 해변 바위 위로 뛰어올랐다. 있는 힘을 다해 산으로 도망쳤다. 풀이 많이 자란 그곳으로 도망쳐서 숨었다. 그러자 누나그미트의 키잡이 수장이 노를 젓는 사람들에게 말했다.

"아휴, 재빠르군! 곧 잡힐 듯했는데 손에서 놓쳐 버리다니!"

"어이, 렙샤, 활을 쏴 봐!"

렙샤는 사람들에게 자신의 활을 당기라고 말했다. 사람들이 활을 당겼다.

렙샤는 키잡이 수장에게 물었다.

"어디로 쏠까요?"

"도망칠 수 없는 곳으로 쏘게!"

맘로흐파크의 장사는 또다시 도망쳤지만 렙샤는 활로 그의 발꿈치를 곧장 쏘았고 뼈를 산산이 부수어 버렸다. 사람들이 가죽배에서 나와서 산으로 올라가 그 장사를 마저 죽였다. 털이 없는 물범의 지느러미를 그의 옆에 남겨 두었다. 이후에 맘로흐파크로 떠났다. 그들은 배를 정박하고 해변으로 올라갔다. 거기서는 고래 등뼈 고기로 그들을 대접했다. 누나그미트 사람들은 해변으로 돌아갔다. 그들은 가죽배를 타고 떠났다. 움쿠글류크봉에 가까이 갔을 때 고래작살의 창끝에 물범 지느러미를 묶어서 위로 들어 올렸다. 맘로흐파크 사람들은 재빨리 가죽배를 타고 누나그미트 사람들을 뒤쫓기 시작했다. 그렇지만 따라잡지 못했다. 누나그미트 사람들은 집으로 돌아갔다. 고래를 죽인 복수를 한 것이었다.

하지만 맘로흐파크 사람들은 가을까지도 자신들의 힘센 장사를 죽인 복수를 할 수가 없었다. 그들은 회의를 소집했다. 그들은 교활한 꾀로 누나그미트 사람들을 이겨 보기로 결정하고 바다코끼리 소리를 내어 그들을 올가미로 유인하기로 했다. 그들은 육지를 통해서 맘로흐파크산을 지나 누나그미트로 내려갔으며 티파그루크의 작은 해변 바위에서 바다코끼리처럼 소리치기 시작했다. 누나그미트 사람들이 아침 일찍 사냥을 위해 길을 나섰다. 가죽배를 타고 티파그루크 쪽으로 다가가니 바다코끼리들이 우는 소리가 들렸다. 가죽배들이 티파그루크로 다가갈수록 바다코끼리의 소리는 더 커졌다. 누나그미트 사람들이 해변 쪽으로 다가가자, 맘로호파크 사람들은 소리를 지르면서 매복 장소에서 뛰쳐나와서 가죽배에 활을 쏘기 시작했다. 가죽배들은 화살에 구멍이 뚫렸고 물에 잠기기 시작하더니 사람들을 태운 채 가라앉았다. 그렇게 맘로호파크 사람들은 자기 사람을 죽인 복수를 했다.

그러던 어느 날 살아남은 누나그미트 사람들이 맘로호파크로 갔다. 맘로호파크 사람들한테서 흙침대를 빼앗아 함께 지냈다. 그때부터 사이좋게 살았다.

우카마난

그런 일이 있었다. 어느 날 우나지크의 주민들이 시부카크로 출발했다. 시부카크에 도착해서 배에서 내려서 그곳 사람들한테서 남매인 두 아이를 납치했다. 그런 다음 아이들을 데리고 우나지크로 갔다. 남자애는 칸구라고 불렀고 여자애는 우카마난이라고 불렀다. 여자애는 다 자라서 시집을 보내야 할 때였다.

사람들은 우나지크에 도착해서 두 밤을 자고 이 아이들을 사슴과 바꾸려고 우비나크로 출발했다. 우비나크에 도착하자 수많은 사슴 사육자들이 그들을 맞았다. 사슴 사육자들은 물었다.

"무슨 일로 여기에 오셨습니까?"

우나지크 사람들은 대답했다.

"우리는 이 아이들을 사슴과 바꾸려고 왔습니다."

한 사슴 사육자는 이렇게 생각했다.

'사실 내 아들은 벌써 다 자랐잖아! 며느리가 필요하지.'

그래서 이렇게 말했다.

"가능하다면, 내가 아들을 위해 며느리로 삼기 위해 사슴 스무 마리를 주고 데려가겠소."

그러자 그 사람들은 성년의 처녀 우카마난을 사슴 스무 마리에 팔았다. 소년 칸구는 팔지를 못했고 그래서 그를 데리고 우나지크로 돌아갔다.

우카마난은 우비나크 사슴 사육자의 아내가 되었다. 그 여자의 남편은 용맹하고 날쌔게 달리고 힘이 장사였다. 우카마난은 붉은 얼굴의 아름다운 처녀였다. 우카마난은 게으르지 않았다. 매일 물을 길어 오고 옷을 지었다.

그 처녀는 물을 길으러 가기 전에 마른 고기 조각을 옷 속에 숨겼다. 그러던 어느 날 그 처녀는 그곳에서 도망쳐서 신발을 몽땅 여행용 가방에 넣어 등에 지고 길을 떠났다. 배가 고프면 고깃덩어리를 하나씩 꺼내서 먹었다. 잠을 자고 싶으면 길에 누워서 잠을 잤다. 짚신이 떨어지면 새것을 꺼내 신었다.

어느 날 우카마난은 인적이 없는 커다란 집에 들어갔는데 그 집은 온갖 음식으로 가득했다. 고래 고기, 바다코끼리 고기, 물범 고기, 사슴 고기 등이 있었다.

우카마난이 잠시 앉아 있었는데 이때 온몸이 하얗고 뚱뚱한 여자 거인이 들어와서 처녀에게 물었다.

"신기하군, 신기해! 너는 어디서 왔느냐?"

우카마난은 대답했다.

"저는 우비나크의 사슴 사육자 집에서 살았어요."

여자 거인이 물었다.

"어디 출신이냐?"

처녀가 대답했다.

"시부카크 출신이에요."

"그럼 왜 우비나크에서 살았느냐?"

"우나지크 주민들이 저를 사슴과 맞바꾸었어요."

여자 거인이 말했다.

"그랬단 말이지. 자, 밥을 먹고 자도록 하자. 나는 아주 깊게 잠이 드니 내일 나를 깨워라. 여기, 내 머리맡에 바다코끼리 머리뼈가 있단다. 그것을 가져다가 머리를 때리면 내가 잠이 깰 거다."

그런 다음 그들은 밥을 먹고 잠자리에 들었다. 우카마난은 아침에 일찍 일어나서 여자 거인을 깨우기 시작했다.

"에이, 어서 일어나세요!"

하지만 여자 거인은 아무것도 들리지 않는 것 같았다.

우카마난은 바다코끼리 머리뼈를 가져다가 여자 거인을 때리려고 했지만 무서웠다. 그 처녀는 그냥 기다리기로 결심하고 깨우지 않았다. 곧 정오가 되었고 그때서야 여자 거인이 잠이 깨서 일어났다. 여자 거인은 일어나자마자 벼락같이 화를 냈다.

"어휴, 이런, 어휴, 이런! 다시 한 번만 나를 깨우지 않는다면 좋지 않은 일을 당할 것이다."

그런 다음 여자 거인은 앉더니 우카마난에게 말했다.

"먹을 것을 다오! 저기 있는 바다코끼리 고기를 가져와!"

우카마난은 바다코끼리 고기를 가져다주었다. 여자 거인은 그 고기를 먹더니 밖으로 나갔다. 우카마난은 그 여자 거인이 어디로 갔는지 알 수가 없었다. 그런데 그 여자는 곧 죽은 물범을 가지고 돌아와서 우카마난에게 말했다.

"자, 먹자. 내일은 지체 말고 내 머리를 때려라. 만약 때려서 날 깨우지 않는다면 너를 잡아먹어 버릴 테다!"

그리고 그들은 잠이 들었다. 아침에 우카마난은 일어나서 바다코끼리 머리뼈를 들었다. 생각하고 생각하다가 혼잣말을 했다. "이렇게 때리면 진짜 죽을지도 모르겠군!"

그 처녀는 온 힘을 다해 바다코끼리 머리뼈로 자고 있는 여자의 머리를 힘껏 내리쳤다. 여자 거인은 일어나서 웃기 시작했다.

"호호호! 그렇지, 그렇지, 그렇지. 진즉 때릴 일이지! 이제 집에 가라. 내 털가죽 외투를 입어라. 나는 사람이 아니라 암곰이란다."

정말로 우카마난은 곰 가죽을 입고 우나지크로 출발했다. 며칠을 걸어서 우나지크에 도착했다. 그 처녀가 도착하자 한 사람이 처녀를 보고 소리소리 치기 시작했다.

"아이고, 사람들! 암곰이 여기 있어요!"

사람들은 활과 창을 들고 그 처녀에게 달려들었다. 우카마난은 소리치기 시작했다.

"저는 암곰이 아니에요. 저는 여자예요."

그러나 사람 소리가 아니라 곰의 외침 소리가 나왔다. 우카마난은 잠시 멈춰서 겨우겨우 얼굴에서 곰의 털모자를 벗었고 그러자 그녀의 얼굴이 드러났다. 사람들이 쳐다보더니 우카마난을 알아보았다.

주인이 그 처녀에게 말했다.

"너는 괜히 돌아왔구나. 내년에 너를 다시 사슴과 바꿀 것이다."

그 처녀는 곰 가죽을 벗고 장막 안으로 들어갔다. 거기서 바다코끼리 가죽을 먹었다. 잠을 자지 않고 해변으로 갔다. 해변에서 서럽게 울었고 너무 슬픈 나머지 발버둥을 치면서 모래를 파헤치고 있었다. 그렇게 어둠이 몰려왔다. 우카마난은 눈물범벅이 되어 잠이 들었다. 그러다가 꿈을 꾸었다. 꿈에서 해변으로 배가 다가왔는데 누군가가 배에서 그녀에게 소리쳤다.

"어서 타라. 배에 타라. 우리는 시부카크 사람들이다! 너는 누구냐? 우카마난이 아니더냐!"

그러자 우카마난은 눈을 감고 배에 올라탔다. 물이 부글

부글, 출렁출렁했다. 배는 시부카크에 가까워졌고 모래에 닿아 바스락거렸다.

그러자 이런 소리가 들렸다.

"앞을 봐라. 해변으로 뛰어내려라!"

우카마난은 시부카크를 보지도 않고 뛰어내렸다. 그녀 옆으로 커다란 고래 고기 조각과 커다란 고래 가죽 조각을 배에서 내던져 주었다. 사람들이 우카마난에게 말했다.

"자, 집으로 가는 길에 먹을 것이다. 가져가거라!"

그 후에 그 처녀는 잠이 깼지만 배는 이미 없었다. 그녀는 주위를 둘러보았고 고향 시부카크를 알아보았다. 그녀 옆에는 엄청나게 큰 고래가 두 마리 누워 있었다. 우카마난은 집으로 가게 되어 기뻐했다.

"정말로 내가 시부카크로 돌아왔구나! 오오오!"

처녀는 기뻐하면서 집으로 다가가서 소리치기 시작했다.

"여기, 불을 켜세요!"

처음에 사람들은 그녀의 목소리를 듣지 못하고 계속 잠을 잤다. 그녀는 또다시 소리쳤다.

"어서 불을 켜세요!"

아버지가 잠이 깨서 물었다.

"거기 누구요?"

우카마난은 대답했다.

"바로 저예요."

아버지는 아내를 깨우기 시작했다.

"에이, 여보, 어서 일어나시오! 우카마난 목소리가 들리는 것 같구려!"

어머니는 장막에서 고개를 내밀면서 물었다.

"거기 누구요?"

"어떻게 된 일이세요? 바로 저라고요!"

어머니가 말했다.

"우카마난 목소리 같아요."

아버지가 말했다.

"비슷해요. 정말 비슷해."

우카마난이 말했다.

"바로 저예요. 정말로요."

그런 다음 처녀는 장막으로 들어가서 아버지에게 말했다.

"아침 식사 후에 마을 사람들을 모두 불러 모아요. 저기, 해변에 여행길용 저장 음식이 놓여 있어요. 모두와 함께 나눠요."

아버지가 그녀에게 물었다.

"무엇을 타고 왔느냐?"

우카마난은 아버지에게 대답했다.

"우나지크 해변에서 잠이 들었는데 꿈에 시부카크 사람들이 와서 그들의 가죽배에 타고 여기에 왔어요."

아버지는 딸의 이야기를 귀담아들었다. 그런 다음 음식을 먹고 고래 고기를 손질하려고 마을 사람들을 모두 모았다. 그리고 정말로 그 고기를 모두 나누었다.

심술궂은 노인과 쥐

이런 일이 있었다고 한다. 한 마을에 심술궂고 못된 노인이 살고 있었다. 그에게는 썰매 개가 아주 많았다. 개들은 크고 썰매를 빨리 끄는 데다 물기도 잘했다. 바로 그 마을에 이 썰매 주인이 잔인하게 때리곤 했던 혼자 사는 노인이 있었다.

어느 날 고독한 노인이 쥐를 찾으러 나섰다. 찾고 또 찾아다니다 결국 발견했다. 그는 쥐를 손에 들고 실눈을 가늘게 뜨더니 쥐에다 대고 입김을 세게 불었고 여러 번 침을 뱉고는 눈을 제대로 떴다. 눈을 떠서 보니 그 앞에 거대하고 잘생긴 개가 서 있었다. 개 이빨은 날카로웠지만 송곳니가 두 개뿐이었다.

고독한 노인은 개에게 말했다.

"제발 부탁이니 이빨 좀 내보이지 마라! 이빨을 드러내면 썰매 주인이 너한테 긴 이빨이 두 개만 있다는 것을 알게 될 테니."

고독한 노인은 자신을 알아볼 수 없도록 얼굴을 할퀴어 변장했다. 할퀸 얼굴은 통증이 오기 시작했고 붉게 되어 부풀어 올랐다. 그래서 고독한 노인은 뺨에 혈색이 돌고 건강한 얼굴의 젊은이와 비슷해졌다. 그는 사슬에 개를 묶고 심술궂은 노인의 야란가로 갔다. 출입구로 들어가서 고독한 노인은 주인이 듣도록 헛기침을 몇 번 했다. 심술궂은 노인은 막대기를 들고 밖으로 나왔다.

"자, 이 개는 사납고 빠르고 아주 똑똑합니다. 이 개 한 마리가 어르신의 잘 무는 개 전부보다 더 셀 겁니다. 개들을 다 죽여 버리고 이 개를 가지세요!"

욕심 많은 노인은 기뻐서 어쩔 줄 몰랐다. 너무 기뻐서 아내에게 코에 문신을 하라고까지 말했다.[6] 그는 자신의 개를 모두 죽였다. 고독한 노인이 데려온 커다란 개는 순식간에 작은 쥐로 바뀌어 버렸다. 심술궂은 노인은 너무 분해서 자살하고 말았다.

---

6) 에스키모 남자들은 보통 뺨에만 문신을 했고 여자들은 얼굴 전체에 문신을 했는데 문신이 많고 복잡할수록 아름답다고 생각했다.

버림받은 청년

이마클리크 마을에 한 부자가 살고 있었다. 그에게는 외동아들이 있었고 그 부자는 운 좋은 사냥꾼이었다. 겨울에는 아들과 함께 수많은 야생 사슴을 잡았고 여름에는 바다짐승을 사냥했다. 만사형통이었지만 아들이 장가들기를 싫어했다. 그의 토굴집으로 약혼녀가 오면 청년은 그녀를 친절히 대했다. 그런데 약혼녀는 조금 살다가 집으로 돌아가버렸다.

그 부자한테는 토굴집이 두 채 있었다. 하나는 살림집으로 아내와 아들과 함께 사는 집이었다. 또 다른, 좀 더 작은 토굴집은 작업장이었다. 가죽배, 활, 창, 작살, 돌 덮개 등을 거기서 전부 만들었다.

어느 날 안개가 내려오더니 비가 퍼붓기 시작했다. 부자의 아들은 작은 토굴집에 무엇인가를 만들러 갔다. 그는 아주 가볍게 입고 있었다. 무엇인가를 만드는 동안 거리에서 사람들의 목소리가 들렸다. 사람들은 마을 옆으로 바다코끼리가 헤엄쳐 지나가고 있다고 소리치고 있었다. 청년은 계속해서 만들기만 했다. 조금 지나서 아버지가 아들에게 가서 사냥에 나가자고 불렀다. 바람구멍을 조금 열고 그 안을 들여다보니 아들이 괴물로 변해 있었다. 노인은 한동네 사람들에게 아들이 괴물이 되었다고 소리쳤다. 모든 사람들에게 가죽배를 타고 가서 집안 물건과 옷과 사냥 장비 들을 모두 가져가라고 말했다. 그러지 않으면 괴물 아들이 이 모든 것을 사람들을 해치는 데 사용하게 될 것이라며 소리쳤다.

아들은 아버지의 말을 듣고 자기 자신을 훑어보았다. 그런데 그는 변한 것이 없이 언제나처럼 똑같이 그대로였다.

청년은 이렇게 생각했다. '왜 아버지는 내가 괴물이 되었다고 말하는 것일까? 내 몸은 예전과 같은데….' 얼마간의 시간이 지나서 청년은 토굴집에서 나왔다. 나와서 보니 마을에는 한 사람도 남아 있지 않았다. 자신의 토굴집으로 갔다. 안으로 들어갔다. 토굴집 안은 비어 있었다. 등잔불도 타고 있지 않았다. 옷을 갈아입고 싶었는데 옷이 한 벌도 없었다. 청년은 밖으로 나갔다. 강의 상류를 쳐다보았더니 모닥불이 타고 있었다. 청년은 생각했다. '저기 있는 사람들은 누굴까? 가서 봐야겠다.' 청년은 강의 상류에서 타고 있던 모닥불 쪽으로 갔다. 청년이 다가가서 보니 모닥불 옆에는 한 여자가 등을 돌리고 앉아 있었다.

청년이 여자에게 말했다.

"내게 물을 좀 길어 주시오."

여자는 말없이 강에서 물을 길어서 뒤돌아보지 않고 잔

을 청년에게 건넸다. 청년은 물을 마시고 이렇게 말했다.

"한동네 사람들이 나를 버렸어요. 저는 혼자 남게 되었어요. 저랑 함께 가지 않으시겠어요?"

여자가 대답했다.

"그렇게 하겠어요."

그들은 집으로 돌아갔다. 밤이 되었고 그들은 침상 없이 옷을 입은 채로 잠자리에 들었다. 아침에 청년이 툰드라로 떠났다. 손에 뭔가를 잔뜩 들고 돌아왔다. 야생 사슴을 잡았던 것이다. 여자는 재빨리 사냥물을 손질했다. 그렇게 함께 살기 시작했다. 청년은 여름에 다양한 바다짐승을 잡았고 겨울에는 툰드라에서 야생 사슴을 잡아 날랐다.

마침내 그들은 아주 잘살게 되었다.

어느 날 남편이 아내에게 말했다.

"아무것도 꺼리지 마시오. 어떤 음식을 원하든지 마음껏 드시오. 물범 가죽 하나를 가장 맛난 음식으로 채워서 저장용으로 구멍에 넣어두시오. 언젠가 우리 부모님이 한동네 사람들과 함께 돌아오면 그 음식을 그들과 함께 먹을 테요."

여자는 물범 가죽을 다양한 음식으로 채워서 저장용 구멍에 넣었다. 이마클리크 사람들이 도망쳤던 그 마을에 심한 기근이 들었다. 이마클리크 사람들은 바다로 사냥하러 나갔지만 물범을 한 마리도 잡아 오지 못했다. 툰드라로 사냥하러 나갔지만 한 마리의 야생 사슴도 잡아 오지 못했다.

그러던 어느 여름에 이마클리크 사람 두 명이 이마클리크 쪽으로 출발했다. 가서 보니 한 사람이 카약을 타고 해변 쪽으로 가고 있었다. 그러더니 정박했다. 한 여자가 해변으로 내려왔다. 둘이서 카약에서 물범을 끌어냈다. 부자의 토굴집으로 돌아갔다. 이 모든 것을 지켜본 두 명의 이마클리크 사람들은 자신들의 유목지로 돌아갔다. 사냥에서 돌아온 그들을 이마클리크 사람들이 맞이했고 새로운 소식에 대해 묻기 시작했다. 사냥꾼들과 함께 부자도 있었다. 이마클리크에 갔던 사람들은 거기서 카약을 타고 사냥에서 돌아온 사람을 보았다고 이야기했다. 그 사람을 한 여자가 맞이했고 그들은 카약을 해변으로 끌어내서 잡아 온 물범을 꺼내서 부자의 토굴집으로 가져갔다고 모든 것을 이야기했다.

부자가 말했다.

"혹시 내 아들이 아닐까? 자, 우리 이마클리크로 돌아갑시다! 겨울에 어떻게 먹을 것도 없이 살 수 있겠습니까? 굶어 죽고 말 것이오! 자, 모이시오!"

그렇게 해서 모두가 이마클리크로 돌아갔다. 돌아가서 보니 부자의 아들이 결혼해서 살고 있었다. 거기서 살려고 모두가 남게 되었다. 어느 날 부자의 아들은 잔치를 열었고 한동네 사람들을 모두 자신의 토굴집으로 초대했다. 아내와 함께 한 번도 입은 적이 없는 옷을 멋스럽게 차려입었다. 손님들이 음식을 먹기 시작했을 때 부자의 아들은 아내와 함께 통로 옆쪽에서 일어나서 말했다.

"기억하십니까. 내가 작은 토굴집에서 무엇인가를 만들고 있을 때 아버지께서 당신들에게 내가 괴물로 변했다고 소리쳤던 것을요. 나는 그 말을 듣고 내 자신을 쳐다보았지만 전혀 변한 게 없었고 전처럼 똑같이 그대로였습니다. 그런데도 당신들은 저를 버리고, 모든 음식과 옷가지를 전부 챙겨 가 버렸지요. 저는 그때 당신들이 저한테 한 행동 때문에 너무나 상심했습니다. 이제 저는 당신들과 함께 있지 않을 것입니다. 지금이야말로 진짜 괴물이 될 것입니다."

그의 아내가 순식간에 토굴집 통로로 뛰쳐나갔고 그녀의 뒤를 따라서 그도 뛰쳐나갔다. 그들의 뒤를 따라 쫓아갔지만 그들은 자취도 없이 사라져 버렸다.

우키바크의 질투쟁이와 그 아내

우키바크 마을의 이장은 질투가 많은 사람이었다. 여름에 사냥에서 돌아올 때면 아내의 신발을 가져다가 밑창을 더듬어 보았다. 밑창이 젖어 있으면 아내를 때렸다. 그렇게 마을 이장은 살고 있었다. 아내의 얼굴은 하도 맞아서 이제 검게 되었다. 아내는 이렇게 생각했다. '여기에 남아 있으면 나빠질 뿐이다. 죽는 것이 낫겠다. 하지만 토굴집에서 죽으면 안 좋을 테니 바다로 가는 것이 낫겠다. 그러면 좋은 수도 있겠지. 여기서 내가 죽으면 남편이 와서 나를 발견하겠지. 바다로 가면 남편도 이웃도 나를 발견하지 못할 테지. 그러는 것이 낫겠어.' 남편은 사냥에서 집으로 돌아오면 아내의 신발을 가져다가 밑창을 만져 보았다. 밑창이 말라 있으면 안심을 했다. 그러면 함께 밥을 먹고 잠자리에 들었다.

한번은 아침에 마을 이장이 평소보다 더 일찍 사냥하러 나갔다. 그는 얼음 위에서 사냥을 하고 있었는데 아내가 한 번도 입지 않은 새 옷을 가져다가 입고 토굴집을 나갔다. 그러는 사이에 하늘은 맑아졌다. 아직 꼭두새벽이었다. 여자는 자기네 토굴집 옆에서 서서 생각했다. '만일 내가 툰드라로 간다면 나를 발견할 것이다. 찾으러 다닐 것이고 결국 발견해 내겠지. 만약 바다로 가서 얼음을 타고 떠난다면 나를 발견하지 못할 것이다.' 여자는 해변의 가죽배 받침대가 있는 곳으로 갔다. 그리고 얼음 위에 난 사냥꾼의 발자국을 따라갔다.

걷고 또 걸어도 그 여자 앞에는 얼음이 끝없이 계속되었다. 빨리 걸으면서 더 멀리 떠나왔다고 생각했다. 뒤돌아보니 여전히 같은 장소였다. 가죽배 받침대가 바로 옆 아주 가까이에 있는 것이었다. 뛰어서 도망쳤다. 뛰다가 지치면 걸어서 갔다. 숨을 헐떡이면서 또다시 뛰었다. 그러면서 생각했다. '자, 이제는 멀리 도망쳤겠지.' 뒤돌아보니 가죽배 받침대가 여전히 아주 가까이 있었다. 말하자면 그 장소에서 벗어나지 못한 것이었다. 날이 밝았다. 그러자 여자는 이렇게 생각했다. '정말로 나의 대지 우키바크는 내가 바다로 가서 죽는 것을 원치 않는 것일까? 내가 바다로 가는 것을 방해하는 것일까? 아직 나를 발견하지 못했으니 우키바크 산으로 올라가 보자.' 여자는 올라가기 시작했다. 산으로 올라가 커다랗고 매끄러운 바위를 발견했다. 바위 위에 앉아서 머리에 모자를 뒤집어쓰고 모자 가장자리를 눈까지 푹 내린 채 울기 시작했다. 남편 곁에서 보낸 자신의 평생을 떠올리자 너무나 서글펐다! 쓰디쓴 눈물을 흘리면서 발로 커다란 바위를 찼다. 그런데 갑자기 바위가 자기 밑에서 앞으로 움직이는 것 같이 느껴졌다. 울음을 뚝 그쳤다. 모자의 가장자리를 걷고서 커다랗고 매끄러운 바위를 쳐다보았다. 자세히 보니 바위는 꿈쩍도 않고 그대로 놓여 있었다. 모자의 가장자리를 눈까지 내려쓰고 속으로 말했다.

"무엇이 두려울까? 죽으려고 여기까지 왔는데."

또다시 울기 시작했다. 펑펑 울고 있었다. 갑자기 자기 밑으로 바위가 뒤로 움직이는 것처럼 느껴졌다. 전보다 땅이 더 심하게 흔들렸다. 울음을 뚝 그쳤다. 모자의 가장자리를 걷고서 아래를 쳐다보았다. 눈물을 훔치며 보니 그녀 앞에 토굴집의 입구가 있었다. 그쪽으로 손을 밀어 넣어서 벽이 어디 있나 하고 더듬거려 보았지만 아무것도 만져지지가 않았다. 발을 밀어 넣어서 발로 벽을 더듬거려 찾기 위해 휘저어 보았다. 벽이 없었다. 두 발을 들이밀고 팔꿈치로 버틴 채 두 발로 휘저어 보았다. 그러다가 지쳐서 팔꿈치를 내렸다가 아래로 떨어져 버렸다. 자기가 앉았던 바위와 함께 여자는 밑바닥에 놓이게 된 것이다. 바위를 만져 보니 그것은 고래였다. 앉아서 생각했다. '만약 왼쪽으로 가면 나쁜 곳에 닿게 될 것이다. 만약 오른쪽으로 가면 좋은 곳에 닿게 될 것이다.'

여자는 일어나서 걸어갔다. 가면서 손을 휘저었다. 이쪽 저쪽으로 방향을 돌려 보았다. 오른손을 뻗으면 오른쪽으로 갔고 왼손을 뻗으면 왼쪽으로 갔다. 그렇게 걸어갔다. 마침내 벽이 만져졌다. 쳐다보니 앞에 희미한 불빛이 비쳤다. 그쪽을 향해 곧장 걸어갔다. 가까이 가 보니 이 불빛은 토굴집에서 나오는 것이었다. 고래의 갈비뼈를 디디면서 양쪽을 둘러보았다. 쳐다보니 토굴집의 천장에 카약들이 묶여 있었고 옆에는 카약의 받침대가 있었다. 주위에는 카약의 부표, 작살, 노, 장갑 등이 놓여 있었다. 여자는 생각했다. '땅속에도 사람들이 있구나!' 여자는 계속해서 갔다. 고래의 갈비뼈를 딛고 자신의 모자를 돌려 쓰고 바람구멍의 가장자리 너머로 안을 들여다보았다. 안은 매우 밝았다. 토굴집의 벽은 보이지 않고 털가죽과 사슴 가죽으로 덮여 있었다. 출구의 옆 벽도 역시 보이지 않고 고기로 채워져 있었다. 한쪽은 다양한 바다짐승, 고래, 바다코끼리, 바다토끼 등의 고기였고 다른 쪽은 툰드라 짐승의 고기였다. 장막 안을 들여다보니 남자가 침상 머리맡 널빤지에 양 다리를 뻗고 앉아 있었는데 좋은 사슴 가죽 바지를 입고 있었고 청설모 가죽으로 만든 털외투를 입고 있었다. 젊고 잘생긴 남자였다. 남자가 여자를 발견하고 물었다.

"당신은 누구요? 괴물이오?"

여자가 그에게 대답했다.

"저는 괴물이 아니에요. 저는 이 지방 사람이에요. 우키바크 여자예요. 죽으려고 집을 나왔어요. 바다가 저를 받아 주지 않았어요. 그래서 우키바크산으로 올라갔어요."

남자가 여자에게 대답했다.

"나도 괴물이 아니오. 들어오시오!"

여자가 당황하지 않고 자기 토굴집으로 들어가듯 들어갔다. 마치 자기 집인 것 같았다. 남자가 여자에게 말했다.

"만약 심심해지면 이 사슴 가죽으로 원하는 대로 자신을 위해 옷을 지으시오. 아무도 두려워 마시오. 여기 모든 것은 당신 것이오. 토굴집에서 보이는 것은 모두 당신 것이오."

그리고 여자는 잘 살게 되었고 원하는 것은 뭐든 했다. 밤이 되었다. 남자가 말했다.

"장막 안에 침상을 두 개 까시오. 마주 보게 해서."

여자가 침상을 깔았고 그들은 장막의 양쪽 가장자리에 누웠다. 다음 날 잠이 깼을 때 남자가 여자에게 말했다.

"곧 겨울이 올 텐데 우리는 고기가 없소. 나는 카약을 타고 사냥하러 가야겠소."

모든 필요한 장비들과 카약을 토굴집으로 내렸다. 옷을 입기 시작했다. 그런 다음 카약에 장비를 싣기 시작했다. 부표들도 제자리에 놓았다. 카약으로 기어 들어갔다. 비옷을 입고 작살을 준비했다. 여자를 불렀다.

"나를 미시오!"

여자가 일어나서 그에게 다가가서 카약의 선미를 붙잡았다. 남자가 토굴집의 벽을 작살로 찔렀다. 벽이 우르릉거리더니 조금씩 열리기 시작했다. 틈으로 물이 흘러들었다. 여자가 보니 물 아래로 모든 것이 잠기기 시작했다. 남자가 여자에게 말했다.

"자, 나를 밀치시오!"

여자가 그를 밀쳤다. 남자는 출항해서 바다로 항해해 갔다. 선미가 모습을 감추었다. 토굴집은 닫혔다. 여자는 자기 일을 하기 시작했다. 앉아서 바느질을 하고 있었는데 갑자기 토굴집의 벽이 갈라지는 소리를 내기 시작했다. 여자가 보니 토굴집의 벽이 조금씩 열리기 시작했고 틈새로 카약의 뱃머리가 보였다. 카약은 가득 차 있었다. 카약의 줄에는 바다코끼리, 바다토끼, 고래 들이 엮여 있었다. 카약 안에도 물범과 바다토끼 들이 가득했다. 카약에서 짐을 부리기 시작했다. 짐을 다 부리고 바다코끼리를 손질했다. 바다코끼리를 손질하고 고래를 손질했다. 일을 다 마치자 남자는 카약을 걸이에 묶었다. 그리고 돌아와서 앉았다. 여자는 그에게 고기를 내놓았다. 그들은 식사를 시작했다. 식사를 다 마치고 남자는 저쪽에 앉아서 말이 없었다. 여자가 그에게 말했다.

"어휴, 저는 여기가 전남편과 사는 것보다 더 좋을 것이라고 생각했어요. 그런데 당신은 저와 대화도 나누지 않는군요. 저를 내쫓으세요! 저는 제 뜻대로 왔잖아요. 마음이 좋지 않다면 저를 내쫓으세요. 제가 나갈게요!"

남자는 여자에게 대답했다.

"당신이 나가길 바라고 내가 말을 하지 않는 것이 아니오! 이리 오시오!"

여자가 다가갔다. 남자는 그 여자에게 말했다.

"당신이 집으로 갔으면 좋겠소. 당신 남편은 저기, 저 밑에서 잔치를 벌일 준비를 하고 있다오. 그에게는 이제 젊은 아내가 둘 있다오. 당신이 고향으로 돌아가서 당신의 토굴집으로 들어가게 되면 옷이 든 자루를 발견하게 될 거요. 창고에서는 벽면 가득한 고기도 보게 될 거요. 집에 도착하게 되면 머리를 감고 머리칼을 뒤로 묶고 현관으로 가서 양푼을 두 개 챙기시오. 북쪽 창고에 있는 야생 사슴 고기를 한 양푼에 채우시오. 다 채우면 다른 양푼을 가지고 남쪽 창고로 가서 가죽이 붙은 고래 비계를 자르시오. 이 일을 다 마치면 머리채를 땋으시오. 머리채를 다 땋으면 한 양푼을 다른 양푼 위에 놓고 손님들한테 가시오. 입구로 다가가 먼저 양푼을 들이미시오. 이후에 당신이 들어가시오. 모자를 돌려 쓰면 토굴집의 뒤쪽 벽 위의 우묵한 곳에서 양팔에 젊은 아내를 안고 있는 남편을 발견하게 될 것이오. 그에게 야생 사슴 고기가 든 양푼을 가져다주면서 이렇게 말하시오. '여기 있어요. 드세요!' 만일 그가 먹지 않는다면 그의 옆에 놓으시오. 다른 양푼을 가져다가 손님들에게 나눠 주시오. 모두가 맛있다고 칭찬하면서 한 조각도 남기지 않을 것이오. 만약 남편이 야생 사슴 고기를 먹지 않았다면 그 고기를 가져다가 손님들에게 나눠 주시오. 그런 다음 양푼을 가지고 오시오."

여자가 그에게 대답했다.

"가지 않겠어요. 그가 또 나를 때릴 거예요!"

남자가 그녀에게 말했다.

"아니오. 절대로 그러지 않을 거요. 집으로 가면 그는 당신을 때리지 않을 거요. 그들의 말을 들으시오!"

남자가 여자의 머리와 귀를 붙잡아서 토굴집 벽에 갖다댔다. 여자가 들어 보니 아무 말도 들리지 않았다. 남자가 여자에게 물었다.

"자, 들리시오?"

"아니오!"

남자가 여자의 귀에 대고 입김을 훅 불더니 말했다.

"자, 이제 들어 보시오!"

또다시 여자가 벽에 귀를 대고 들어 보았다. 마치 바로 옆에 있듯이 우키바크에서 소고 치는 소리와 노래를 부르고 춤을 추는 소리가 났다. 여자는 벽에서 귀를 떼었다.

"집으로 가지 않겠어요. 차라리 죽는 것이 나아요!"

남자가 여자에게 말했다.

"아니오. 그러면 안 되오. 가시오! 당신이 간다면 나는 여기 모든 것을 꾸러미에 묶어 주겠소. 당신 남편이 당신에게 캐묻거든 아무 말도 해서는 안 되오. 만약 그가 계속 고집을 피우면 '내일 이야기해 주겠다'고 말하시오. 날이 밝으면 그와 함께 이리로 올라오시오. 나는 당신이 여기서 본 모든 것을 토굴집 가운데에 무더기로 쌓아 놓겠소."

그가 설득해서 여자가 옷을 입기 시작했다. 여자는 옷을 입고 나갔다. 출구는 바로 옆이었다. 그 여자는 산에서 내려갔다. 자기 토굴집으로 들어갔다. 여자는 토굴집으로 들어가서 머리를 감고 머리칼을 묶고 현관으로 나갔다. 여자는 옷이 든 물범 가죽 자루를 꺼냈다. 물범 가죽 자루에서 자기 옷을 꺼냈다. 옷을 입고 양푼 두 개를 가져갔다. 북쪽 창고에서 야생 사슴 고기를 잘라 한 양푼에 채웠다. 남쪽 창고로 가서 가죽이 붙은 고래 비계를 다른 양푼에 채웠다. 그리고 여자는 머리채를 땋기 시작했다. 머리채를 다 땋고 양푼을 겹친 후에 어깨에 올리고 손님들에게 갔다. 입구로 다가가서 먼저 양푼을 들이밀었다. 손님들은 노래 부르기를 멈추었다. 그녀는 양푼을 놓고 난 다음에 들어가서 모자를 돌려

썼다. 여자가 토굴집의 깊숙한 곳을 보니 남편이 벽의 위쪽 깊은 곳에 있는 것이 보였다. 남편은 양팔에 두 명의 젊은 아내를 안고 앉아 있었다. 그녀는 야생 사슴 고기로 가득 찬 양푼을 들고 남편에게 다가가서 말했다.

"자, 드세요!"

남편은 양푼을 쳐다보았다. 여자는 그가 먹지 않기를 기다렸다. 그 옆에 양푼을 놓았다. 다른 양푼을 들고 손님들을 대접하기 시작했다. 모두가 맛있다고 칭찬하면서 한 조각도 남기지 않았다. 여자가 야생 사슴 고기가 든 양푼을 쳐다보았다. 남편은 전혀 먹지 않았다. 여자는 이번에도 손님들에게 사슴 고기를 나눠 주었다. 모두가 칭찬하면서 한 조각도 남기지 않았다. 여자는 손님들에게 대접을 다 마치고 양푼을 겹쳐서 들고 출구로 갔다. 모자를 쓰고 현관으로 나갔다. 옷을 벗기 시작했다. 옷을 벗고 힘줄로 만든 실을 돌리기 시작했다. 남편이 벽의 위쪽 깊숙한 곳에 젊은 아내 둘과 함께 앉아서 생각했다. '오, 아마도 이 사람은 내 아내였나 보다.' 그는 고개를 들고 말했다.

"이보시오, 이웃들이여! 사라진 내 아내가 돌아온 것 같다오. 이 사람은 내 아내요! 내 아내와 아주 닮았소!"

한 젊은 아내의 목덜미를 붙잡아서 밀쳤다. 그 아내는 발꿈치를 차더니 뛰어서 도망쳤고 현관에서 사라졌다.

남자가 다시 말했다.

"오! 내 아내가 돌아온 것 같소! 이 사람은 내 아내가 틀림없소!"

남자는 두 번째 아내의 목덜미를 붙잡더니 자신에게서 밀어냈다. 그 여자는 발꿈치를 차더니 뛰어서 도망쳤고 현관에서 사라졌다.

남자가 일어나서 말했다.

"오! 아마도 내 아내가 돌아온 것 같소! 내 사라진 아내와 아주 닮았소. 틀림없소. 내 아내요!"

남자는 현관으로 갔다. 장막 안으로 들어갔다. 들어가서 보니 그의 아내가 실을 잣고 앉아 있었다. 그녀에게 다가갔다.

"오, 어디서 왔소이까? 당신은 어디 있었소? 우리는 아무리 해도 당신을 찾을 수가 없었소."

"물어보지 마세요. 내일 모든 것을 이야기해 줄게요!"

하지만 그는 옷을 벗고 또 물어보았다.

"어디에 있었소? 도대체 어디 갔었소?"

여자는 아무 말도 하지 않고 고기를 자르기 시작했다. 그러나 그는 그녀가 어디에 갔었는지 계속 캐물었다. 아내는 그에게 말했다.

"지금은 말해 주지 않겠어요. 내일 모든 것을 이야기해 줄게요."

그들은 잠이 들었다. 다음 날 아침 잠이 깨자 여자는 그에게 말했다.

"옷을 입으세요. 모든 것을 당신께 말해 줄게요."

그들은 옷을 입고 밖으로 나갔다. 우키바크산으로 올라갔다. 토굴집의 좁은 통로가 보였다. 안으로 들어갔다. 토굴집에는 촛불이 타고 있었다. 토굴집의 가운데에는 털가죽, 사슴 가죽, 고기가 커다란 매듭으로 묶여 있었다. 커다란 매듭만 있고 아무도 없었다. 남자는 이 예비 식량을 모두 가지고 밖으로 나가서 집으로 끌고 갔다. 토굴집의 모든 재산을 내갔다. 현관으로 나가서 둘러보니 입구도 현관도 없었다. 산에서 아래로 내려갔다. 한동네 사람들과 재산을 나누었다. 토굴집 각각에 사슴 가죽 한 묶음, 여우 다섯 마리, 해리 다섯 마리, 푸른 북극여우 다섯 마리, 바다토끼 다섯 마리가 돌아갔다. 야생 사슴 고기도 모두에게 똑같이 나누었다. 남편은 아내를 절대로 욕하지 않았다. 그리고 더 부자가 되었다. 그는 운 좋은 사냥꾼이 되었다. 사냥에서 고래도 잡았다. 이 여자는 아무것도 부족함 없이 넉넉하게 살게 되었다.

두 번째 아내

이키가크 마을 출신의 한 사람에게 두 명의 아내가 있었다. 첫 번째 아내는 자식이 없었고 두 번째 아내한테는 아들이 둘 있었다. 두 번째 아내는 아니타쿠크 출신이었다. 이키가크 출신의 이 사람은 항상 가죽배를 타고 사냥을 했다. 바다로 첫 번째 아내를 데리고 나갔다. 고래를 잡으러 다닐 때 두 번째 아내에게는 제물용 그릇을 들고 그를 맞이하라고 명했다. 고래를 잡는 날이면 고래 고기 조각은 두 번째 아내에게 건네주고 자신은 첫 번째 아내와 사슴 고기를 맛나게 먹었다.

그러던 어느 날 남편이 바다로 사냥을 나갔을 때 두 번째 아내가 장남에게 말했다.

"곧 우리 사냥꾼들이 돌아올 것이다. 가죽배들이 나타나자마자 내게 알려 주렴."

여자는 바다코끼리의 위로 만든 자루를 가져다가 그것을 물로 채웠다. 다른 자루에는 고래 가죽을 잘라서 첫 번째 아내가 두 번째 아내 몰래 숨겨 두었던 사슴 고기 조각을 덧붙였다. 그런 다음 둘째 아이의 깔개를 바꾸고 잘 마른 신선한 이끼로 채웠다.

저녁이 되자 장남은 가죽배들이 가까이 오는 것을 보고 어머니한테 말했다. 어머니는 아들을 야란가로 불렀다. 아들을 잘 먹이고 해변으로 보냈다. 사냥꾼들은 고래를 잡아 왔다. 남편은 두 번째 아내에게 전령을 보냈다.

"우리가 고래를 죽였다고 아내한테 말하시오. 제물용 그릇을 들고 당장 해변으로 나오라고 하시오!"

전령이 여자한테 가서 남편이 그녀에게 성공적인 사냥을 기념해서 제물을 바치기 위해 제물용 그릇을 들고 해변으로 나오라고 명했다고 말했다.

"좋아요. 곧 갈게요!"

해변에서 사람들이 오랫동안 기다렸지만 두 번째 아내는 오지 않았다. 또다시 남편은 전령을 그녀에게 보냈고 어서 빨리 나오라고 모두가 얼어붙었다고 전하라고 했다. 전령은 가서 남편의 명령을 또다시 전했다. 여자는 대답했다.

"네, 갓난애가 울고 보채서 그래요. 아니었으면 진즉에 갔을 거예요."

전령은 돌아가서 남편에게 두 번째 아내가 말한 것을 전했다. 그러자 첫 번째 아내가 말했다.

"내가 가서 아이를 달래고 두 번째 아내한테 제물용 그릇을 가져오라고 할게요."

남편은 동의했다. 첫 번째 아내가 집으로 갔다. 그러는 사이에 두 번째 아내는 문 뒤에 숨어서 첫 번째 아내를 기다렸다. 첫 번째 아내가 문에 나타나자마자 그녀의 머리를 쳐서 죽였다. 두 번째 아내는 여행용 예비 음식이 들어 있는, 어깨에 메는 자루를 가져다가 등에 지고 갓난애를 안고서 고개를 넘어 산으로 도망쳤다. 두 번째 아내는 산으로 더 높이 올라가서 바위 사이에 숨었다. 그리고 거기서 밤이 되었다. 고래를 잡은 사람들은 해변에서 계속해서 기다리고 있었다. 그런데도 두 번째 아내는 오지 않았다.

그들은 집으로 갔다. 남편이 보니 첫 번째 아내가 문 옆에 죽은 채로 누워 있었고 갓난애는 없었다. 남편은 밖으로 뛰쳐나가서 한마을 사람들한테 수색해 달라고 부탁했다. 사람들이 두 번째 아내를 찾기 시작했지만 밤인데 무엇이 보이겠는가! 아무것도 발견하지 못하고 집으로 돌아왔다.

그러는 사이에 여자는 예비 음식을 실컷 먹고 원기를 보충하고 갓난애와 함께 해변으로 내려갔다. 거기서 그녀는 피곤해서 잠깐 잠이 들었다. 갑자기 꿈속에서 물이 출렁거리고 모래가 일렁이더니 누군가가 말하는 소리가 들렸다.

"에이, 높은 곳에 앉아 있는 여자야! 거기서 무엇을 하는 게냐?"

여자가 대답했다.

"아니타쿠크로 떠나고 싶어요. 그런데 어떻게 가야 할지 몰라요!"

목소리가 그녀에게 말했다.

"이리 와서 우리 가죽배에 타라! 우리는 아니타쿠크 사람이니 너를 태워다 주겠다!"

여자가 갓난애와 함께 가죽배에 타니 그녀에게 이렇게 말하는 것이었다.

"눈을 감아라!"

그녀는 눈을 감았다. 또다시 물이 출렁거렸다. 잠깐 시간이 흘렀고 또다시 그녀에게 말하는 소리가 들렸다.

"눈을 뜨고 배에서 내려라!"

여자가 육지로 나가서 보니 이곳은 아니타쿠크가 아니라 낯선 다른 땅이었다. 그녀가 가죽배에서 내렸던 곳을 둘러보니 가죽배는 이미 사라지고 없고 저 멀리서 제비들만 물거품을 내뿜고 있었다. 여자는 육지 쪽을 바라보았다. 커다란 토굴집이 보였고 그녀 뒤에는 작은 토굴집이 보였다. 커다란 토굴집 위에는 한 사람이 사슴 털가죽 외투를 입고 서 있었다. 그의 털가죽 외투는 불룩했고 모자, 옷자락, 소매는 매듭으로 묶여 있었다. 그 사람은 여자 쪽으로 소매가 묶인 손을 뻗어서 매듭을 풀었다. 그러자 바로 비를 동반한 강풍이 일었다. 여자를 아이와 함께 해변 파도 너머로 데려갔다. 그러자 바람은 잠잠해졌고 그녀는 또다시 육지로 나갔다.

그 사람이 다른 소매의 매듭을 풀자 또다시 비를 동반한 강풍이 몰아쳤다. 강풍은 또다시 여자를 아이와 함께 해변 파도 너머로 데려갔다. 바람이 잠잠해지자 또다시 여자는 육지로 올라갔다. 땅을 딛자마자 그 사람은 털가죽 외투의 매듭을 풀었고 그러면 비가 섞인 바람이 불어와서 그녀를 갓난애와 함께 해변 파도 너머로 데려갔다. 바람이 잦아들면 또다시 그녀는 육지로 나갔다. 그 사람은 모자의 매듭을 풀고 옷자락의 매듭을 풀었다. 바람은 여자와 아이의 옷을 모두 찢어서 날려 버렸다. 그러자 그 사람은 토굴집에서 내려와서 그 여자에게 다가갔다. 양손에는 깨끗한 옷을 가지고 있었다. 그 사람은 여자에게 다가가서 말했다.

"옷을 가져왔어요. 당신 옷은 너무 더러웠어요. 내가 당신을 데려오라고 제비들을 보냈던 거예요. 당신이 너무 불쌍했어요. 옷을 입고 우리 집으로 갑시다!"

여자는 아이에게 옷을 입히고 자신도 옷을 입었다. 그리고 그 사람과 함께 그의 토굴집으로 들어갔다. 그들은 함께 살기 시작했다. 남자는 야생 사슴을 사냥했고 여자는 그 사슴들을 손질했다. 여자의 아들은 자라서 걸어 다니기 시작했다. 이제 그는 온종일 작은 토굴집에서 보냈다. 그는 거기서 여러 가지 자수로 장식된 옷을 입고 집으로 왔다.

수많은 시간이 흘렀고 여자는 또 한 명의 아들을 낳았다.

소년은 재빠르게 성장했고 걸어 다니기 시작했다. 형과 함께 온종일 작은 토굴집에서 보냈다. 거기서 돌아올 때면 그들의 옷은 여러 가지로 장식이 되어 있었다. 그들은 커다란 토굴집으로 오더니 먹지도 않고 바로 잠자리에 들었다. 남자가 여자한테 말했다.

"당신은 저 토굴집에 가면 안 되오!"

그러던 어느 날 그 사람이 야생 사슴을 사냥하러 나가자 여자가 이렇게 생각했다. '왜 그는 나를 저 토굴집에 가지 못하게 하는 걸까? 가서 거기서 무엇을 하는지 좀 봐야겠군!' 그리고 그녀는 작은 토굴집으로 갔다.

여자가 토굴집으로 다가가서 바람구멍으로 안을 들여다보았다. 안을 보니 그녀의 아이들이 나무 침대에 앉아서 발을 흔들면서 놀고 있었다. 그리고 또 보니 키가 보통 사람의 허리밖에 안 되는 난쟁이 여자가 동시에 세 가지 일을 너무나 능숙하게 하고 있었다. 음식을 끓이고 바느질을 하고 가죽을 무두질하고 있었다. 아이들의 엄마는 너무나 놀라서 바람구멍에 대고 "아휴" 하고 소리치고 말았다. 그러자 난쟁이 여자는 바닥에 쓰러졌다. 아이들은 깜짝 놀라 놀기를 멈추고 울음을 터뜨렸다. 여자는 바람구멍에서 눈을 뗐고 이때 남자가 나타났다. 그는 화를 내며 말했다.

"에이, 당신은 정말 좋지 못한 여자군! 내가 여기 오면 안 된다고 말하지 않았소!"

그리고 여자를 큰 토굴집으로 데려갔다.

그런 다음 그는 소고를 가지고 작은 토굴집으로 돌아갔다. 거기서 소고 채를 가지고 소고를 치기 시작했고 난쟁이 여자를 회생시켰다. 그때부터 여자는 작은 토굴집에 가지 않았다.

커다란 토굴집 구석에는 작은 자루가 두 개 놓여 있었다. 하나는 북쪽에 있었고 다른 하나는 남쪽에 있었다. 남자는 여자에게 이 자루들을 절대로 만지면 안 된다고 엄중하고도 엄중하게 금지했다. 그렇게 그들은 살고 있었다.

그러던 어느 날 남자가 야생 사슴을 사냥하러 나갔을 때 여자는 이렇게 생각했다. '왜 그는 내게 그 자루들을 건드리지 못하게 하는 것일까? 그중 하나에 뭐가 들어 있는지 좀 봐야겠다!' 그 여자는 한 자루를 들고 가져갔다. 그리고 자루를 풀어서 털가죽을 꺼내기 시작했다. 오, 얼마나 많은 털가죽이 있는지! 값비싼 가죽이 산처럼 쌓였다.

그런데 그 여자는 적게 느껴졌다. 또 한 번 여자는 손을 자루 속으로 집어넣었다가 아주 뜨겁게 손을 데었다. 자루 안에 불꽃이 있었던 것이다.

덴 손을 빼내자마자 주인이 나타나서 화를 내며 말했다.

"당신은 정말 나쁜 여자군. 도통 말을 듣지 않으니!"

그는 또다시 소고를 꺼내서 치기 시작했고 가죽들이 저절로 자루 속으로 기어 들어갔다. 그가 여자의 덴 손 위에다 소고를 치자 화상이 흔적도 없이 사라졌다. 그때부터 여자는 말을 잘 듣고 하란 대로 하는 여자가 되었다. 그렇게 그들은 오랫동안 잘 살았다.

그런데 한번은 남자가 여자에게 말했다.

"당신 집이 그립지 않소?"

여자가 대답했다.

"그립죠. 그런데 어떻게 그곳에 가겠어요?"

남자가 말했다.

"자, 이리 다가오시오!"

그는 토굴집 가운데 놓여 있던 돌판을 들어 올렸다. 거기에는 구멍이 나 있었다. 여자가 구멍 안을 들여다보니 자기가 살던 이키가크가 보였고, 여자가 살았던 야란가까지도 보였는데 야란가 위에서는 이부자리를 말리고 있었다.

그러더니 야란가에서 그녀의 큰아들이 나왔다. 그의 털가죽 외투 깃은 너무나 더럽고 누더기가 되어 있었다. 여자가 울음을 터뜨렸다. 그러자 밑에서 이렇게 말했다.

"오, 비가 내리는구나. 이부자리를 걷어라!"

남자는 여자의 어깨를 잡고 구멍에서 데려가며 말했다.

"밑을 보는 것은 그만하면 충분하오!"

그런 다음 돌판을 제자리에 놓고는 여자에게 말했다.

"밖으로 나가서 잡초를 꺾어 와서 아들들에게 그 풀을 작은 토굴집에 가져가 엮으라고 하시오. 다 엮으면 이리로 가져오라고 하시오."

여자는 그렇게 했다. 아이들이 엮을 풀을 가져왔다. 남자가 여자한테 말했다.

"두 마리 사슴의 귀를 자루처럼 꿰매시오. 한 자루는 여러 짐승의 털로 채우고 다른 자루는 야생 사슴 털로 채우시오. 당신 털가죽 외투의 한쪽 소매는 살아 있는 집 사슴의 털로 채우고 다른 쪽 소매는 야란가 골조의 대팻밥으로 채우시오!"

여자는 그렇게 했다. 남자는 돌판을 치우고 이렇게 말했다.

"당신이 데려온 아들은 데려가고 여기서 낳은 아들은 내게 맡기시오. 땅에 내려가자마자 눈을 감고 한쪽 소매를 먼저 털고 그다음에 다른 쪽 소매를 터시오. 야란가에 들어가면 눈을 감고 두 마리 사슴의 꿰맨 귀도 털어 내시오. 땅에 남겨 두었던 당신의 큰아들이 오면 동생과 함께 낫을 들고 당신들을 위해 예정된 비계를 보러 가게 하시오. 큰아들이 앞서가게 하시오."

남자는 이 말을 하고 아내와 아들을 땅으로 내려보냈다.

그렇게 그들은 이키가크에 도착했다. 여자는 눈을 감고 양소매를 털었다. 그리고 눈을 뜨고 보니 수많은 사슴이 새 야란가 주위를 배회하고 있었다. 야란가로 들어가서 눈을 감고 꿰매진 사슴 귀에서 털을 털어 냈다. 그리고 주위를 보니 수많은 값비싼 모피와 사슴 가죽이 쌓여 있었다. 여자는 그것들을 자루들에 담았다.

아침에 이키가크 사내애가 야란가에서 나와서 툰드라 쪽을 쳐다보니 수많은 사슴이 있었다. 거기로 갔다. 도착해 보니 사라졌던 고래 사냥꾼의 아내가 그를 맞이했다. 여자는 아이에게 큰아들과 남편에 대해 이것저것 물어보기 시작했다. 사내애는 여자에게 모든 것을 이야기해 주었다. 그 여자는 사내애를 잘 대접하고 도중에 먹으라고 사슴 고기를 주면서 여자의 큰아들에게 자신을 만나러 오라고 전해 달라고 부탁했다.

아들이 도착했다. 어머니는 너무나 기뻐서 그에게 사슴 고기를 먹이고 새 옷을 주었다. 그런 다음 동생과 함께 낫을 들고 해변으로 가는데 큰형이 앞서가라고 말했다. 그 여자의 남편은 옛날 아내가 돌아왔다는 것을 알고는 새 부인을 내쫓았다. 새 부인은 친정으로 도망쳤다. 그리고 그 남자는 옛날 아내에게 돌아갔다.

여자의 아들들은 해변으로 가서 바다가 던져 준 고래를

발견했다. 한마을 사람들을 불러서 고래를 부분 부분으로 나누었다. 그런 다음 여자는 한마을 사람들에게 수많은 사슴 가죽과 다양한 털가죽을 나눠 주었다. 그렇게 그들은 늙을 때까지 아주 오랫동안 살았다.

영웅담

사람과 독수리

남편과 아내가 둘이서 살고 있었다. 동향 사람들은 없었다. 적들이 모두를 죽였다. 어느 날 이 사람은 전에 어떻게 적들이 침략을 했는지 생각했고 아내에게 이렇게 말했다.

"자, 신발을 만들어 주시오!"

아내는 신발을 만들기 시작했다. 신발을 다 만들자 남편은 적들이 살고 있는 해변 쪽으로 향했다. 그런 다음 산기슭에서 밑을 보았다. 해가 떠오르기 시작했을 때 밑에서 남자들과 여자들이 공놀이를 하기 시작했다. 그 사람은 몰래 숨어서 그들을 쳐다보았다. 밤이 샐 때까지 공놀이를 했다. 다음 날 해가 떠오르자 그 사람들은 누웠고 잠이 들었다. 이때 그 사람은 달려들어 모두를 죽였다. 해변으로 갔더니 거기에는 섬이 있었다. 나무를 찾아서 그 나무를 붙잡고 섬으로 뛰어넘었다. 섬에 도착해서 그 나무를 깎기 시작했다. 그것으로 안경을 만들었다. 다 만들고는 머리를 북쪽으로 향하고 바로 누웠다. 그리고 관찰을 하기 시작했다. 저녁녘이 되자, 아무것도 보이지는 않았지만, 멀리서 계속 울리던 둔중한 소리가 그에게로 가까워졌다. 그러더니 여기서 멈췄다. 잠을 자고 싶어졌을 때 안경을 썼다. 북쪽으로 돌아누워서 머리가 바닥에 닿지 않게 하려고 팔을 베었다. 그리고 잠이 들었다. 둔중한 소리는 맞은편에서 들려왔다. 거기서 어떤 사람들이 말했다.

"자고 있는 사람을 공격하자!"

다른 사람들은 이렇게 말했다.

"저기 눈이 안 보여요? 우리를 쳐다보고 있잖아."

정오가 되자 둔중한 소리는 사라지기 시작했다. 매일 저녁 조금씩 사라지더니 결국에는 완전히 들리지 않게 되었다. 그 사람은 섬을 떠났다. 자신의 천막으로 출발했다. 천막 안으로 들어갔다. 아내의 눈은 불면의 밤들로 인해 빨개지기 시작했다. 남편은 아내에게 말했다.

"이제 해변 쪽에서 오는 적들을 기다리지 맙시다. 내게 다시 한번 신발을 지어 주시오."

아내는 신발을 지어 주었다.

남편이 아내에게 말했다.

"자, 이제 나는 북쪽으로 가겠소!"

남자는 길을 가면서 피로 때문에 잠이 들었다 또 잠을 쫓았다 하면서 갔다. 어느 날 정오에 걸어가고 있는데, 해가 완전히 가려져서 주위가 온통 어두웠다. 위를 보니 독수리가 커다란 날개로 날갯짓을 하고 있었다. 그 사람은 벼랑으로 도망쳤다. 거기에 보니 깊은 동굴이 있었다. 동굴 안으로 기어 들어갔다. 기어 들어가서 동굴 끝까지 이르렀다. 독수리는 동굴 입구에 앉았다. 독수리가 꼬리를 펼치자 동굴 안은 강풍이 몰아치는 듯했다. 그 사람은 바위에 꼭 붙어서 겨우 몸을 지탱하고 있었다. 독수리는 꼬리로 사람을 끌어낼 수가 없었다. 그래서 동굴 입구 위에서 날개를 퍼덕이며 휘젓기 시작했다. 독수리의 날갯짓에서 나온 바람이 사람을 덮쳐서 휘청이게 했지만 그는 바위를 꼭 붙잡고 있었다. 또다시 독수리는 그 사람을 끌어낼 수가 없었고 멈추었다. 사람은 이렇게 생각했다. '이 새가 나를 굶어 죽게 할 수도 있겠군.' 그런 다음 이렇게 생각했다. '어쨌든 나는 죽겠구나.' 그 사람은 독수리에게 몰래 가까이 갔다. 기어가서 보니 독수리가 숨을 쉴 때 부드러운 털이 움직였고 가죽이 드러나는 것을 알아차리게 되었다. 그래서 활을 당겨서 독수리가 숨을 쉬어 털이 펼쳐지자마자 맨살로 드러난 곳에 화살을 쏘았다. 그리고 자신은 동굴 끝으로 줄행랑을 놓았다. 그리고 살펴보기 시작했다. 얼마 시간이 지나자 독수리는 떨어졌다. 사람이 독수리를 죽인 것이었다. 날개의 반쪽을 잘라서 등에 지고 자신의 천막으로 돌아갔다. 그렇게 해서 끔찍한 적들로부터 벗어났다.

사냥꾼과 독수리

나는 앉아 있었다. 그리고 잠이 깼다. 기억의 시작이 어땠느냐고? 이렇게 노파에게는 아들이 있었다. 그들은 노인과 아내, 아들 이렇게 셋이서 살았다. 노인이 아내와 함께 그들이 무엇을 할지 생각하기 시작했다. 남편이 말했다.

"먹을 것도 없이 어떻게 우리가 살겠소?"

아내가 말했다.

"저기, 저쪽에서 장작을 주울 때 진흙을 보았어요. 그 진흙 세 덩어리와 자잘한 모래 한 자루를 가져와야 해요."

남편이 말했다.

"어디서 자루를 가져온단 말이오? 우리는 자루가 없잖소!"

그러자 아내가 말했다.

"이 장화 목을 자루 대신에 가져가세요! 어서 가요!"

그 사람은 출발했다. 아내도 역시 출발했는데 다만 다른 방향으로 갔고 호미를 가지고 갔다. 아내는 떨기나무와 관목 덤불을 캐서 솜씨 좋게 잘 엮었다. 남편이 도착했다. 진흙과 모래를 가지고 왔다. 아내는 남편에게 길쭉한 돌과 바다코끼리 뼈를 주었다. 남편은 그 돌 위에 손잡이 끼울 구멍을 뚫었다. 손잡이 대신에 뼈를 돌에 붙였다. 손잡이 자리를 고래수염으로 만든 끈으로 단단히 잡아매었다. 아내는 남편이 가져온 진흙을 가져다가 떼어서 모래와 잘 섞었다. 그 진흙과 모래의 혼합물로 솥과 등잔을 만들었다. 햇볕에 말리려고 두었다. 다음 날 다 말라서 보니 새하얗게 되었다. 어제 떨기나무와 관목 덤불 엮은 것으로 그것들을 구우려고 불을 지폈다. 노파는 솥을 구우면서 막대기로 그 솥을 두드렸다. 왜냐하면 다 구워지면 댕댕 소리가 날 것이기 때문이었다. 등잔은 잘 만들어지지 않았다. 모래가 적었던 모양이다. 다른 등잔을 만들었는데 잘되었다. 하나가 다 달구어졌을 때 모래가 안 들어간 진흙에 피를 섞었다. 그런 다음 항아리들을 색칠했다. 두 노인은 구멍을 파서 토굴집을 만들었다. 거기서 살면서 잠을 잤다. 모든 필요한 것을 다 만들었다. 해변에서 그 사람은 물범과 바다토끼를 잡아서 껍질을 벗기고 손질하여 집으로 가져왔다. 바다로 사냥을 나가지는 않았다. 왜냐하면 그들은 그 해변에서 셋이서만 살고 있었기 때문이다. 그러나 아무렇지도 않았다. 먹을 것이 있었다.

그런데 노인이 죽었다. 그의 아들은 통곡을 했다. 어머니는 어느 날 아들에게 말했다.

"저기 무슨 연기가 나는 거지?"

아들이 대답했다.

"무슨 상관이겠어요. 우리는 어차피 죽을 텐데요. 가서 무슨 일인지 봐요."

그들은 나갔다. 어깨에 메는 자루에 고기와 비계를 넣었다. 조금 더 가 토굴집이 나타나게 되었을 때 아들은 바위 뒤에 숨었다. 앞에는 토굴집이 있었다. 어머니는 그 토굴집으로 갔다. 맞은편 토굴집에서 여자가 손에 항아리를 들고 나왔다. 여자는 항아리를 비우려고 했다. 그 여자는 여자 손님을 보고 놀라서 도망쳐 버렸다.

여자 손님이 말했다.

"아, 무서워하지 마세요. 나도 당신과 같은 사람이에요. 귀신이 아니에요. 기다려요!"

여자가 멈추더니 이렇게 물었다.

"누구세요?"

여자 손님이 대답했다.

"몇 년 동안 저쪽에서 살았어요. 우리는 저 위쪽에서 내려왔어요. 잠에서 깨 보니 우리는 다섯이었어요. 나뭇개비 묶음과 벙어리장갑 네 짝요. 검은 털을 댄 벙어리장갑은 왼쪽에서 육지 쪽으로 굴러왔어요. 그 벙어리장갑에서 수많은 사람들이 나왔어요. 러시아인들이었어요. 붉은 털을 댄 다른 벙어리장갑은 바다 건너에서 굴러왔으며 그 장갑에서는 미국인들이 나왔어요. 세 번째 벙어리장갑은 가운데 쪽으로 움직여 갔어요. 언덕 너머로 굴러가 버렸는데 엄지손가락에서 누런 나뭇잎을 흩뿌려서 사슴을 만들었어요. 그 사슴들과 함께 사슴 사육자들도 나타났어요. 네 번째 벙어리장갑은 해변을 따라 굴러갔어요. 그 장갑에서는 해변 축치족이 쏟아지기 시작했어요. 우리 에스키모인들은 나뭇개비에서 나왔어요."

항아리를 쏟고 있던 여자는 새였다. 그 여자는 도착한 여자 손님에게 이렇게 말했다.

"언덕 너머로 가셔서 물건들을 거기로 옮기세요. 토굴집을 파서 거기서 사세요. 내 남편은 나쁜 사람이어서 눈에 띄면 당신을 죽여 버릴 거예요. 비록 남편은 항상 사냥을 해 오기는 하지만요. 야생 사슴이나, 바다짐승이나 다른 짐승들을 잡아 와요. 내일까지는 사냥을 할 거예요."

여자는 그들에게 매일 남편 몰래 먹을 것을 가져다주기 시작했다. 그들은 배부르게 되었다. 아들은 이렇게 말하기까지 했다.

"아버지 계실 때처럼 우리에게 먹을 것이 많아요."

어느 날 그 사람이 사냥을 나갔다. 그가 떠났을 때, 독수리가 날아들었다. 독수리 날개 때문에 해가 가려질 정도였다. 독수리는 땅에 내려앉았다. 토굴집에서 사냥꾼의 아내가 나왔는데 독수리가 그 여자를 잡아채서 날아가 버렸다.

남편이 사냥에서 돌아와 보니 아내가 없었다. 아내에 대해 모든 사람들에게 묻고 다녔지만 아무도 그녀가 어디 있는지 알지 못했다. 토굴집으로 들어가서 이웃들을 창으로 때리기 시작했는데, 그렇게도 화가 난 것이었고 그렇게도 아내 때문에 괴로워한 것이었다. 아내를 어서 만나고 싶었다.

소년이 어머니에게 말했다.

"그 여자가 여기에 살 때는 우리에게 먹을 것이 얼마나 많았는지요!"

그의 어머니가 말했다.

"가서 사라진 여자의 남편을 불러와라!"

소년이 대답했다.

"하지만 그 여자가 그의 눈에 띄었다가는 그가 우리를 죽일 것이라고 했잖아요."

어머니가 말했다.

"만약 그가 너에게 우리가 어디서 왔느냐고 물으면, 그에게 이 땅에 우리는 없었다고 말해라. 우리는 여기서 멀리에 있는 산 너머에서 왔는데, 거기서 살 수가 없었다고, 아버지가 죽었을 때 여기로 온 것이고 저 언덕 너머에서 살고 있다고 말해라. 그리고 어머니가 당신을 부르러 보냈다고 하면서 아마도 꿈을 꾼 모양이시라고 전해라."

소년은 그 사람에게 가서 어머니가 시킨 대로 말했다.

"기다려. 토굴집으로 내려간다. 어디가 너의 토굴집이냐? 앞서가 봐라."

그 사람이 말했다.

"쫓아오세요. 우리는 멀지 않은 곳에 살아요."

소년이 말했다.

그들은 걸어갔다. 도착했을 때 거기엔 토굴이 아니라 구멍이 있을 뿐이었다.

여자가 말했다.

"당신은 아내가 사라진 뒤로 아무것도 먹지 않았잖아요. 어서 드세요."

그러나 그 사람은 구멍 속으로 들어갈 수가 없어 입구 옆에 비좁게 자리를 잡았다. 노파는 털가죽 외투를 그에게 주었다. 남자는 털가죽 외투에 누워서 졸기 시작했다. 그리고 노파는 음식을 준비했다. 물에 불린 바다코끼리의 말린 가죽 몇 조각을 요리했다.

그 사람이 말했다.

"무슨 음식이오?"

노파가 대답했다.

"그냥 그런 음식이죠. 남편이 아직 살아 있을 때는 우리도 좋은 고기를 먹었어요. 그런 음식을 먹고도 아직 살아남았죠. 나가면 침상을 털고 누워서 막대기를 토굴집 뒤에 꽂아 두세요. 당신의 아내가 사라진 바로 그 방향으로 막대기가 구부러질 거예요."

그 사람은 나가서 말한 대로 모든 것을 한 다음 누웠고 기진맥진해져서 잠이 들었다. 아침에 동이 트자 그 남자는 잠이 깨서 밖으로 나갔다. 나가서 보니 그의 막대기가 여울 쪽으로 구부러져 있었다. 그 남자는 구멍으로 들어가서 노파에게 말했다.

"내 막대기가 여울을 따라 바다 쪽으로 구부러져 있어요."

노파가 대답했다.

"그렇다면 그쪽으로 당신의 아내가 사라진 거예요. 막대가 가리켜 준 거죠. 남은 아내들에게 신발을 지으라고 하세요. 다섯 켤레라도. 사슴 가죽 장화 한 짝에는 깔개용으로 풀을 넣고요, 다른 짝에는 여행을 위해 저장 음식을 넣어요. 그런 다음 신발을 신고 그 안의 것을 먹어요. 그리고 막대기를 바람에 흔들리지 않도록 다시 잘 세워 두고 주무세요. 잠이 깨어 눈을 떠 보면 어떤 방향으로 막대기가 기울었는지 보일 거고, 그쪽으로 가세요!"

그 사람은 실컷 자고 나서 길을 떠났다. 어느 날 길에서 잠이 깨어 보니 막대기가 땅에 떨어져 있었다. 그 사람의 심장은 이제 곧 아내를 만날 수 있을 것이라는 생각에 떨리기 시작했다. 또다시 막대기는 그에게 길을 가리켜 주었다. 작은 언덕을 올라가서 보니 꼭대기에서 연기가 나는 토굴집이 있었다. 거리에는 커다란 건조장들이 있었다. 거기에는 커다란 새의 가죽이 걸려 있었는데 날개와 발이 땅까지 닿았다. 알고 보니 이 새 옷은 그의 아내를 납치해 갔던 사람의 것이었다.

그 사람은 말했다.

"어쨌든 나는 이제 죽었구나, 저기로나 가 보자."

그 사람은 토굴집의 바람구멍으로 다가가서 안을 들여다보았고 아내를 발견했다. 거기엔 사람이 앉아 있었고 베개 위에 팔꿈치를 고이고 기대어 있었는데 그의 양 옆구리에는 두 여자가 있었다. 그 사람은 그 여자들을 쓰다듬으면서 이렇게 말했다.

"언제나 살이 통통하게 오르려나?"

살이 통통하게 오르면 잡아먹는 것이었다. 한 여자가 바람구멍으로 자기 남편을 알아보고 큰 소리로 말했다.

"그런 음식으로는 절대로 살이 오르지 않을 거예요. 제 남편은 먼 바다에서 고래를 가져다주었지요. 그런 음식을 먹어야 제가 살이 오르죠."

그 사람이 대답했다.

"그래, 그렇다면 너한테 먼 바다에서 나는 고래를 잡아다

주마.”

여자가 말했다.

“항아리를 좀 비우러 다녀올게요. 덥기도 너무 덥고요!”

여자가 항아리를 비우러 나갔다. 나가서 남편에게 말했다.

“왜 오셨어요? 당신은 마지막 남은 가족이에요. 저기 저쪽 숲속 떨기나무 속에 숨어요. 이끼 속에 잘 파묻혀 계세요!”

여자가 돌아갔다. 그녀의 새 남편이 물었다.

“왜 그렇게 밖에 오래 있었지? 거기서 누구라도 만났나?”

여자가 말했다.

“거기서 누굴 만나겠어요? 내 가족은 멀리에 있는데요.”

“자, 됐어. 밖으로 나갈 테니 배웅이나 해.”

남편이 말했다.

그들은 나갔다. 그 사람은 건조장으로 갔다. 자신의 털가죽 외투를 가져다 입었다. 그 사람은 새 옷을 입고 날개를 바로잡기 시작했다. 그가 날아올랐을 때 관목들도 날갯짓 때문에 휘어질 정도였다. 땅에 내려앉더니 그가 말했다.

“에이, 너는 멀리 있는 음식을 먹어야 살이 찐다고 말하지만, 나는 바로 여기 아주 가까운 데서 무슨 냄새를 맡았어!”

여자가 말했다.

“당신이 무슨 냄새를 맡을 수가 있겠어요? 오늘 나는 빨래를 빨다가 팔찌를 물에 빠뜨려 온통 젖어 버렸어요. 그래서 팔찌를 뜯어다가 저기에 버렸어요. 그 냄새를 맡은 거였겠죠."

그러자 독수리 사람은 고래를 잡으러 먼 바다로 나갔다. 독수리가 멀리 날아갔을 때 사람은 자기 아내에게 이렇게 말했다.

"갑시다!"

여자가 대답했다.

"혼자서 가세요. 저는 당신에게 필요하지 않아요!"

그래도 그는 아내를 데리고 함께 떠났다. 길을 절반쯤 갔는데 맞은편에서 독수리가 잡은 고래를 발톱으로 쥐고 날아오고 있었다. 거대한 독수리가 말했다.

"아하, 이렇게 너는 먼 바다에서 가져온 음식을 먹는구나! 이제 너희는 죽은 목숨이다!"

아내가 남편에게 말했다.

"어휴, 제가 미리 경고했잖아요! 산 밑으로 흐르는 저 강으로 어서 빨리 가요!"

강에 도착하자 독수리가 그들을 바짝 뒤쫓아 왔다. 그 사람의 아내는 이렇게 말했다.

"당신은 강의 이쪽에서 올라가세요. 저는 저쪽에서 올라갈게요."

그들은 골짜기로 들어가기 시작했고 독수리는 밑으로 내려왔다가 떨어져서 날개로 눈을 사방에 뿌렸다. 도망치는 사람들의 다리를 깔아뭉갤 뻔했다. 독수리는 강줄기를 따라 그들을 찾기 시작했다.

"당신들은 나쁜 사람들이야! 골짜기에 숨어 버리다니. 이제 곧 죽은 목숨이야!"

독수리가 말했다. 그리고 땅에서 일어나서 더 높이 날아올랐다.

그 사람이 아내에게 말했다.

"독수리가 세 번째로 날아오르면 그때는 우리도 죽을 거요."

독수리가 두 번째로 저 높이에서 얼음이 깨질 정도로 세게 떨어졌다. 또다시 사람들을 찾기 시작했다. 그리고 독수리는 말했다.

"당신들은 아주 나쁜 사람들이야! 골짜기에 숨다니. 어쨌든 죽은 목숨이야!"

독수리는 깊은 물속에 앉아서 발로 강바닥을 딛고 일어서서 날개를 폈고 온 강을 날개로 뒤덮었다. 남편과 아내는 바위를 꼭 붙잡고 골짜기의 절벽을 따라 위로 도망쳤다. 그 사람이 아내에게 말했다.

"이제 우리는 죽겠군!"

아내가 말했다.

"우리는 죽지 않아요. 내가 괜히 이렇게 강해진 것이 아니에요. 자, 이제 강풍과 추위를 불러오겠어요!"

이 말을 하자마자 온 강이 얼어붙었다. 독수리의 날개가 얼음에 얼어붙어 버렸다. 남편과 아내는 골짜기에서 나왔다. 독수리가 그들을 바라보았다. 그의 이성은 이미 얼어붙었으며 그는 이렇게 말했다.

"에이, 여보시오. 강을 녹여 주시오! 그렇게만 해 준다면 내가 가지고 있는 모든 것을 반으로 나눠서 당신들한테 주겠소. 그리고 당신들을 집으로 데려다주겠소!"

사람이 말했다.

"너는 우리를 오늘 죽이려고 하지 않았느냐. 이제 내가 너를 죽여 주겠다!"

사냥꾼은 공포로 떨고 있는 독수리를 창으로 찔렀다. 독수리는 몸을 부르르 떨었는데, 얼음이 깨져서 사람들을 다른 방향으로 갈라놓을 정도로 심하게 몸을 떨더니 죽었다. 남편과 아내는 살아남았다. 너무 지쳐서 거기서 곧바로 잠이 들 정도였다. 잠에서 깼을 때 그 사람은 아내에게 말했다.

"다녀오겠소. 가서 독수리의 토굴에 남아 있던 여자를 데려오겠소."

그 여자를 데려와서 셋이서 길을 떠났다. 집으로 돌아갔다. 소년은 자라서 성인이 되었고 노파는 완전히 늙어 버렸다. 이 여자들 중 한 명이 청년의 아내가 되었다. 청년은 어머니와 함께 그 여자를 아내로 맞이해서 함께 살았다.

독수리 둥지의 소년

옛날 옛적 다른 쪽 해변에 남편과 아내가 외따로 떨어져 살고 있었다. 남편은 훌륭한 사냥꾼이었고 사냥에서 수많은 바다 동물과 털가죽 짐승들을 잡아 왔다. 그렇게 살고 있었는데 그들에게 아들이 태어났다. 여자는 자기 아들을 무척이나 자랑스러워했다. 늙으면 노년에 먹여 살려 줄 사람이 생겼다는 것이었다. 소년은 빠르게 성장했다. 왜냐하면 신선한 음식만 먹었기 때문이다. 병을 앓지도 않았고 곧 걷기 시작하고 말을 하기 시작했다. 민첩하고 건강하고 굳센 아들이었다.

그렇게 어느 날 그들은 아침에 잠이 깨서 밥을 먹고 있었다. 밖에서 바람이 이는 소리가 들렸다. 아버지가 나가 보니 바람이 육지에서 불어왔고 바다가 흰 거품이 이는 파도로 뒤덮여 있었다. 아버지가 바다를 보았다 하늘을 보았다 날씨를 살폈다 하다가 집으로 가서 아들에게 말했다.

"나와 함께 해변으로 가자. 내가 카약[7]을 태워 주마."

소년은 아직 철이 없어서 곧바로 동의했다. 아버지는 카

---

7) 카약 : 에스키모나 코랴크 사람들이 타는 가죽배.

약을 가지고 아들과 해변으로 내려갔다. 아들을 카약에 태웠다. 물이 안으로 들어오지 못하게 줄로 꽉 당겨 잡아맸다. 카약에 줄을 잡아매고 물 위에서 이리저리로 노를 젓기 시작했다. 그렇게 조금 젓다가 칼을 꺼내서 줄을 잘랐다. 바람 때문에 카약이 바다로 떠내려가기 시작했다. 이쪽저쪽으로 흔들리더니 점점 더 멀리 떠내려갔다. 카약은 하루를 흘러가고 이틀을 떠내려갔으며 오랫동안 떠갔다. 소년은 배가 고팠고 급한 용무도 모두 카약에서 바로 해결해야만 했다. 카약은 마침내 조용한 장소에 가 닿았다. 카약은 무엇인가 단단한 것에 부딪쳤고 조약돌 위에서 바스락거리다가 단단한 무엇인가 위로 이끌려가더니 멈췄다. 소년은 카약에서 혼자 힘으로 나올 수가 없었는데, 묶여 있었기 때문이다. 그렇게 그는 카약에 앉아 있었다. '나를 좀 여기서 꺼내 주면 좋을 텐데.' 소년이 생각했다.

그렇게 그는 움직이지 않고 앉아 있었고 누가 오지나 않나 하고 귀를 쫑긋 기울이고 있었다. 갑자기 누군가의 목소리가 들렸고 소년은 이렇게 생각했다. '과연 누굴까? 아마도 나를 죽여서 잡아먹을 테지.' 밖에서 나는 발소리는 점점 더 빨리 가까워지고 있었다. 목소리들도 더 잘 들렸다. 소년은 목소리를 듣고 두 여자가 걸어오고 있다는 것을 알아챘다. 그 여자들이 다가왔다. 한 여자가 다른 여자에게 말했다.

"봐 봐. 카약이야. 누구 거지? 단단히 매어 놓았는데."

그러자 다른 여자가 말했다.

"우리가 풀어 보자. 저기에 작은 소년이라도 타고 있다면 좋을 텐데! 그럼 우리에게 아이가 생기잖아!"

그들은 카약을 풀기 시작했고 여러 방향으로 돌려 보았다. 카약을 풀었지만 쉽게 열리지 않았다. 작은 구멍을 뚫었다. 결국 줄을 잡아당겨서 카약을 열었다. 그리고 배 안을 살펴보니 거기에는 작은 사내애가 있었는데 온통 더러웠다. 두 번째 여자가 사내애를 풀어서 손에 들고 닦아 주었다. 그리고 자신의 털가죽 외투를 벗어서 사내애를 감싸 안고 모두 함께 집으로 갔다. 그들은 가면서 기뻐했다. 이제 남동생이 생긴 것이었다. 그들은 집에 도착해서 부모님과 기쁨을 나눴다.

그들은 말했다.

"우리는 무위도식하는 딸들이 아니에요. 얼마나 잘생긴 사내애를 발견했는지 보세요! 다 크면 우리를 먹여 살릴 거예요. 사냥을 해서 먹을 것을 가져다줄 거예요."

사내애를 깨끗하게 씻겨 놓았더니 아주 잘생긴 아이였다! 사내애는 머리를 들었고 노인은 오른손 쪽 침대에 앉았고, 노파는 왼손 쪽 벽장에 앉았다. 처녀들은 남동생에게 고래 가죽에 야생 사슴 고기에 물범 비계까지 온갖 진미를 가져다가 먹였다. 사내애는 먹고 나서 노곤해졌는지 깊이 잠이 들었다. 그렇게 그 자리에서 영원히 살게 되었다. 누나들은 어디에도 그를 내보내지 않았고 밖에도 나가지 못하게 했다. 그런데 자신들은 밖으로 나갔고 오랫동안 돌아오지 않기도 했다. 그들은 물범, 바다토끼, 야생 사슴 들을 사냥해서 가지고 돌아왔다. 그러자 소년은 생각했다. '어떻게 우리 누나들은 저렇게도 거대한 짐승을 잡는 것일까?' 어느 날 누나들이 오랫동안 집을 비웠다. 여느 때보다 훨씬 오랫동안 집에 돌아오지 않았다. 날이 어두워지기 시작했다. 토굴집 위로 매우 시끄러운 소리가 들렸다. 노인이 말했다.

"잘되었군! 딸들이 고래를 잡아 왔나 보군."

그런데 정말로 딸들은 고래를 잡아 왔다. 업둥이 소년은 어떻게 여자 둘이서 고래를 잡아 올 수 있었는지 너무 궁금했다. 그래서 한 누나에게 물었다.

"어떻게 여자인 누나들이 그렇게 온갖 짐승들을 잡아 올 수 있어요?"

누나가 소년에게 대답했다.

"우리는 너희의 관습대로 살지 않잖아. 우리는 공중을 날아다니잖니. 우리는 독수리야. 그래서 온갖 짐승을 잡아 올 수 있는 거야."

소년은 카약을 타고 멀리 떠내려와서 독수리의 땅에 닿

게 된 것이었다. 그는 긴 세월을 독수리 집에서 살았다. 거기엔 먹을 것이 풍부했고 사내애는 빠르게 성장했다. 마침내 다 자라서 청년이 되었다. 하지만 여전히 아무 데도 나가지 못하게 했다. 누나들이 내보내 주지 않았다. 누나들은 무슨 불행한 일이라도 생길까 봐 그를 보호했다. 그러나 그는 이미 완전히 어른이 되었다. 그러자 노인이 말했다.

"그가 계속해서 그렇게 살 수는 없는 거고, 너희도 영원히 그렇게 있지는 않을 것이다. 때가 되면 너희는 힘이 없어질 거야. 그러니 자, 내 가죽을 가져다가 나는 법을 배우게 해라!"

여자들은 현관으로 나가서 커다란 가죽을 가지고 들어왔다. 그 가죽은 커다란 새의 가죽이었는데, 구부러진 커다란 부리와 발톱이 그대로 있었다.

노인은 청년에게 말했다.

"자, 입어라!"

청년은 날개를 입었다.

"날아라!"

청년은 날아오르고 싶었지만 공중제비로 빙 돌아 뒹굴더니 넘어지고 말았다. 집에서 나는 법을 배우기 시작했지만 계속 나뒹굴며 넘어졌다. 그러더니 어쨌든 날기 시작했다. 처음에는 집에서 날더니 그다음에는 공중에서 날았고 지치지도 않고 날아다녔다. 그런 다음 피곤함도 느끼지 못하고 익숙해졌다. 잘 날게 되었을 때 토끼를 사냥하기 시작했다. 그런데 토끼도 자기 목숨을 지키기 마련이라서 그냥 쉽게 잡히지는 않았다! 결국 어떻게든 토끼를 잡게 되었다. 그는 토끼를 꽉 잡아서 죽였고 집으로 가져왔다. 집에서는 그를 칭찬했고 선물을 주었다. 그렇게 그는 매일 사냥을 다녔고 토끼를 잡아 왔다. 어느 날 야생 사슴을 잡아 왔다. 집에서는 또다시 그를 칭찬하고 선물을 주었다. 결국 짐승 사냥하는 법을 배웠고 보이는 대로 죽였다.

누이들은 그에게 바다짐승을 사냥하는 법을 가르치기 시작했다. 어느 날 누이들과 셋이서 바다 멀리로 날아갔다. 오랫동안 상당히 높이 날았다. 얼마 후에 내려왔다. 바로 얼음 위로 날았다. 얼음 위에는 물범이 꽤 많이 누워 있었다.

한 누나가 말했다.

"자, 내가 어떻게 물범을 잡는지 잘 봐!"

밑으로 돌진하더니 물범을 잡아챘다.

그런 다음 둘째 누나가 똑같이 물범을 잡았다.

"자, 너도 잡아 봐!"

누나들이 그에게 말했다.

그도 힘들이지 않고 쉽게 물범을 잡아챘다. 사냥물을 가지고 뒤로 돌아갔다. 남동생도 물범을 가지고 갔다. 집에서 그에게 첫 번째로 선물을 주었다. 이제 셋이 모두가 물범을 가져다 나르기 시작했다. 곧 그들의 남동생은 바다코끼리도 잡아 오기 시작했다. 바다짐승에 진력이 나자 야생 사슴과 토끼 들을 잡으러 툰드라로 날아갔다.

곧 그는 누나들을 사냥에 내보내지 않게 되었다. 그는 훌륭한 사냥꾼이 되었고 아무것도 두려워하지 않고 아무 짐승이나 사냥하며 날아다녔다. 그가 사냥에 나서려고 하면 누나들은 자기 자신을 잘 보호하라고 당부했다. 만약 무슨 일이 생기면, 비록 누나들이 그 시간에 집에 있다고 할지라도 곧장 누나들을 소리쳐 부르라고 말했다. 누나들은 그에게 경고했다.

"불을 내뿜는 커다란 고래를 만나게 되면 현혹되면 안 돼. 그 고래는 너무 힘이 세서 그 고래와 싸우는 것은 위험하고 그건 죄야. 이제 네가 거대한 고래를 잡아 오고 있긴 하지만, 불을 내뿜는 고래들은 훨씬 더 크기 때문이야. 그 고래들을 사냥해서는 안 돼. 명심해. 우리 말을 들어야 해."

남동생은 말을 잘 들었고 불을 내뿜는 고래들을 찾아다니지 않았다. 그러나 한번은 그가 먼 바다로 날아갔고 물범도, 바다코끼리도 건드리지 않았다. 갑자기 그는 불을 내뿜는 거대한 고래들을 발견하게 되었다. 그 고래들은 물속에서 떠올라서 오랫동안 잠수하지 않고 헤엄치고 있었다. 그는 그 고래들 위를 날고 또 날아갔는데 그 고래를 잡고 싶은 열정이 불타올랐다. 그러나 공격을 결정하지 못하고 금기를 떠올리면서 두려워하고 있었다. 고래들 위를 빙빙 날면서 가장 작은 놈을 주시하고 있었다. 그러고 보니 두 마리의 고래가 나란히 헤엄을 치고 있었고 한 마리가 다른 놈들보다 훨씬 작았다. 내뿜는 물도 더 적었다. 그 고래를 점찍어 두었지만 여전히 고래와 힘을 겨룰 결정을 하지 못했다. 기회를 잡아서 밑으로 돌진했고 발톱을 고래의 등에 꽂았다. 그리고 사냥물을 가지고 위로 날아올랐지만 그 고래를 창공으로 들어 올릴 힘이 없었다. 오랫동안 독수리도 고래도 상대를 이길 수가 없었다. 독수리는 지쳐서 물속으로 잠기기 시작했다. 고래를 놓아 버리고 싶었지만 그럴 수가 없었다. 발톱이 고래 등에 너무 깊게 박혔기 때문이다. 이제 물이 무릎까지 차올랐다. 독수리는 소리치기 시작했고 누나들을 불렀다.

"여기요! 불행한 일이 내게 닥쳤어요. 누나들이여, 내게 날아오세요! 고래가 나를 죽이려고 해요!"

그때 누나들은 집에 있었다. 한 누나가 다른 누나에게 말했다.

"오, 무엇인가가 내 심장을 찌르는 것 같아! 남동생한테 무슨 일이 생긴 것은 아닐까?"

둘째 누나가 말했다.

"내 심장도 막 뛰면서 불안해."

누나들은 서로를 쳐다보더니 일어나서 가죽을 입고 밖으로 나갔다. 어디로 날아갈지 조금 망설이다가 바다 쪽으로 날아갔다. 남동생은 이미 허벅지까지 물에 빠졌다. 누나들이 멀리서 날아가다가 보니 남동생이 바다에서 고래와 싸우고 있었다. 게다가 고래는 그를 거의 허리까지 물속으로 끌어당기고 있었다.

누나들은 밑으로 돌진해서 고래를 잡아챘다. 한 누나는 머리를, 다른 누나는 꼬리지느러미를 붙잡았고 힘들이지 않고 공중으로 들어 올렸다. 셋이서 사냥물을 가지고 집으로 날아갔다. 곧 집에 도착해서 고래를 땅 위에 내려놓았더니 땅은 그 고래의 무게 때문에 흔들거렸다.

"포획물이 아주 좋군."

아버지가 말했다.

토굴집으로 들어가서 보니 남동생이 너무 지쳐 있었다. 밥을 먹으려고 앉았다. 누나들이 음식을 먹으면서 남동생이 말을 듣지 않았다고 심하게 나무랐다.

그렇게 그들은 함께 오랫동안 살았다. 독수리가 된 청년은 사냥을 하러 날아다니면서 자신의 부모를 찾아다녔다. 툰드라에서 수많은 사람들을 보았다. 어떤 사람들은 자신의 힘을 키웠고 어떤 사람들은 또 다른 일을 했다. 독수리 청년은 집으로 돌아갔다. 노인이 한숨을 쉬며 탄식을 했다.

"어휴, 때가 있었지만 흘러가 버렸네. 우리는 젊었고 먹고 싶은 것을 먹었지."

청년이 속으로 생각했다. '노인은 무엇을 먹고 싶은 거지?'

어느 날 누나들에게 물었다.

"독수리 노인은 무엇을 드시고 싶은 거예요?"

누나가 대답했다.

"사람 고기를 먹고 싶어서 그러는 거야. 영감의 말을 듣지 마. 우리는 사람들과 싸우지 않아. 사람들 손에는 매우 날카로운 무엇인가가 있어. 영감의 말에 주의를 기울이지 마. 사람들이 너를 죽일 거야. 우리 풍습에는 만약 누군가가 사람을 죽이면, 심하게 얼굴을 찌푸리고 토굴집으로 들어오게 되어 있어."

청년은 노인의 말을 듣지 않게 되었다. 그런데 영감은 아랑곳하지 않고 같은 말을 되풀이했다. 그러자 청년은 이렇게 생각했다. '노인의 말을 계속 안 듣는 것은 좋지 않다. 아무래도 사람을 잡아 와야겠다.' 청년은 아침 일찍 출발했다. 가다가 보니 툰드라에서 한 사람이 민첩성을 훈련하고 있었다. 청년은 더 가까이 날아가서 순간을 포착해서 사람을 낚아챈 다음 더 세게 꽉 쥐었다. 그 사람의 영혼이 저쪽으로 날아가 버렸다. 청년은 집으로 돌아와서 사냥한 것을 의자에 놓았다. 토굴집 입구에서 가죽 옷을 벗고 심하게 얼굴을 찌푸리며 안으로 들어갔다. 영감이 그를 보고는 말했다.

"어휴, 어째서 우리 집 남자의 기분이 전에 없이 유쾌한 거지?"

청년은 밥을 먹으면서 누나들에게 의자에 노인을 위한 진미를 가져다 놓았다고 말했다. 그러자 누나들은 직접 노인에게 청년이 사냥을 해서 가져왔다고 말했다. 두 노인이 밖으로 나가서 나흘 동안 토굴집으로 돌아오지 않고 좋아하는 음식을 먹었다. 닷새째에 노인들은 먹을 것을 다 먹자 집으로 돌아왔다.

그런데 얼마 후 노인들은 또 사람 고기를 먹고 싶어 했다. 청년은 이번에는 자신의 아버지를 찾아서 날아갔다. 오랫동안 찾다가 결국은 발견했다. 기회를 포착해서 낚아채서 더 강하게 꽉 쥐었더니 그 사람의 영혼이 날아가 버렸다. 집으로 가져와서 의자 위에 올려놓았다. 그리고 누나들에게 말했다.

"제 어머니는 어디 계세요?"

"너한테 어머니가 있었어?"

누나들이 놀라서 물었다.

"내일 어머니를 모시러 가라. 왜 진즉에 말하지 않았어?"

"늙은 독수리들이 어머니를 잡아먹을까 봐 두려웠어요."

"무서워하지 마. 우리가 네 어머니를 잡아먹도록 놔두지는 않을 테니. 어서 어머니를 모시러 다녀와."

다음 날 청년은 어머니를 찾아 날아갔다. 청년은 어머니를 발견했다. 그래서 토굴집 앞에 내려앉았다. 어머니는 밖으로 나오기가 두려웠다. 너무나 끔찍한 새가 내려앉아 있었다. 청년은 독수리 가죽을 벗고 어머니 집으로 들어갔다. 겨우겨우 어머니에게 자신이 아들이라는 사실을 이해시켰다. 둘은 함께 밖으로 나갔고 청년은 가죽옷을 입었다. 그리고 어머니를 발톱으로 조심스럽게 움켜잡고 데려갔다. 오랫동안 날아갔지만 어머니에게는 아무 일도 생기지 않았다. 누나들은 반갑게 청년의 어머니를 맞이했다. 그런데 노인들은 이렇게 물을 뿐이었다.

"네 아버지는 어디 있는 게냐?"

청년이 대답했다.

"제가 아버지를 죽였고 두 분이 오래전에 잡아먹었잖아요."

"왜 너는 친아버지를 죽였느냐?"

노인이 물었다.

"아버지는 제가 아주 어렸을 때 저를 바닷가로 데려가서 카약에 태워서 묶고는 바다로 떠나보냈어요."

그리고 청년은 이 모든 일을 노인들에게 말했다. 독수리가 된 사람의 어머니도 잘 살기 시작했고 아무것도 부족한 것이 없었고 아무 일도 하지 않게 되었다. 이 독수리들과 독수리 청년의 어머니는 폭삭 늙을 때까지 잘 살았다. 그다음에 아주 친해져서 우애 깊게 잘 살게 되었다.

막둥이

한 유목민이 네 아들과 살고 있다. 딸은 다섯째였다. 아들딸은 모두 성인이었다. 아들들은 수많은 야생 사슴을 잡아 왔다. 어느 날 장남이 아버지에게 말했다.

"우리가 툰드라에서 죽은 늑대를 발견했는데 가져오지 않았어요. 죽은 늑대가 무슨 쓸모가 있겠어요?"

아버지가 말했다.

"왜 그 늑대를 가져오지 않았느냐? 늑대 가죽은 털가죽 외투의 가장자리에 적합하고 좋은데. 다음번에는 죽은 늑대를 반드시 집으로 가져오너라."

다음번에 아들들은 늑대 가죽을 집으로 가져왔다. 가죽을 마르자 아버지는 딸에게 장남을 위해 늑대 가죽을 가장자리에 덧댄 털가죽 외투를 지어 주라고 말했다. 누이는 장남에게 가장자리에 늑대 가죽을 덧댄 털가죽 외투를 지어 주었다. 그는 아침에 그 털가죽 외투를 입었는데 코에서 피가 흐르더니 저녁 무렵에 죽어 버렸다.

다음 날 둘째 아들이 늑대 가죽을 가장자리에 덧댄 털가죽 외투를 입었다. 그의 코에서도 피가 흐르더니 저녁 무렵에 죽어 버렸다. 똑같은 일이 셋째 아들한테도 일어났다. 사슴 사육자한테는 막둥이 아들만 남았다.

아버지는 왜 자식들이 죽었는지 알게 되었고 딸에게 가장자리에 늑대 가죽을 덧댄 옷을 막둥이에게 지어 주지 말라고 했다. 늑대 가죽의 남은 부분은 기둥에 걸어 두었다. 아버지는 막둥이 아들에게 사슴 사육을 시키지 않고 집에만 있도록 명령했다. 그래서 아들은 누이와 함께 계속 집에만 있었다.

어느 날 아버지가 사슴 떼를 돌보고 매우 화가 나서 집으로 돌아왔다. 알고 보니 늑대들이 수많은 사슴들을 찢어 죽여 버렸던 것이었다. 그래서 아버지가 아들에게 말했다.

"여전히 계속 집에만 있을 것이냐? 나 혼자만 수고를 하고 너는 아무 일도 하지 않는구나! 더 이상 나와 함께 살지 말고 당장 어디로든 원하는 곳으로 떠나라! 땅으로 꺼져 버리든지 하늘로 솟아 버리든지. 더 좋은 일은 늑대 가죽을 가장자리에 덧댄 옷을 짓는 거고!"

아버지가 그런 말을 하자 아들은 너무 성이 나서 누이에게 말했다.

"흰 털가죽 외투를 지어 주어라. 가장자리는 늑대 가죽을 덧대어서."

누이는 너무 놀라고 슬퍼했지만 오빠에게 가장자리에 늑대 가죽을 덧댄 흰 털가죽 외투를 지어 주기 시작했다. 옷을 지으면서 훌쩍훌쩍 울었다. 누이는 털가죽 외투를 지었고 청년은 그동안 종이 달린 막대기를 만들었다. 아버지는 그날 밤 집에서 밤을 새우기로 결심했다. 아버지가 잠이 들자 청년은 노래를 부르면서 옷을 입기 시작했다. 옷을 입고 막대기를 들고 야란가에서 나갔다. 아버지가 잠이 깨 보니 아들이 없었다. 아버지는 너무 깜짝 놀라서 야란가에서 뛰쳐나가서 아들의 뒤를 쫓았다. 아들을 거의 따라잡았는데 아들은 땅 위로 넘어지더니 감쪽같이 사라져 버렸다. 아버지가 집으로 가다가 뒤를 돌아보니 또다시 아들이 보였다. 재빨리 그에게로 달려갔다. 뒤쫓아서 따라잡기 시작했는데 아들이 땅에서 분리되더니 공중으로 솟아올랐다. 아버지가 그에게 소리쳤다.

"어디로 가는 게냐, 아들아? 집으로 돌아와라! 누구를 바라고 살라고 나를 버리는 것이냐?"

아들이 그에게 대답했다.

"아니에요. 저는 아버지께 돌아가지 않을 거예요. 아버지는 아무것도 하지 않는다고 저를 나무라셨지만 아버지가 직접 저한테 집에 남아 있으라고 하고 사슴 떼한테 내보내지 않으신 거였잖아요. 이제 아버지가 저에게 죽어 버리거나 하늘로 솟아 버리라고 하셨으니 저는 하늘로 솟아 날아가겠어요."

아버지는 서럽게 울면서 집으로 갔다. 그러나 청년은 오랫동안 구릉지 주위를 돌아다녔다. 마침내 그는 작은 야란가까지 이르게 되었다. 야란가의 주인은 청년이 어디로 가는지 물었다. 그 청년은 대답했다.

"사람들이 행복하게 살고 있는 좋은 마을을 찾아다니고 있어요."

그 사람이 말했다.

"얼마 지나면 그 마을에 이르게 될 거요. 다만 먼저 커다란 마을까지 가야만 한다오. 거기에는 나쁜 사람들이 살고 있는데 그 마을에서 살아 나오기가 힘들 거요."

청년은 그 사람의 집에서 하루를 묵고는 계속 길을 갔다. 오랫동안 길을 갔다. 언덕을 넘어서 보니 한 사람이 낚시를 하고 있었다. 다가가서 그 사람의 등 뒤에 서서 어떻게 낚시를 하는지 쳐다보기 시작했다. 그 사람은 낚싯대를 잡아채서 당기더니 얼음 구멍에서 어린애를 끌어내었다. 어린애는 처음에 조금 움직거리더니 이내 꽁꽁 얼어 버렸다. 어린애가 꽁꽁 얼어붙으면 낚시꾼은 어린애의 손을 딱 쳐서 부러뜨린 후 먹어 치웠다. 청년은 막대기를 흔들어서 종이 딸랑거리는 소리를 냈다. 사냥꾼이 청년에게 말했다.

"어디서 왔소이까, 잘생긴 젊은이? 재빨리 내가 집으로 가서 당신을 맞이하도록 준비시키겠소. 당신은 잠깐만 내가 잡은 것을 지켜보고 있으시오."

그 사람은 갔고 청년은 그 사람의 뒤를 쫓아 출발했다. 그 사람은 토굴집까지 가더니 바람구멍으로 올라가서 소리쳤다.

"손질용 가죽을 펼치게. 저기 좋은 먹잇감이 저절로 내게 굴러들어 왔다네. 지금 바로 데려오겠소!"

청년은 이 말을 듣고 땅에 바짝 엎드렸고 그 나쁜 사람이 자신을 발견할까 봐 두려워 떨고 있었다. 그 사람은 그를 발견하지 못하고 호숫가로 갔다. 얼음 구멍으로 다가가서 보니 아무도 없었다. 그는 다른 낚시꾼들에게 가서 이렇게 말했다.

"깜짝 놀랄 일이군! 방금 전에 좋은 먹잇감이 저절로 굴러들어 왔었거든. 내가 손질할 준비를 하라고 말하러 집에 다녀온 사이에 아무 말도 없이 어디론지 도망쳐 버렸네."

낚시꾼들이 그에게 말했다.

"왜 당신은 우리 모두와 떨어져서 고기를 낚는 거요? 그러니 저절로 굴러들어 온 먹잇감도 놓치는 것이 아니겠소."

그러는 동안 청년은 큰 마을까지 이르렀다. 거기에는 큰 토굴집 맞은편에서 세 처녀와 한 청년이 공놀이를 하고 있었다. 청년은 그들에게 다가갔다. 공놀이를 하던 청년은 매우 잘생겼고 아주 재빠르게 뛰었다. 공놀이를 하던 사람들은 낯선 사람을 발견했고 청년이 그에게 말했다.

"어디서 왔소이까? 우리 집 손님이 되어 주시오. 우리 집에 갑시다. 내가 잘 대접하겠소."

그들은 커다란 토굴집으로 들어갔다. 거기에는 노인과 노파가 앉아 있었다. 노인들은 아주 반가워하면서 이렇게 물었다.

"잘생긴 젊은이, 어디서 왔소이까? 우리 아들이 되면 얼마나 좋겠소!"

청년은 그 노인들에게 어디서 왔는지 이야기했다. 노인이 말했다.

"우리 집에서 삽시다. 여기 우리의 세 딸이 있다오. 자네가 결혼하고 싶으면 아무 딸이나 고르시오."

청년은 노인의 집에 살게 되었다. 막내딸한테 장가를 들었다. 어느 날 노인은 사위에게 말했다.

"산책을 할 때 갑자기 휘파람 소리를 듣거든 절대로 돌아보지 말게. 돌아보면 나쁜 일이 생길 것이네."

청년은 산책하기를 좋아했다. 그러다가 한번은 휘파람 소리를 들었지만 돌아보지 않았다. 그리고 계속 길을 갔다. 또다시 휘파람 소리가 들렸다. 그래서 청년은 뒤를 돌아보았다. 저 멀리에 작은 토굴집이 있었다. 토굴집 입구 옆에는 여자가 서 있었다. 그 여자는 청년을 보더니 친절하게 미소 지었다. 저녁이 되었고 청년은 집으로 갔다. 저녁을 막 먹으려고 할 때 토굴집 현관에서 종소리가 들렸고 누군가의 발자국 소리가 났다. 노인은 사위에게 말했다.

"자네는 내 말을 듣지 않았군! 자네한테 말하지 않았나. 휘파람 소리에 뒤돌아보지 말라고. 이제 자네는 죽겠군!"

아름다운 털가죽 외투를 입은 바로 그 여자가 토굴집 안으로 들어왔다. 손에는 양동이와 음식이 든 접시가 들려 있었다. 여자는 또다시 청년에게 친절하게 미소를 지었고 청년도 그 대답으로 미소 지었다.

여자가 접시를 내밀면서 그에게 말했다.

"드세요!"

청년은 접시에 있던 것을 먹었고 양동이의 물을 마셨다.

"옷을 입어요. 이제 집으로 갑시다."

여자가 말했다.

청년은 겉 바지를 노인에게 던졌다.

"가지세요. 입고 다니세요!"

털가죽 외투를 벗어서 노파에게 던졌다.

"여기 있어요. 입으세요!"

그리고 그 여자와 함께 작은 토굴집으로 갔다. 그런데 토굴집의 바깥 입구 옆에 커다란 흰 곰들이 사슬에 묶여 있었다. 청년이 여자와 함께 다가갔더니 흰 곰들이 으르렁거리면서 청년에게 달려들었다. 여자는 흰 곰들의 눈을 가렸고 그렇게 해서 청년은 지나갔다. 다음 입구 옆에는 커다란 갈색 곰 두 마리가 묶여 있었다. 갈색 곰들은 청년을 보자 으르렁거리기 시작했고 또다시 그 청년에게 달려들었다. 그러자 여자가 그 곰들의 눈도 가렸고 그렇게 해서 청년은 그 곰들의 옆을 또 지나갔다. 그들은 안으로 들어갔다. 여자는 이 토굴집에서 혼자 살고 있었다. 토굴집은 높았고 바람구멍은 가장 높은 위에 있었다. 커다란 등잔불들이 흐릿하게 타고 있었다. 밤이 오자 여자는 청년과 함께 잠자리에 들었다. 여자는 자기의 털가죽 외투를 덮었다. 청년은 자신의 털가죽 외투를 덮고 바로 잠들어 버렸다.

한밤중에 청년은 잠이 깼다. 심장이 위험을 감지했던 것이다. 눈을 떠서 보니 등잔 아래서 작은 노파가 나왔는데 손에는 커다란 칼을 들고 있었다. 노파는 청년에게 다가와서 칼을 벼리면서 청년을 주의 깊게 살펴보고 있었다. 청년은 방금 전에 잠이 깬 것처럼 하면서 돌아누웠다. 그가 옆으로 돌아눕자마자 종소리가 들리더니 조그마한 여자가 어디론가 사라져 버렸다. 청년이 일어나서 잠자고 있는 여자의 머리채를 잘랐다. 그 여자를 조심스럽게 자기 자리로 옮겨 놓고는 자기의 털가죽 외투로 덮었다. 그리고 자신은 그 여자의 자리에 누워서 그 여자의 머리채를 자기 머리카락에 달고는 그 여자의 털가죽 외투를 덮었다. 그리고 자는 척했다.

조금 지나자 등잔불 밑에서 또다시 작은 노파가 칼을 들고 나왔다. 자고 있는 사람들한테 다가가면서 칼을 벼렸다. 그 노파가 다가가서 여자를 더듬더듬 만져 보았다. 그 노파가 말했다.

"바로 내 사위군. 머리채가 없잖아. 물론 내 딸이 그 청년에게 자기 털가죽 외투로 덮으라고 했을 거고."

그런 다음 청년에게 다가갔다.

"이게 내 딸이군. 머리채도 그렇고 털가죽 외투도 내 딸 것이고."

그러더니 노파는 칼을 딸의 목으로 가져가서 또다시 이렇게 말했다.

"물론 이게 내 사위야. 내 딸이었으면 머리채가 있었을 거야."

다시 한번 자고 있는 사람들의 머리를 더듬더듬 만져 보더니 또다시 칼을 머리채 없는 여자의 목 쪽으로 가져갔다. 노파는 칼을 들어서 자기 딸의 목을 잘랐다.

이때 청년은 벌떡 일어나서 조그마한 여자한테서 칼을 빼앗았고 그 노파를 잘라서 현관의 갈색 곰들한테 던져 주었다.

청년이 바람구멍을 쳐다보니 바람구멍이 점점 좁아지고

있었다. 위로 펄쩍 뛰어올라서 손으로 바람구멍의 끝을 움켜잡았다. 바람구멍이 완전히 좁아져서 겨우 기어 나올 수 있었다. 토굴집을 쳐다보니 그곳에는 아주 작은 둥근 언덕만 남아 있었고 출구도 바람구멍도 없었다. 이때 아침이 되었다. 청년은 커다란 토굴집으로 갔다. 현관을 지나 장막으로 뛰어 들어갔다. 노인들은 너무 반가워하며 소리쳤다.

"어디서 온 것인가? 어떻게 살아남았나?"

청년이 대답했다.

"내가 둘 다 죽였습니다."

노인은 옷을 입었다. 노인은 나가서 토굴집 위로 기어 올라가서 큰 소리로 소리쳤다.

"내 사위가 사람 잡아 먹는 괴물들을 죽였다오. 이제 우리 아들들은 자라게 될 것이고 아무도 두려워할 필요가 없다오."

청년은 그 마을에 남아서 영원히 살았다.

이수클리크

이수클리크가 아내와 어머니와 함께 살고 있었다. 일을 많이 했고 수많은 바다짐승과 야생 사슴을 잡아 왔다. 이수클리크의 아내는 젊고 아름다웠다. 이수클리크는 아내를 살펴보지 않고 혼자 두는 것을 두려워했다. 사냥에 나갈 때마다 어머니에게 이렇게 말하곤 했다.

"어머니, 제가 집에 없을 때는 며느리를 강에 물을 길어 오라고 보내지 마세요. 누가 데려가 버리면 어떻게 해요."

그래서 아들이 사냥에 나가면 정말로 노파는 며느리를 물 길으러 내보내지 않았다.

어느 날 젊은 아내는 어머니의 말을 듣지 않고 물을 길으러 나가더니 어찌된 일인지 돌아오지 않았다.

이수클리크가 사냥에서 돌아와서 어머니에게 물었다.

"제 아내는 어디 있어요?"

어머니가 대답했다.

"내가 가지 말라고 했는데도 말을 듣지 않고 고집을 피우더니 아침에 물을 길으러 나가서 지금까지도 돌아오지 않는구나."

온종일 이수클리크는 아내를 찾아 헤매 다녔지만 허사였

다. 그러던 중에 사냥에 나가서 사슴을 죽여서 집으로 돌아가고 있었다. 바위에 앉아서 잠시 쉬다가 산 쪽을 쳐다보았다. 저 멀리에 작은 토굴집이 보였다. 사슴을 어깨에 메고 그 토굴집으로 향했다.

이수클리크는 토굴집 안으로 들어갔다. 거기에는 남자와 여자와 아이 셋이 있었다. 그 사람은 찾아온 길손에게 말했다.

"아하, 당신이 이수클리크군요. 당신은 사슴을 어디로 가져가는 것입니까?"

"내 사냥물을 당신께 가져왔소이다."

주인이 말했다.

"당신은 아주 관대한 사람이군요. 좋은 분이오. 매일 아내를 찾아다닌다는 것을 알고 있습니다. 이곳 마을들에서는 당신의 아내를 찾을 수 없을 것이오. 다른 세상의 사람이 당신의 아내를 자기 아내로 삼으려고 데려갔다오. 당신은 좋은 분이니 사슴을 준 감사의 표시로 내가 당신이 아내를 찾는 것을 도와주겠소. 내가 당신이 어디로 가야 할지 인도해 줄 길로 데려다주겠소. 아무것도 보이지 않는 어둠에까지 가게 되면 그 후부터는 혼자서 가시오. 그렇게 오랫동안 계속 가야 할 것이오. 도중에 거대한 산딸기 열매를 보게 되면 그것을 한 조각 잘라서 먹고 어둠 속에서 계속 가시오. 또다시 오랫동안 가다 보면 결국은 빛을 보게 될 것이오. 밝은 길을 따라가다 보면 커다란 마을을 만나게 될 것이오. 그 마을에서 가장 큰 토굴집에 당신의 아내를 훔쳐 간 사람이 살고 있다오. 그 후에는 당신이 판단하는 대로 행동하시오."

이후에 주인은 이수클리크와 함께 잘 먹은 후 어깨에 메는 자루들에 여행용 저장 음식을 넣고 길을 떠났다. 그들은 오랫동안 걸어갔고 결국 어둠이 있는 곳까지 도달했다. 주인은 이수클리크에게 말했다.

"여기서 저는 돌아가야만 합니다."

이 말을 하고 주인은 돌아섰다. 이수클리크는 혼자서 앞으로 나갔다. 어둠 속에서 오랫동안 걸어갔는데 갑자기 무엇인가 커다랗고 둥그런 것에 부딪쳤다. 너무나 거대한 산딸기 열매였다. 이수클리크는 사냥용 칼을 꺼내서 산딸기 열매를 잘라서 먹기 시작했다. 그것을 먹고 깊이 잠이 들었다. 잠이 깨자 또다시 산딸기 열매를 잘라서 여행용 예비 음식을 보충하고 계속해서 갔다. 걷고 또 걷다가 보니 발아래서 조약돌이 구르는 것이 느껴졌다. 이수클리크가 허리를 굽혀서 조약돌 몇 개를 주워 들었는데 돌은 매끄럽고 둥글었다. 이수클리크는 왼손에서 벙어리장갑을 벗어서 그 안에 둥근 돌을 몇 개 넣었다. 그리고 계속해서 가다 보니 또 발아래에 조약돌이 느껴졌다. 이번에는 더 작은 것들이었다. 오

큰손에서 벙어리장갑을 벗어서 그 안에 작은 돌을 주워 넣었다.

여기서 밝아지기 시작했다. 이수클리크는 벙어리장갑 안을 들여다보았다. 한 짝 안에는 여러 가지 색깔의 굵은 구슬이 있었고 다른 짝 안에는 처음 것보다 더 아름다운 작은 구슬들이 담겨 있었다. 곧 커다란 마을이 나타났다. 마을 한가운데에는 커다란 야란가가 있었다. 그 야란가 쪽으로 다가가서 멈추었다. 그렇게 서서 보니 토굴집에서 그의 아내가 나왔다. 아내는 이수클리크를 발견하고 이렇게 말했다.

"왜 여기 오셨어요? 저는 이미 돌아갈 수가 없어요."

이수클리크가 말했다.

"당신을 보고 싶어서 왔소. 너무 보고 싶었소."

그 후에 그들은 토굴집으로 갔다. 이수클리크는 토굴집에서 노인과 노파, 그리고 여자 셋을 발견했다. 노인이 이수클리크를 쳐다보더니 이렇게 말했다.

"아하, 당신이 이수클리크군요? 내가 아들에게 말하곤 했지요. 이수클리크의 아내를 데려오지 말라고. 아들은 내 말을 듣지 않고 여자를 훔쳐 오면서 아무런 흔적도 남기지 않았다고 말했다오. 그런데 보시오. 이수클리크가 여자를 찾아냈잖소!"

그러는 사이에 노인의 아들이 돌아왔다. 그는 이수클리

크를 보더니 유쾌하게 웃고는 말했다.

"당신은 좋은 사람이잖소, 이수클리크. 내가 데려오면서 흔적조차 남기지 않았던 여자를 찾아냈구려. 어쩌겠소. 우리 집에서 잠시 머무시오. 보시오. 당신 아내는 멀쩡하잖소. 그 여자를 데려가시오. 그 여자는 내 것이 아니라 당신 것이오."

그 후에 그들은 음식을 먹기 시작했다. 토굴집으로 수많은 사람들이 도착했다. 어떤 사람은 반쪽이 몸이었고, 어떤 사람은 뼈마디가 없었고, 또 어떤 사람은 가슴에 커다란 입들이 달려 있었고, 또 어떤 사람은 공같이 둥글었다. 이수클리크는 이렇게 생각했다. '아마도 내가 괴물 세상에 온 것인가 보다.' 몇 날 밤을 그 토굴집에서 지냈다. 그러자 주인이 이수클리크에게 말했다.

"이제 내 아내의 토굴집으로 자러 가시오. 그러나 경고하건대, 당신이 잠보이거나 달리기를 잘 못한다면 되돌아오지 못할 것이오. 거기에 도착하면 당신의 카약을 해변에 준비해 놓으시오. 내가 거기로 배웅해 주겠소."

그들은 카약을 타고 둘이서 항해해 갔다. 그 사람의 아내의 토굴집까지 이르렀다. 그 사람은 이수클리크에게 토굴집으로 들어가라고 말하고 자신은 도로 바다로 떠났다. 이수클리크는 카약을 준비해 놓고 토굴집으로 갔다. 토굴집으로 들어가니 아무도 없었다. 이수클리크는 여주인을 기다리기 시작했다.

그렇게 밤이 되었고 한 여자가 토굴집으로 들어왔다. 한 손에는 무슨 음식이 든 접시를 들고 있었고 다른 손에는 물이 든 양동이를 들고 있었다. 여자는 이수클리크에게 접시에 담긴 음식을 먹으라고 명령했다.

이수클리크가 접시를 보니 그 안에는 수많은 하얀 벌레들이 꿈틀대고 있었다.

이수클리크는 여자에게 말했다.

"이 음식을 먹지 않겠소."

그러자 여자는 그에게 좋은 음식이 담긴 접시를 건네주었다. 이수클리크는 음식을 먹고 양동이에서 물을 마시고 잠자리에 들었다. 그러나 잠들기가 두려워서 한쪽 눈으로 여자를 감시했다. 여자는 조금 기다리더니 칼을 들고서 이수클리크 쪽으로 살금살금 다가오기 시작했다. 이수클리크는 벌떡 일어서서 토굴집에서 뛰쳐나와서 카약이 있는 해변으로 도망치기 시작했다. 해변에 도착해서 카약을 물에 띄우고 그 안으로 뛰어들어서 노로 밀쳐 냈다. 그리고 보니 여자가 그의 뒤를 쫓아오고 있었다. 그 여자는 칼을 이수클리크에게 던졌지만 맞지 않았다. 이수클리크는 자기의 아내를 훔쳐 갔던 그 사람이 살고 있는 마을로 돌아갔다.

그 사람이 이수클리크에게 말했다.

"에헤, 당신이 돌아왔군! 민첩하군! 잠보도 아니고 재빨리 뛰었군!"

이수클리크는 또다시 이 마을에서 살게 되었다. 주인은 바다로 사냥을 떠나서 사냥한 물범을 가지고 돌아왔고 툰드라로 사냥하러 가면 야생 사슴을 가지고 돌아왔다. 그러나 이수클리크는 토굴집 밖으로는 어디로도 나가지 못하게 했다.

그러던 어느 날 그가 이수클리크에게 말했다.

"당신은 우리 집에 아내와 함께 오랫동안 묵었소. 이제 집으로 돌아갈 때가 왔소. 당신의 어머니가 당신을 걱정하고 있소. 오늘 밤에 또다시 내 아내에게 가시오. 그러지 않으면 당신들만으로는 아주 오랫동안 집을 찾아가야 할 테니까."

밤이 되었다. 이수클리크는 아내와 함께 그 사람 아내의 토굴집으로 갔다. 도착해서 보니 갑자기 사방이 밝아졌다. 토굴집 안으로 들어갔다. 여주인이 말했다.

"자, 이수클리크, 저기 앞에 무엇이 있는지 살피러 나가 보시오."

이수클리크가 밖으로 나가 보니 그의 마을이 아주 가까웠고 겨우 몇 발자국 거리였다. 토굴집으로 돌아가서 본 것을 이야기했다.

여주인이 말했다.

"이제 집으로 가시오. 밖으로 나가자마자 한 발자국을 내딛으면 바로 당신 마을일 거요."

정말로 그렇게 되었다. 그들이 밖으로 나가서 한 발자국을 내딛자 자기 마을에 도착해 있었다.

여러 가지 색깔의 구슬로 변했던 돌은 한마을 사람들에게 팔았다. 그때부터 아주 잘살게 되었다.

아하하나브라크

그런 일이 있었다. 아버지 어머니와 함께 다섯 형제가 살고 있었다고 한다. 두 명은 바다 사냥에서 돌아오지 않았고 셋째는 툰드라로 떠났다가 소식이 끊겼고 넷째는 카약을 타고 나갔다가 사라졌다. 아하하나브라크 혼자만 남았다.

어느 날 밤 아하하나브라크는 카약을 만들었다. 다 만들고 가죽으로 씌우기만 하면 되는데 너무나 잠이 왔다. 그는 장막 안으로 들어가서 누웠다. 새벽에 잠이 깼고 아버지를 깨웠다. 아버지가 일어나자 아하하나브라크는 아버지께 말했다.

"내 카약에 가죽 씌우개를 씌워 주세요!"

그런데 아버지는 반대로 아들의 카약을 부숴 버렸다. 아하하나브라크는 울음을 터뜨렸다. 그는 아직 어려서 아버지가 그 어디에도 보내 주지 않았다. 왜냐하면 다른 아들을 모두 잃어버려 이제 그는 외동아들이었기 때문이다.

그런데 밤에 아하하나브라크는 새 카약을 만들어서 가죽 씌우개로 팽팽히 덮어씌우고 몰래 아버지의 작살과 부표를 전부 모았다. 그런 다음 카약을 물에 띄우더니 노를 젓기 시작했다. 해변에서 멀어지자 짙은 안개가 내려왔다. 그런데도 그는 더 멀리 노를 저었다. 곧 안개가 걷히고 앞에 커다란 절벽이 나타났다. 절벽의 꼭대기에는 거대한 거인이 앉아서 발을 아래로 내리고 발바닥을 물에 담그고 있었다. 거인은 그를 발견하고 불렀다.

"에이, 거기 있는 사람. 이리로 와라!"

아하하나브라크는 그에게 대답하지 않았다.

"오지 않으면 내가 바다를 온통 요동치게 하겠다."

거인이 말했다.

발을 흔들자 바다가 온통 출렁이기 시작했다. 아하하나브라크는 깜짝 놀라서 거인에게 노를 저어 갔다. 거인에게 가까이 가서 카약에서 내려 산으로 올라갔다. 거인은 그에게 말했다.

"술래잡기 놀이 하자!"

아하하나브라크는 대답했다.

"그래요!"

거인이 그에게 말했다.

"자, 눈을 감아라!"

아하하나브라크는 눈을 감았다. 거인은 등을 대고 눕고 아하하나브라크는 그를 찾기 시작했다. '도대체 어디 있는 거지? 어디로 숨었지?' 아하하나브라크는 거인의 배로 기어 내려가서 이렇게 말했다.

"어쩐지 배랑 닮은 거 같은데."

배에서 내려오자 거인이 앉더니 말했다.

"내가 바로 여기 있다!"

아하하나브라크는 거인에게 말했다.

"자, 이제 당신이 눈을 감아요!"

거인은 눈을 감았고 아하하나브라크는 거인의 장화 목 속으로 기어 들어갔다.

거인은 장화 목 뒤에서 겨우겨우 그를 찾았다. 그런 다음 아하하나브라크에게 말했다.

"이제, 너의 간을 다오. 내가 먹어 치워 버리겠다!"

아하하나브라크는 대답했다.

"조금만 기다리세요. 카약을 좀 치우고 올게요!"

그는 카약으로 출발했고, 가는 도중에 물범을 죽였다. 물범의 간과 내장을 꺼냈다. 그 후에 자신의 털가죽 외투를 벗고는 맨몸에 바다코끼리 창자로 만든 비옷을 꽉 맞게 당겨 입고 또다시 털가죽 외투를 입었다. 자기 배에 물범의 간과 창자를 숨기고서 거인에게 갔다. 거인이 그에게 말했다.

"등을 대고 누워라!"

아하하나브라크는 등을 대고 누워서 기다렸다.

거인은 칼을 꺼내서 그의 배를 갈랐다. 아하하나브라크가 비옷 속에 숨겼던 물범의 간이 나왔다. 거인은 이것이 아하하나브라크의 간이라고 생각하고 먹어 치웠다. 거인은 다 먹고 나서 이렇게 말했다.

"네 간은 물범의 간과 아주 비슷하구나."

아하하나브라크는 대답했다.

"우리 간은 물범 냄새가 나요. 우리가 물범을 먹으니까요."

그런 다음 거인에게 말했다.

"이제 당신이 등을 대고 누워요!"

거인이 등을 대고 눕자 그가 칼을 꺼내서 거인의 배를 갈랐다. 그런 다음 칼로 심장을 찔러서 거인을 죽였다. 거인은 커다란 산으로 변했다. 바다는 요동치기를 멈췄다. 아하하나브라크는 자신의 카약으로 가서 그 배를 타고 더 멀리 저어 갔다.

곧 그는 섬에 정박하게 되었고 해변으로 카약을 끌어다 놓고 부표와 작살을 가지고 갔다. 가서 보니 앞에 불꽃이 타고 있었다. 그가 멈춰 서서 들어 보니 지하에서 괴물의 외침 소리가 들렸다. 불꽃이 타고 있는 그 장소에서 괴물이 뛰쳐나와서 아하하나브라크에게 말했다.

"아하하나브라크, 내게 너의 창자를 내놔라!"

아하하나브라크는 그에게 물범의 창자를 건네주었다. 괴물은 아가리를 벌렸는데 그 속은 내장까지 커다란 이빨이 나란히 이어져 있었다. 괴물은 창자를 꿀꺽 삼키더니 땅속으로 사라졌다. 괴물이 사라졌다가 또다시 나타나서 말했다.

"아하하나브라크, 내게 너의 심장을 내놔라!"

아하하나브라크는 대답했다.

"아니에요. 내 심장을 당신에게 주지는 않겠어요. 심장으로 내가 사는 것이니까요. 내 심장이 생명을 주는 거고 지혜를 주는 거예요!"

괴물이 말했다.

"그렇다면 내가 너를 잡아먹어 버리겠다!"

아하하나브라크는 대답했다.

"입을 벌리시오!"

괴물이 아가리를 벌리자 그는 괴물의 아가리에 작살을 던졌다. 괴물은 땅속으로 사라졌고 작살에 묶인 부표를 끌고 갔다.

아하하나브라크가 보니 커다란 야란가가 있었다. 장막 안으로 들어가니 커다란 괴물이 누워 있었다. 아하하나브라크는 사냥용 칼을 꺼내서 괴물을 죽였다. 그리고 자신은 곧장 밖으로 나와서 카약으로 도망쳤고 카약을 타고 집으로 갔다. 집에 도착했더니 그의 부모는 그가 어떻게 되었는지 알지 못해 잠도 못 자고 걱정을 하고 있었다.

아하하나브라크는 부모에게 말했다.

"저는 오래오래 살 거예요! 어떤 괴물도 두렵지 않아요!"

이것이 끝이다.

두 아내를 둔 사람

한 사람에게 아내가 둘 있었다. 첫 번째 아내는 그에게 아들자식을 낳아 주었다. 그 사람은 아내들에게 사슴 가죽을 세 영 가져다주었다. 그러면서 두 번째 아내에게 말했다.

"이 가죽 두 영으로 털가죽 외투를 지으시오."

첫 번째 아내에게는 바지를 지으라고 사슴 가죽 한 영을 주었다. 큰사슴의 정강이 가죽으로는 창 씌우개를 만들라고 명했다. 가죽은 온전히 하얀색이었다. 아내들은 옷을 지었다. 그 사람은 아래위 다 새 옷을 입었다. 밤을 기다렸다가 창을 들고 토굴집을 나섰다. 첫 번째 부인이 말했다.

"도대체 어디로 가는 것일까? 가서 봐야겠군!"

두 번째 부인이 토굴집으로 들어오면서 대답했다.

"저쪽 해변으로 가던데요."

그러는 사이에 그 사람은 기슭에 부딪치는 파도의 물결 속으로 들어갔다. 앞에는 마치 선명한 등불이 타고 있는 것 같았다. 그쪽으로 가서 땅 쪽으로 가까이 갔다. 그러자 갑자기 한 목소리가 들렸다.

"너는 누구냐?"

"저는 육지에서 왔습니다."

그가 대답했다.

"왜 여기로 왔느냐?"

"여자를 따라왔습니다!"

그는 밤에 잠자리에 들었는데 두 아내와 함께 누워 있었다. 그는 물범들에게 갔던 것이었다. 잠이 깨서 더 멀리 갔더니 바다토끼들의 땅까지 이르게 되었다. 또다시 누군가가 그에게 물었다.

"왜 여기로 왔느냐?"

"여자를 따라왔습니다!"

그가 대답했다.

그는 잠자리에 들었는데 또다시 집이었고 두 아내가 옆에 있었다. 잠이 깨서 또다시 나갔다. 그랬더니 바다코끼리의 땅에 이르렀다. 또다시 누군가가 그에게 누구인지 물었다. 그는 육지에서 왔다고 대답했다.

"왜 왔느냐?"

"여자를 따라서 왔습니다."

그가 잠자리에 누웠더니 또다시 두 아내의 곁이었다. 잠이 깨서 계속해서 갔더니 고래들의 땅에 도착해 있었다. 또다시 똑같은 질문을 받았다. 그는 똑같이 대답했고 또 두 아내와 잠을 잤다. 잠이 깨서 계속 갔다. 걷고 또 걷다가 보니 온 바다를 건너게 되었다. 육지로 나오니 어두워졌다. 앞을 보니 토굴집이 있었다. 그 안에서 불꽃이 어른거리고 있었다. 그는 불꽃이 있는 쪽으로 갔다. 입구 옆에 멈춰 서서 창을 찔러 넣었다. 토굴집에서 한 여자가 나왔는데 창이 절컥하는 소리가 들렸다. 여자가 토굴집으로 돌아가더니 이렇게 말했다.

"입구 밖에서 절컥하는 소리를 들었어요."

그러자 노인이 아들에게 말했다.

"밖에 누가 있는지 보고 오너라. 결코 서둘지 마라, 아들아."

아들이 나가서 귀를 기울여 보니 정말로 무엇인가가 절컥거리는 소리가 들렸다. 저쪽으로 가서 낯선 사람을 손으로 더듬어 건드려 보고 말했다.

"당신은 어디서 온 것입니까? 제게는 형제가 없어요. 저와 함께 갑시다. 이제 내게도 형제가 생겼군요!"

그는 토굴집으로 들어가서 아버지에게 말했다.

"제가 형제를 데려왔어요."

아버지가 대답했다.

"조용히 해라! 입 다물어라. 내일은 잔치가 열리는 날이지 않냐!"

밤에 노인은 손님에게 말했다.

"마침 잔치에 아주 잘 오셨소. 내일, 잔치가 벌어지면 한 여자가 손에 접시를 들고 들어올 것이오. 그 접시는 뿌리로 만든 음식으로 가득할 것이오. 당신을 보면 대접할 것이지만 당신은 그 음식을 드시면 안 된다오. 만약에 핥기만 해도 그 여자가 당신을 자기 집으로 데려갈 거요. 그 여자는 우리를 시기한다오. 청년들을 남편으로 삼아서 더 이상 놓아주지를 않는 여자요."

그들은 잠이 들었다. 다음 날 아침 잔치가 열렸다. 정말로 한 처녀가 음식을 들고 들어왔다. 그 사람을 보더니 다가와서 이렇게 말했다.

"자, 이 음식을 맛보세요."

남자가 대답했다.

"당신의 음식을 먹지 않겠소."

그러나 음식이 마치 저절로 그의 가슴 쪽으로 향해 다가오듯이 가까워졌다. 그래서 어쩔 수 없이 한 수저를 들었다.

여자가 말했다.

"자, 이제 당신은 저를 아내로 삼은 셈이에요. 함께 가요!"

그녀는 남자의 손을 잡고 데려갔다. 그들은 커다란 토굴집에 도착했다. 여자는 입구로 다가가서 말했다.

"저 안으로 가세요."

남자가 대답했다.

"나는 당신의 토굴집에 처음 왔잖소. 그러니 당신이 먼저 들어가시오!"

입구 양쪽에는 곰 두 마리가 누워 있었다. 여자는 곰의 머리를 뛰어넘어서 토굴집으로 들어갔다. 그는 그 여자의 뒤를 따라 들어갔다. 여자가 말했다.

"어, 이 사람은 집으로 들어올 줄 아는군!"

그들이 안으로 들어가니 현관 가운데에 커다란 호수가 있었다. 호수 가운데에는 커다란 통나무가 둥둥 떠다니고 있었다. 그 사람이 말했다.

"당신이 먼저 가시오. 나는 이곳이 처음 아니오."

여자는 통나무를 딛고 저쪽으로 건너갔고 그 사람은 여자의 뒤를 따라서 건너갔다. 여자가 말했다.

"아휴, 벌써 밤이네요. 당신은 나를 아내로 삼았으니 함께 자요!"

그들은 누웠고 각자가 자신의 털가죽 외투를 덮었다. 그 사람이 잠이 들려고 하다가 문득 보니 벽에서 한 노파가 불쑥 튀어나왔다. 그 노파는 칼을 꺼내서 벼리기 시작했다. 그 사람은 자신의 털가죽 외투를 여자에게 던지고 자신은 그 여자의 털가죽 외투를 덮었다. 노파가 그에게 다가왔다. 손님의 털가죽 외투를 발견했다. 딸 위로 몸을 구부리더니 칼로 그녀의 목을 쳤다. 그 딸이 손님이라고 생각했던 것이다.

그 사람은 벌떡 일어났고 노파는 벽 쪽으로 도망쳤다. 노파는 칼을 손님에게 던졌다. 그는 칼을 잡아서 노파를 겨누었다. 그리고 노파의 오른팔을 어깨까지 잘랐다. 노파는 왼손에 칼을 들고 그 사람에게 던졌다. 또다시 칼이 눕혀져서 떨어졌다. 그 사람은 칼을 잡아서 노파를 겨누었고 왼팔을 잘랐다. 그러자 노파는 입으로 칼을 물었고 또다시 그 사람에게 던졌다. 그 사람도 입으로 칼을 받아서 노파를 겨누었다가 노파의 목을 잘랐다. 그 사람은 앉아서 옷을 입고 바람구멍으로 나가려고 했지만 갑자기 주위가 온통 우지끈 소리를 내며 갈라지고 토굴집이 흔들리기 시작했다. 알고 보니 바람구멍 옆에서 소년이 그 사람을 기다리고 있었다. 소년은 그 사람이 토굴집에서 나올 수 있게 도와주었고 이렇게 물었다.

"그들은 어디 있어요? 당신이 그들을 죽였나요?"

"아마도 죽인 것 같소."

그 사람이 대답했다.

그들은 마을로 갔고 소년은 아버지에게 말했다.

"이 사람이 우리를 괴롭히던 사람들을 죽였어요."

노인은 옷을 입기 시작했다. 그 노인은 밖으로 나가서 토굴집으로 올라가서 소리치기 시작했다.

"이제부터 청년은 장사가 될 것이오. 손님이 우리를 괴롭

히던 자들을 죽였다오."

그 사람은 집으로 갔다. 집에 도착해서 노인을 발견했다. 알고 보니 그 사람은 그의 아들이었다. 그렇게 그는 수많은 세월을 방랑했기에 집에 없었다. 손님이 쉬는 동안 노인은 갑자기 작아지기 시작하더니 점점 더 작아지고 작아졌고 갑자기 감쪽같이 사라져 버렸다.

마법담

사람들은 전에 어떻게 살았는가

옛날에 사람들은 이 지방에서 상시적으로 살지 않았다. 모두가 임시 정착지로 떠나곤 했다. 그렇게 다섯 명의 친형제들은 항상 여기서 타나흘류크로 떠났다. 그런데 다른 가족의 다섯 명의 친형제들은 아미야크로 떠났다. 그곳에서 그들은 카약을 타고 사냥을 했으며 물범과 바다토끼 들을 잡았다. 또 거기서 저장식품을 준비했다. 물범 가죽 자루들이 사냥한 짐승의 비계로 가득 찼다. 가득 찬 저장식품을 카니그라크로 싣고 갔다. 늦은 가을 달이 차고 만이 살얼음으로 덮였을 때 아미야크 사람들과 타나흘류크 사람들은 저장식품을 우나지크로 옮겼고 그다음에는 거기에 동계용 주거를 설치했다. 첫 밤을 묵은 후 그들은 토굴집을 청소했고 그다음에 그곳에서 온 겨울을 지냈다. 봄이 오자 그들은 하계용 천막을 설치했고 토굴집에서 그 천막으로 옮겨 갔다. 그런 다음 여름 사냥철이 도래하자 많은 사람들이 우나지크를 떠나서 사냥용 임시 정착지로 사냥하러 떠났다. 어떤 사람들은 타나흘류크로, 어떤 사람들은 아미야크로 떠났고 또 다른 사람들은 유목민들과 거래를 하러 떠났다. 타나흘류크와 아미야크 외에도 우나지크의 몇몇 가족들은 임시 정착지가 있는 다른 장소로 사냥을 하러 떠났다. 그렇게 살았다.

어느 날 타나흘류크에서 남동생의 아내가 물을 길으러 나가서 돌아오지 않고 사라져 버렸다. 밤이 오기 전에 형제는 그 여자를 찾으러 나갔지만 그 근처에서 여자는 보이지 않았다. 다음 날 아침 그 여자의 남편은 혼자서 찾으러 나갔다. 주위 마을을 온통 뒤지고 다녔지만 어디에서도 여자를 찾을 수가 없었다. 마침내 그는 툰드라에서 아내를 찾기 시작했지만 거기서도 그 여자가 머물렀다는 어떤 징후도 발견할 수가 없었다.

그리고 가을이 왔고 바다에는 살얼음이 끼었다. 아미야크에서 온 형제는 타나흘류크에서 온 형제들에게 자신들은 우나지크로 되돌아가기 위해 떠나겠다고 통보했다. 그러자 타나흘류크에서 온 동생이 동향 사람들에게 말했다.

"어떻게 하겠어요. 형들은 우나지크로 떠나세요. 저는 여기서 겨울을 나게 남겠어요. 여기서 아내를 잃었으니 저도 여기에 있겠어요. 아미야크 이웃들과 함께 떠나세요. 형들은 여기서 겨울을 나기가 힘들 거예요. 저는 여기에 남겠어요."

형이 그에게 말했다.

"그렇게 해서는 안 된다. 형들이 가장 어린 동생 혼자만 버리고 가는 경우는 본 적이 없다. 여기서 모두 함께 겨울을 날 것이다. 우리에게 함께 가자고 한 아미야크 사람들은 그들끼리 떠나라고 하자."

그래서 타나흘류크에서 겨울을 나기로 한 이웃의 결정을 알게 된 아미야크 사람들은 우나지크로 떠날 채비를 했다.

그러는 동안 타나흘류크 사람들은 바다에 떠내려온 장작을 해변에 모아서 모두를 위해 하나의 커다란 토굴집을 만들었다. 그리고 거기서 살기 시작했다. 여기서 카약을 타고 사냥을 하게 되었다. 물범, 바다토끼 등을 잡았다.

동생은 샘 옆에 구멍을 파서 고래 지느러미로 덮어 놓았다. 그는 해변을 따라 걷기 시작했다. 그리고 부드러운 나무인 사시나무를 발견했다. 이 나무의 밑동은 바다토끼의 몸통 굵기와 비슷했다. 나무에 혁대를 잡아매서 나무를 물속으로 내려 유목지까지 닿게 했다. 형제들을 불러서 모두 함께 장작을 육지로 끌어당겼다. 그런 다음 동생이 구멍을 팠던 그 샘 옆에 나무를 놓아두고 집으로 갔다.

동생은 토굴집으로 들어가서 도구를 가지고 도로 샘으로 갔다. 거기서 장작으로 여자의 몸통을 만들기 시작했다. 그리고 여자를 다 만들었다. 그런 다음 그 여자에 맞게 구멍을 더 깊게 파서 형제들을 불렀다. 형제들이 와서 동생이 여자의 다리 부분을 밑에 놓는 것을 도왔다. 이후에 동생은 그 여자를 흙으로 덮고 샘물을 떠서 뿌리기 시작했다. 그런 다음

집으로 갔고 모두 함께 잠이 들었다. 다음 날 동생은 잠이 깨서 밥을 먹고 샘으로 갔다. 거기서 그는 또다시 여자를 흙으로 덮고 물을 뿌리기 시작했다. 그 일을 마친 후 집으로 돌아갔다. 그리고 잠이 들었다. 아침에 샘으로 갔다. 가서 보니 그가 만든 여자가 얼어붙어 있었다. 또다시 그 여자에게 흙을 덮고 물을 뿌렸다. 그리고 토굴집으로 가서 형수에게 물었다.

"우리가 가죽 물통을 가져오지 않았나요?"

"가져왔지요."

형수가 대답했다.

그가 다시 물었다.

"우리가 화사한 비옷을 가져오지 않았나요?"

"그것도 가져왔지요."

형수가 말했다.

그러자 젊은 사냥꾼은 물통과 비옷, 사슴 털을 가지고 자기가 만든 여자한테 갔다. 그는 여자에게 비옷을 입히고 머리카락 대신에 머리에 사슴 털을 붙이고 그 곁에 나란히 물통을 놓아두고 손에는 마치 그 여자가 물통에 물을 부으려고 하는 것처럼 물푸개를 묶어 두었다. 또 검은 돌로 여자의 얼굴에 눈썹을 그리고 미간에 줄을 그려 넣었다. 이후에 집으로 가서 다음 날 낮까지 잠을 잤다. 저녁이 되자 그는 활을 챙겨 들고 화살이 든 형들의 화살통을 가지고 자신이 파 놓은 구멍으로 갔다. 거기에 화살을 차곡차곡 놓고 구멍을 덮어 두었던 고래 지느러미에 구멍을 뚫었다. 구멍으로 기어 들어가서 잠도 자지 않고 온밤을 새우면서 지켰다. 아침에 집으로 가서 또다시 하루 종일 잤다. 잠이 깨서 밥을 먹고 자기가 파 놓은 구멍을 지키기 위해 두 번째로 다시 출발했다. 온밤을 고래 지느러미 구멍을 통해서 지켜봤다. 달 밝은 밤이었다. 한밤중에 만의 어구에서 물소리가 들렸다. 그러더니 사람들의 목소리가 들렸다. 그가 고래 지느러미의 구멍으로 쳐다보니 해변에 가죽배가 다가오고 있었다. 그의 머리 위 해변으로 곧장 가죽배가 들어오고 있었다. 그 사람은 새끼손가락을 입에 넣어 침을 발라서 배의 바닥에 묻혔다. 그는 가죽배 뱃머리의 바닥을 만져 보고 배가 여울에 걸렸다는 사실을 알게 되었다.

"아이고, 우리는 바위에 걸렸다오."

가죽배에서 말했다.

"이 고기를 바다에 던지시오!"

가죽배에서 고기를 바다로 던졌다.

"이제 배를 밀어 보시오!"

배를 밀었다. 그러나 구멍 속의 사람은 새끼손가락으로 더 세게 잡았다. 가죽배의 주인은 말했다.

"자, 그럼 호신용 줄들을 물에 던져 버리시오!"

가죽배의 사냥꾼은 호신용 줄들을 물속에 던졌다. 그들의 대장이 말했다.

"밉시다!"

또다시 배를 밀려고 애를 썼다. 이제 곧 날이 밝아 올 것 같았다.

"이런 불행이 있나. 우리는 꼼짝도 할 수가 없소. 그렇다면 여기서 죽을 수도 있잖소."

그러자 그 배의 사람들이 소리쳤다.

"아이고, 우리는 이제 여기서 모두 죽겠군요! 뭐라도 좀 해 보시오! 모피 모자라도 좀 벗어서 바다에 던지시오! 죽는 것보다는 낫잖소!"

가죽배의 주인은 모피 모자를 바다에 던졌다.

"자, 이제 밀어 봅시다!"

사공들이 가죽배를 밀기 시작하자 그 사람은 새끼손가락을 배에서 떼었다. 가죽배가 밀려서 움직였고 바다로 떠내려갔다. 그러자 가죽배 위의 사람들이 노를 저을 때 물이 튀겨서 나는 소리에도 불구하고 커다란 목소리로 이야기를 하기 시작했다. 그 목소리들은 그 사람들이 다른 해변에 정박할 때에도 들렸다. 그들은 가죽배에서 물을 털었고 대화를 마쳤다.

지키고 있던 사람이 구멍에서 나왔을 때는 이미 날이 밝아져 있었다. 그는 주위를 둘러보았고 해변에 가죽이 달린 고래 비계, 비계가 달린 바다코끼리 가죽, 바다토끼, 흰 돌고래, 회색 물범 등이 보였다. 그렇게 먹을 것이 많았다! 주위를 또 찾아보았고 가죽배 주인의 모피 모자와 호신용 줄 등을 발견했다. 그는 이것들을 모두 주워서 자신의 비옷으로 돌돌 감아 싸서 집으로 가져갔다. 그리고 그 물건들을 아무도 건드릴 수 없도록 눈에 띄지 않는 토굴집 복도 구석에 놓아두었다. 그다음 집으로 들어가서 형제들을 깨우고 말했다.

"옷을 입어요. 해변으로 가 보세요. 거기에서 고기를 가져다가 창고에 넣어 두세요."

형제들은 잠이 깨서 옷을 입고 밥을 먹고 밖으로 나가서 해변으로 출발했다. 가서 보니 비계가 달린 고래 가죽, 비계가 달린 바다코끼리 가죽, 바다토끼, 흰 돌고래, 물범 등이 있었다. 모든 것을 감췄다. 그들에게는 먹을 것이 많아졌다. 집으로 가서 비계가 달린 바다코끼리 고기를 먹고 다른 맛난 음식들을 먹었다. 그런 다음 잠이 들었다.

동생은 이때 옷을 입고 밖으로 나갔다. 그는 자기의 고기가 있는 구멍으로 갔다. 그 안으로 들어가서 지붕을 덮고 온 밤을 지켰다. 새벽이 되자 그는 집으로 갔다. 형제들은 이미 잠이 깨서 밥을 먹고 사냥을 준비하고 있었다. 동생은 잠을 자려고 누웠다. 형제들은 낚시에서 돌아와서 좋아하고 있었다. 그렇게 수많은 날들이 계속되었다.

어느 날 동생이 또다시 자신의 구멍을 지키고 있을 때, 한밤중에 갑자기 칠흑 같은 어둠이 몰려왔다. 위아래를 보았지만 처음에는 아무것도 보이지 않았다. 그런 다음 다시 위를 보니 그에게 독수리가 가까이 오고 있었다. 독수리는 그 사람이 만든 여자한테 가까이 가더니 발톱을 쭉 내밀었다. 그 여자를 거의 잡아챌 뻔했는데 재빨리 위로 올라갔고 독수리의 날갯짓으로 인 바람 때문에 그 사람은 거의 구멍에서 날아갈 뻔했다. 위에서 독수리가 날갯짓을 두 번째로 '펄럭' 하는 소리가 들렸다. 그 독수리는 날아와서 사시나무 여자를 잡아챘다. 그리고 그 여자를 잡고 올라가기 시작했으며 이 때문에 땅이 갈라졌다. 그러나 독수리는 올라갈 수가 없었다. 발톱이 사시나무 여자에 깊이 박혔다. 그 사람은 활을 가져다가 일렬로 세워 놓고 각각의 활에 차례대로 화살이 담긴 화살통을 세워 놓았다. 그리고 독수리를 쏘기 시작했다. 모든 활을 차례대로 쏘았고 결국 그에게는 다섯 대의 화살만 남게 되었다. 이때 독수리가 위에서 몸부림치는 것을 멈추고 그 사람에게 말했다.

"당신이 이겼소. 나를 장사 지낸 다음 당신은 내 가죽을 입고 하늘로 올라가시오. 하늘로 올라가면 토굴집과 널마루가 보일 것이오. 거기서 당신은 잔치를 치르고 주위를 다니게 될 것이오. 지금 거기서 내 아내가 나의 구원을 노래하고 있소. 당신이 우리 잔치의 본질을 파악하게 되면 내 아내는 당신 재량대로 하실 수 있소. 자, 이제 나를 죽이시오!"

그래서 그 사람은 독수리를 죽였다. 독수리의 몸을 저쪽으로 옮겨 놓고 사시나무 여자의 몸에서 독수리의 발톱을 빼내기 시작했다. 발톱을 다 빼냈다. 독수리를 해치우고 그는 형제들을 깨워서 그들에게 독수리 가죽을 벗기라고 말했다. 형제들은 독수리의 가죽을 벗겼다. 피곤해진 그 사람은 집으로 돌아가서 곧바로 잠이 들었다. 밤이 오자 그는 거리로 나가서 독수리 가죽을 입고 하늘로 올라갔다. 거기서 뜻밖에 토굴집 입구를 발견하게 되었는데 그 옆에는 커다란 널마루들이 있었다. 독수리 가죽을 벗어서 통로에 걸어 두었다. 그런 다음 토굴로 들어가니 한 여자가 소고 대신에 자신의 가슴을 때리면서 노래를 부르고 있는 것이 보였다. 여자는 축제의 노래를 부르고 있었다. 노래를 마치자 이렇게 말했다.

"여기를 보지 마세요. 당신은 나를 지체하게 만들고 있어요. 이제 우리는 내 남편의 구원에 대한 노래를 부를 거예요."

그 사람이 밖으로 나가서 널마루로 올라가니 잃어버린 자신의 아내가 있었다. 알고 보니 독수리들이 방금 그녀를 죽여서 찢어 놓은 것이었다. 이때 토굴집으로 한 여자가 들어오더니 옷을 입고 또다시 밖으로 나가서 손에 덤불 뿌리를 들고 들어왔다. 이 뿌리들로 바람구멍 같은 것을 만들더니 토굴에 걸어 두었다. 그런 올가미마다 동물들이 걸려 있었다. 그 사람은 밖으로 나가서 원을 그리며 뛰어다니기 시작했다. 온종일 뛰었다. 밤이 되어 밥을 먹고 잠이 들었다. 다음 날 아침밥을 먹고 밖으로 나가서 또다시 온종일 뛰었다. 그 여자는 그에게 노래를 불러 주었다. 그들은 쉬면서 한 다리로 뛰면서 춤을 추기 시작했다. 밤이 되어 그들은 잠이 들었다. 다음 날 아침 그 사람은 반대편으로 원을 그리며 뛰기 시작했다. 여자는 그에게 노래를 불러 주었다. 밤이 되어 잠을 잤다. 세 번째 날에 또다시 원을 그리며 뛰었다. 모든 것을 전날과 똑같이 그렇게 했다. 그리고 잠을 잤다. 네 번째 날에 그들은 물범을 잡은 것을 기념해서 잔치를 벌이기 시작했다. 독수리들이 죽인 여자의 시체를 가져왔다. 그리고 주문을 불러 외웠다. 주문을 끝내자 여자가 그 사람에게 말했다.

“당신이 언젠가 땅에 내려간다면 그리고 거기서 불행이 닥치면, 기억했다가 이 주문을 외우세요. 다만 물범 사냥 주문을 바꾸지 마세요. 이제 당신은 준비가 되었어요. 먼저 나를 장사 지내세요!"

그 사람이 물었다.

"내 아내는 누가 죽였나요?"

그 여자가 말했다.

"내 남편이 그 여자를 여기로 데려왔어요. 사흘 전에 남편을 기다리지 못하고 저는 물범을 더 많이 사냥하라고 남편을 위해 노래 부르기 시작했어요. 그리고 당신의 아내를 죽였어요. 이제 가세요. 내려가세요!"

그 사람은 독수리 여자를 죽였다. 그 후에 땅으로 내려가서 집으로 갔다. 형제들은 잠을 자고 있었다. 다음 날 그는 형제들에게 말했다.

"이제 우리는 우나지크로 떠날 수 있어요. 내가 찾던 것을 거기서 발견했어요."

형제들은 동의했다. 그리고 떠났다. 그들은 우나지크에 도착해서 자신들의 토굴집에 살기 시작했다. 그리고 봄이 오고 바다 사냥이 시작되자 형제들은 고래를 잡기 시작했다. 사촌들이 병이 나면 동생이 주문을 외워 병을 고쳤다. 가을 축제 동안 형제들은 동향 사람들과 함께 원을 그리며 뛰기 시작했다. 젊은 남자들은 모여서 아침부터 저녁까지 이쪽, 저쪽으로 원을 그리며 뛰었다. 다음 날에는 춤을 추면서 한 다리로 뛰었다. 그렇게 나흘 동안 축제를 벌였고 닷새째에는 각자가 전에 약속했던 것을 희생물로 가져왔다. 이 젊은이는 훌륭한 고래 사냥꾼이자 강력한 샤먼이 되었다.

사슴으로 변한 여자

한 유목민이 아내와 함께 살고 있었다. 근처에 같은 고향 사람들은 없었고 이 사슴 사육자들은 둘이 외로이 살고 있었다. 남편이 사슴 떼를 돌보러 나가면 아내는 혼자 집에 남아서 옷을 짓고 요리를 했다. 그러던 어느 날 유목민이 사슴을 보러 나갔을 때 그의 아내한테 낯선 여자 한 명이 찾아왔다. 여주인은 손님을 반갑게 맞이했고 잘 대접했다. 음식을 먹고 나서 손님은 말했다.

"너무 일을 많이 하시나 봐요. 머리카락을 빗을 시간도 없는 것을 보니."

주인이 대답했다.

"네, 빗질한 지가 너무 오래되었네요."

손님이 말했다.

"머리를 이리 내미세요. 빗질을 해 줄게요."

주인은 동의를 했고 손님은 주인의 머리를 빗질하기 시작했다.

손님이 주인의 머리를 빗는 동안 주인은 깊이 잠이 들고 말았다. 그러자 손님은 담뱃대를 가져다가 귀를 통해서 머리 왼쪽에서 뇌를 꺼냈다. 그런 다음 머리를 돌려 놓고 귀를 통해서 머리 오른쪽에서도 뇌를 꺼냈다. 이후에 손님은 밖으로 나갔다. 여자는 잠이 깨서 일어서려고 했지만 일어설 수가 없었다. 머리가 너무 무거워져서 머리를 들 수가 없었다. 겨우 벽 쪽으로 다가가서 이럭저럭 불편하게 앉아서 자리를 잡았다. 남편이 돌아왔을 때 말을 할 수조차 없었다. 남편이 아내에게 물었다.

"무슨 일이오? 어디 아픈 거요? 왜 아무 말도 않는 거요?"

여자는 자신을 잠들게 한 여자에 대해서는 까맣게 잊어버리고 다만 머리가 깨질 듯이 아파서 잠이 깼는데 일어설 수도 없어서 벽에 기대 앉아 자리를 잡고 있었다는 말만 가까스로 했다.

남편은 너무 걱정이 되어서 아내에게 먹을 것을 먹여 주고 필요한 것을 모두 가져다주었지만 아내는 계속 누워만 있었다. 어느 날 남편이 사슴 떼를 보러 나갔을 때 아픈 아내에게 작은 여자가 들어와서 이렇게 말했다.

"당신 스스로가 잘못했어요. 왜냐하면 처음 본 사람을 믿었기 때문이에요. 그래서 뇌를 잃어버린 거예요. 당신한테 낯선 여자가 찾아왔고 머리카락을 빗어 주었는데 당신이 잠이 들자 그녀는 당신의 뇌를 꺼내서 가 버렸어요. 잠이 깨었을 때 당신은 일어서고 싶었지만 일어설 수가 없었어요. 이제 사슴의 뇌를 집어넣으면 그때서야 병이 나을 거예요. 그 사슴의 고기는 따로 놓아두어야 해요. 그 고기만 먹어야 해요. 나에 대해서는 아무에게도 그 어떤 말도 해서는 안 돼요. 남편에게는 이 모든 것을 꿈에서 보았다고 하세요!"

이런 말을 한 후에 작은 여자는 사라졌다.

남편이 돌아왔을 때 아픈 아내는 그에게 병이 어떻게 나을 수 있는지 꿈을 꾸었다고 말했다. 그리고 작은 여자의 충고에 대해 말했다. 남편은 사슴을 죽였고 담뱃대로 사슴의 뇌를 아내에게 집어넣었다. 뇌를 얻은 여자는 빠르게 병이 나았고 걸어 다니고 일하고 말하기 시작했다. 그렇게 1년이 흘렀는데, 남편은 자신의 아내가 매우 힘이 세졌고 모든 면에서 사슴을 흉내 내면서 따라 하기 시작했다는 것을 눈치채게 되었다. 그녀는 재빨리 뛰었고 머리를 흔들었다. 남편은 깜짝 놀라서 아내를 장막에 묶어 두었다. 그러나 어느 날 밤 그가 잠이 들었을 때 아내는 줄을 풀고 도망쳐 버렸다. 그러자 유목민은 사슴 방목을 그만두고 사방으로 잃어버린 아내를 찾아다니기 시작했다. 근처에서 찾지 못하자 먼 툰드라의 사슴들한테로 떠났다. 그러던 어느 날 그는 커다란 바위 사이에 잠자리를 펴고 앉아서 쉬고 있었다. 갑자기 바위 밑에서 여자애의 목소리가 들렸다.

"할아버지, 옛날이야기 해 주세요!"

그런 다음 노인의 목소리가 들렸다.

"아니다. 밤이 되었단다. 이야기하면 안 돼요. 우연히 지나가는 사람들이 내 이야기를 들을 수도 있잖니."

그 유목민은 바위 밑에 누군가가 살고 있다고 짐작하고 바위를 두드리면서 여자애한테 말했다.

"애야, 다시 한번 부탁해. 할아버지가 이야기를 해 주시도록."

그가 아무 말도 하지 않자, 아래의 여자애가 또다시 말했다.

"아이, 한 번만 더 해 주세요. 할아버지, 옛날이야기 해 주세요!"

그러자 또다시 노인의 목소리가 들렸다.

"다시 말하지만 이야기하지 않을 거다. 밤이 되었다니까! 너는 이상한 아이구나. 갑자기 저기에 지나가던 사람들이라도 있어서 내 이야기를 알아차리면 어떻게 하려고!"

노인이 잠잠해지자 유목민은 또다시 몰래 아래를 두드리면서 여자애한테 말했다.

"할아버지한테 이야기를 해 달라고 해. 울면서 부탁해 봐!"

그 말을 마치자마자 여자애는 울면서 졸라 대기 시작했다.

"한 번만 해 주세요. 이야기해 주세요!"

할아버지가 말했다.

"떼쟁이 같으니라고. 좋다. 이야기해 줄 테니 들어 보아라!"

그리고 다음과 같이 옛날이야기를 들려주기 시작했다.

"남쪽 저기 어딘가에 남편이 아내와 외로이 살고 있었단다. 어느 날 남편이 사슴 떼를 방목하러 나갔을 때, 그의 아내에게 여자 손님이 찾아와서 머리카락을 빗겨 주겠다고 했단다. 주인은 그렇게 하라고 했지. 손님이 머리카락을 빗는 동안 주인은 잠이 들어 버렸단다. 그러자 손님은 담뱃대를 가져다가 왼쪽 귀와 오른쪽 귀를 통해서 그 주인의 머리에서 뇌를 꺼냈단다. 그런 다음 낯선 여자는 자고 있는 주인을 남겨 두고 도망쳤지. 주인은 잠이 깼고 일어서고 싶었지만 일어설 수가 없었단다. 머리가 너무 무거웠던 거야. 여주인은 겨우겨우 등으로 기어서 벽 쪽으로 가서 거기서 몸을 반쯤 일으켜 앉아 자리를 잡았단다. 남편이 돌아와서 아내가 먹지도 일어서지도 못하는 것을 보게 되었지. 남편은 아내를 먹이고 돌봐 주기 시작했어. 그러던 어느 날 남편이 사슴 떼를 보러 나갔을 때, 아픈 아내한테 작은 여자가 찾아왔어. 그 여자는 여자로 변신한 여우였단다. 그 여우-여자는 아픈 여자에게 병이 나으려면 잃어버린 뇌 대신에 사슴 뇌를 넣으라고 충고했단다. 그리고 그 사슴의 고기는 따로 놓아두고 여자 혼자만 먹으라고 했지. 여우-여자는 자신에 대해서는 아무한테도 말하면 안 되며 자신이 한 충고도 꿈에서 그랬다고 말하라고 했어.

남편이 돌아왔을 때 아내는 남편에게 꿈을 꾸었다고 말했지. 남편은 아내가 말한 대로 모든 것을 했단다. 그의 아내는 빠르게 건강을 회복했단다. 그렇게 1년을 살았는데, 남편은 그의 아내가 힘이 세지고 모든 면에서 사슴들을 따라 하기 시작했다는 것을 알게 되었단다. 재빨리 달리고 머리를 사슴처럼 이리저리 돌렸지. 남편은 너무 놀라서 아내를 장막에 묶어 두었단다. 그러던 어느 날 밤 그가 잠이 들었을 때 아내는 줄을 풀고 도망쳤단다. 그 유목민은 사슴 방목을 그만두고 사방으로 잃어버린 아내를 찾아 나섰지만 찾을 수가 없었단다. 그의 아내는 지금 사슴으로 변해서 부유한 사슴 사육자의 사슴 떼 속에 끼어 있거든. 그 사슴 여자는 너무 예민하고 야생적이 되어서 그 누구도 옆에 얼씬도 못 하게 하고 있단다. 목동들이 수없이 그 여자 사슴을 잡으려고 했지만 잡을 수가 없었단다. 자, 이게 옛날이야기의 전부란다."

바위 아래의 여자애는 불쑥 밖으로 나와서 엿듣고 있던 남자를 발견했고 곧장 도로 돌아갔다.

할아버지가 여자애한테 물었다.

"무슨 일이냐?"

여자애가 대답했다.

"저기에 어떤 사람이 앉아 있어요."

할아버지가 화를 내며 말했다.

"내가 너한테 여러 번 말했지 않느냐? 누군가가 엿들을 수도 있다고. 이제 어떻게 한단 말이냐? 어차피 모든 이야기를 들었으니 들어오게 해라."

또다시 여자애가 바위 아래서 나타나서 그 사람에게 말했다.

"들어오세요!"

그 사람이 말했다.

"어떻게 들어가면 되니? 어디가 통로니?"

여자애가 없어지더니 어떻게 들어오는지 할아버지에게 물었다. 할아버지가 말했다.

"눈을 감고 앞으로 걸어오라고 해라."

여자애가 바위에서 불쑥 나오더니 말했다.

"눈을 감고 앞으로 걸어오세요!"

그 사람은 눈을 감고 앞으로 걸어갔다. 눈을 뜨자 그 사람은 토굴집의 통로에 있다는 것을 알게 되었다. 그런 다음 그 사람은 안으로 들어갔다. 토굴집 안에는 노인이 앉아 있었다. 노인이 물었다.

"당신은 내가 하는 이야기를 다 들었고 모든 것을 알게 되었소. 바위 위에 오랫동안 앉아 있었던 거요?"

그 사람은 무슨 일이 있었는지 대답했다.

노인이 말했다.

"이제 모든 것을 끝까지 이야기해 주고 아내를 찾는 것을 도와줄 수밖에 없겠군요. 여기서 당신은 아내를 찾아 떠나시오. 타고 갈 수 있는 사슴 한 쌍과 올가미를 임시로 빌려주겠소. 하지만 사슴들에게 아무 짓도 하지 마시오. 그 사슴들은 부유한 사슴 사육자의 사슴 떼가 있는 곳으로 당신을 알아서 데려가 줄 것이오. 당신의 아내가 커다란 사슴의 모습으로 있는 곳에 도착하면 그 사슴한테 올가미를 던져서 당기다가 재빨리 칼로 그 사슴의 가슴을 파헤쳐서 심장에서 당신의 아내를 꺼내시오. 그리고 당신의 옷의 일부를 아내한테 재빨리 입히고 내 사슴들에 태워 집으로 돌아가시오. 나는 거미요. 당신은 내 현명함을 알아야만 하오. 때때로 나를 위해 음식을 가져다주시오."

그 후에 그 사람은 빨리 떠났다. 사슴들은 알아서 그를 부유한 사슴 사육자의 사슴 떼가 있는 쪽으로 데려갔다. 사슴 떼에 다가가자 그는 잔뜩 경계하면서 도망칠 준비를 하고 있는 커다란 사슴을 발견했다. 그 사람은 커다란 사슴한테 다가갔다. 사슴이 도망치자 올가미를 던져서 사슴을 잡아당겼고 사슴의 가슴을 파헤쳐 열고 심장에서 아내를 꺼냈다. 자기 옷의 일부를 아내에게 입히고 재빨리 사슴 떼에서 도망쳤다. 돌아오는 길에 그 거미에게 들러서 사슴들을 남겨 두고 자신의 사슴을 타고 아내와 함께 집으로 돌아갔다. 아내는 건강을 되찾았고 그들은 잘 살게 되었다. 그리고 유목민은 사슴을 잡을 때 고기의 일부를 거미에게 가져다주었다.

키크미라시크

이런 일이 있었다. 자식 없는 사람이 아내와 조카와 함께 살고 있었다. 그에게는 사슴이 많았다. 어느 날 이 사람은 조카에게 말했다.

"가서 사슴을 돌보아라."

그래서 조카는 사슴을 돌보러 나갔다. 이 청년의 이름은 키크미라시크였다. 키크미라시크는 사슴 떼가 있는 곳에 도착해서 사슴들을 방목하기 시작했다. 밤이 되자 그 청년은 집으로 갔다. 집에 도착했을 때 숙부는 그에게 물었다.

"왜 왔느냐?"

청년이 대답했다.

"배가 고파서 왔어요."

숙부가 그에게 소리치기 시작했다.

"먹을 것을 줄 수가 없으니 당장 사슴 떼가 있는 곳으로 돌아가거라!"

어떻게 하겠는가. 키크미라시크는 밖으로 나가서 사슴이 있는 곳으로 다시 갔다. 사슴 떼한테 다가가서 보니 사슴들이 여러 방향으로 흩어져 돌아다니고 있었다. 키크미라시크는 사슴들을 한데 모아 놓고 그 옆을 지키고 있었다. 그런데 또다시 밤이 찾아왔다. 키크미라시크는 또 집으로 갔다. 청년이 집에 도착하자 숙부는 그에게 물었다.

"왜 왔느냐?"

조카가 대답했다.

"참을 수 없이 배가 고파서 집에 왔어요!"

숙부가 또다시 그에게 말했다.

"먹을 것을 줄 수가 없으니 당장 가서 사슴 떼를 지켜라!"

하지만 숙모는 고기를 자루에 몰래 채워서 키크미라시크에게 건네주었다.

키크미라시크는 밖으로 나와서 사슴 떼가 있는 곳으로 갔다. 그곳에 도착해서 사슴들 곁에 앉아 고기를 먹기 시작했다. 음식을 먹은 후 사슴 떼 한가운데로 들어가서 거기서 잠이 들었다. 아침 일찍 잠이 깼는데 몸이 꽁꽁 얼어붙은 것처럼 느껴졌다. 키크미라시크는 일어나서 뛰기 시작했다. 몸이 좀 녹았을 때 어제 먹다 남은 것을 마저 먹기 시작했다. 먹고 나서 일어나서 집으로 갔다. 집에 도착해서 천막의 현관으로 들어갔다. 이때 휘장에서 숙부가 고개를 내밀더니 물었다.

"왜 왔느냐?"

키크미라시크는 대답했다.

"배가 고파서 왔어요."

숙부가 또다시 그에게 말했다.

"먹을 것을 줄 수가 없으니 가서 사슴 떼나 지켜라!"

그래서 청년은 나가서 또다시 사슴 떼를 지켰다. 그가 사슴 떼 속에 있을 때 숙모가 그를 찾아와서 이렇게 물었다.

"배고프지?"

키크미라시크가 대답했다.

"배가 고파요. 하지만 무엇을 먹겠어요? 숙부는 제게 먹을 것을 주지 않잖아요."

숙모가 대답했다.

"그래서 내가 너한테 먹을 것을 가져왔단다!"

키크미라시크는 대답했다.

"아이고, 고마워요! 당장 먹어야겠어요!"

이후에 숙모는 집으로 갔다.

그 여자가 집에 들어오자 남편이 물었다.

"어디에서 오는 길이오?"

아내가 대답했다.

"사슴 떼 곁에 있었어요."

남편이 또다시 물었다.

"거기서 무엇을 했단 말이오?"

아내가 대답했다.

"그냥 산책했어요."

그러고 여자는 말이 없었다. 남편이 아내에게 말했다.

"자, 뭐 좀 먹읍시다."

아내는 그에게 고기가 담긴 나무 쟁반을 내밀었고 그들은 둘이서 먹기 시작했다. 저녁을 먹은 후에 사슴 침상을 펼치고 잠을 자려고 누웠다.

이때 키크미라시크는 사슴들 가운데서 잠이 들었다. 아침에 잠이 깼을 때 사슴 떼가 모두 죽어 버린 것을 알게 되었다. 늑대들이 사슴을 모두 물어뜯어 죽인 것이었다. 이때 사슴 떼 옆에는 늑대 세 마리가 있었다. 키크미라시크는 늑대들에게 말했다.

"이제 내가 집에 가면 숙부가 나를 죽이려 들 거야!"

한 늑대가 외투 모자를 벗으면서 말했다.

"우리가 사슴 떼를 모두 죽였다. 숙부한테 가거든 이렇게 말해라. '늑대들이 사슴 떼를 죽였어요.' 그렇게 말하자마자 곧장 우리한테 달려와라. 돌아오면 우리가 너를 더 멀리 데려다줄 테니."

늑대는 그다음에 입을 다물었다. 그 후에 키크미라시크는 집으로 갔다. 집에 도착해서 천막의 현관으로 들어갔다. 장막에서 숙부가 고개를 내밀며 물었다.

"거기 누구요?"

조카가 대답했다.

"저예요."

"저가 누구냐?"

"키크미라시크예요."

숙부가 또다시 물었다.

"왜 왔느냐?"

조카가 대답했다.

"늑대들이 사슴을 모두 죽여 버렸어요. 한 마리도 남지 않았어요."

숙부가 말했다.

"지금 내가 나가서 너도 죽여 버리겠다!"

그러자 키크미라시크는 늑대들한테 도망쳤다. 그가 도착했을 때 늑대들은 한 늑대의 등에 그를 태우고 그 자리에서 더 멀리 도망쳤다.

숙부는 천막에서 나와서 조카의 흔적을 따라서 그를 뒤쫓기 시작했다. 숙부가 사슴 떼가 있는 곳에 도착했을 때 사람의 발자국은 사라져 버렸고 늑대 발자국만 보였다. 이때 그 숙부가 말했다.

"혹시 늑대들이 키크미라시크를 잡아먹은 것은 아닐까?"

그는 할 말을 잃었다. 그리고 집으로 갔다. 집에 도착해서 아내에게 이렇게 이야기하기 시작했다.

"아마도 늑대들이 키크미라시크를 잡아먹은 것 같소. 내가 집을 나서서 사람의 발자국이 이끄는 대로 사슴 떼가 있는 곳까지 갔소. 그런데 내가 사슴 떼가 있는 곳에 도착했을 때 사람 발자국들이 사라진 거요. 그래서 늑대들이 키크미라시크를 잡아먹은 것이 아닐까 하는 생각이 드는 것이오."

남자는 말이 없었다.

그러는 동안 늑대들은 키크미라시크를 데리고 갔다. 천막에서 멀리 왔다는 것을 알게 되자 멈추었다.

이때 늑대들이 그에게 말했다.

"이 발자국을 따라서 저쪽으로 가라. 가는 길에 커다란 호수를 보게 될 것이다. 어마어마한 호수다. 호수가 미끄럽더라도 넘어지지 마라. 넘어지면 수캐로 변할 것이다."

늑대들은 이렇게 말하고 입을 다물었다. 키크미라시크는 발자국을 따라갔다. 오랫동안 걸어갔다. 가고 또 가다가 커다란 호수에 다다랐다. 여기서 그는 호숫가를 따라 조심스럽게 걸었다. 이럴 수가. 길을 가다가 미끄러져서 얼음 위에 배를 깔고 넘어져 버렸다. 그러자 곧바로 수캐로 변했다. 이후에 또다시 달려갔다. 달리고 달리다 보니 앞에 커다란 마을이 보였다. 맨 처음 나타난 천막으로 달려가서 그 옆에 쉬려고 앉았다. 앉아서 귀를 기울이고 엿듣기 시작했다. 여자가 딸에게 이렇게 말했다.

"얘야, 우리 집에 물이 떨어졌구나. 물을 길으러 다녀와라!"

"네. 지금 물을 길어 올게요."

이후에 처녀는 양동이를 가지러 갔다. 양동이를 가지고 집을 나와서 우물로 갈 준비를 했다. 이때 처녀가 수캐를 발견했다. 개는 천막 옆에 누워 있었다.

처녀는 개를 불렀다.

"키리, 키리. 키리!"

수캐는 그 처녀한테 다가갔다. 처녀는 천막 옆에 양동이를 세워 두고 장막으로 들어가서 부모한테 말했다.

"방금 제가 수캐를 보았는데 우리 천막 옆에 누워 있어요. 제가 개를 부르자 개가 제게 다가왔어요."

아버지가 딸에게 말했다.

"그 개를 이리 데려와서 먹을 것을 주거라. 아마도 주인이 있을 거고 주인이 개를 찾으러 올 거다."

처녀는 밖으로 나가서 개를 데리고 천막으로 들어갔다. 개를 잘 먹이고 천막 기둥에 묶어 두었다. 이후에 양동이를 들고 물을 길으러 나갔다. 우물에 도착해서 양동이에 물을 채우고 집으로 갔다.

처녀가 집에 도착하자 아버지는 이렇게 말했다.

"일을 마치면 밥을 먹도록 하자."

저녁에 처녀가 저녁밥을 차렸고 그들은 밥을 먹기 시작

했다. 음식을 다 먹자 겨울 장막으로 들어가서 침상을 깔고 잠자리에 들었다. 아침에 그들은 잠이 깨서 밥을 먹고 처녀는 밖으로 나가서 수캐에게 먹을 것을 주었다. 먹이를 다 준 후에 개를 풀어서 밖으로 데려갔다. 수캐는 곧바로 자신의 발자국을 따라 도로 달려갔다.

그렇게 달리고 달리다가 길에서 늑대들을 발견했다. 늑대들은 옛날 그 자리에 있었다. 수캐가 늑대들에게 곧장 달려 다가가자 늑대들이 수캐에게 물었다.

"돌아왔어?"

"그래. 돌아왔어."

"자, 주인집에서 어떻게 지냈어?"

키크미라시크는 대답했다.

"아주 잘 먹고 잘 지냈어."

그리고 또 수캐는 이렇게 말했다.

"그 말을 하려고 너희한테 온 거야. 이제 나는 주인한테 갈 거야."

그리고 수캐는 돌아서더니 도로 달려갔다. 달리고 달려 또다시 주인한테 도착했다. 처녀는 수캐가 돌아와서 매우 기뻐했다. 처녀는 수캐를 현관으로 데려가서 장막 안으로 들여보냈다. 여기서 수캐는 아주 잘 지냈다.

어느 날 저녁 주인이 아내에게 말했다.

"내일 선물 잔치를 엽시다. 우리 마을 사람들을 모두 초대합시다."

이후에 그들은 밥을 먹었고 여주인이 침상을 준비한 후에 모두가 잠자리에 들었다.

아침 일찍 그들은 잠이 깼고 밥을 먹었다. 그런 다음 그 사람은 아내에게 이렇게 말했다.

"가서 우리 이웃들을 모두 초대하시오. 달리기 시합을 하러 오라고들 하시오."

여자는 이웃들을 모두 불렀다. 많은 사람들이 모여들었다. 주인은 밖으로 나가서 선물 기둥을 세웠다. 여기에 그는 모닥불을 피웠다.

준비를 다 마치자 그는 모인 사람들에게 말했다.

"자, 이제 뛰시오!"

그러자 모두가 달리기 시작했다. 처녀도 그들의 뒤를 따랐다. 처녀는 여느 남자들보다 더 빨랐다. 뒤에서 수캐가 달렸다. 그 개는 재빨리 달렸고 곧 모든 사람들을 앞질렀다. 누구보다 더 빨리 산에 도착했다. 산에 도착했을 때 그는 개가죽을 벗어 버리고 사람이 되었다. 이후에 천천히 산을 돌고 있었다. 이때 그에게 처녀가 달려왔다.

그 처녀는 청년에게 달려가서 물었다.

"어디서 온 분이세요?"

키크미라시크는 대답했다.

"오늘 저도 모든 사람들과 함께 뛰고 있어요!"

처녀가 말했다.

"당신을 보지 못했는데요. 누구세요?"

"키크미라시크예요."

처녀가 또 물었다.

"언제 오신 거예요?"

키크미라시크는 대답했다.

"당신 집에서 살고 있잖아요. 당신이 저에게 밥을 주었어요."

그러자 처녀는 짐작을 했고 그에게 물었다.

"그럼 당신이 그 수캐란 말이에요?"

"네, 바로 저예요."

처녀는 이렇게 제안했다.

"원한다면 저와 함께 되돌아서 달려가요. 저보다 더 빨리 달린다면 내 약혼자가 될 거예요!"

키크미라시크는 대답했다.

"그러죠. 저는 두렵지 않아요. 당신과 결혼하고 싶어요. 달립시다!"

이후에 그들은 둘이서 곧장 집으로 되돌아서 달려갔다. 키크미라시크는 처녀를 앞질렀다.

그러자 처녀는 그의 뒤에서 소리쳤다.

"에이, 나 좀 기다려 줘요!"

키크미라시크가 잠시 멈추자 처녀가 그에게 달려갔다. 키크미라시크는 처녀를 어깨에 앉히고 재빨리 집으로 달려갔다. 그들이 도착했을 때 처녀가 그에게 말했다.

"어쩌겠어요. 이제 당신은 내 약혼자예요!"

곧 키크미라시크는 그 처녀와 결혼했고 그들은 행복하게 살았다.

신기한 소고

이런 일이 있었다고 한다. 부모 없이 한 여자애가 할머니 할아버지와 함께 살고 있었다. 한번은 여자 친구들이 툰드라에 식용 뿌리를 캐러 가자고 그 소녀를 불렀다. 여자애는 할머니에게 물었다. 할머니는 가도 된다고 허락했다. 소녀는 식용 뿌리를 캐러 멀고 먼 툰드라로 향했다. 그 툰드라에는 맛난 풀과 뿌리 들이 아주 많이 자라고 있었다. 여자애들은 풀을 뽑고 호미로 땅속 뿌리를 캐내기 시작했다. 그러다가 그들 쪽으로 짙은 안개가 몰려오고 있는 것을 알게 되었다. 여자애들은 서로서로를 부르기 시작했다. 모두가 모였는데 같이 왔던 소녀들 중에서 부모 없는 한 소녀만이 보이지 않았다. 여자애들은 깜짝 놀랐다. 부모들이 그 소녀들에게 왜 잘 지켜보지 않았느냐고 나무랄 것이기 때문이었다. 그 여자애들은 큰 소리로 소녀를 불렀지만 찾을 수가 없었고 그 소녀는 대답하지 않았다. 소녀들은 그 소녀가 먼저 갔다고 생각하고 찾기를 그만두고 집으로 향했다. 소녀들은 마을로 돌아와서 그 소녀의 할머니 할아버지가 사는 천막으로 가서 여자애가 집에 있는지 물어보았다. 노인들은 손녀가 돌아오지 않았다고 대답했다.

그러는 동안 그 소녀는 친구들을 찾고 또 찾아다녔지만 찾을 수가 없었다. 툰드라에서 완전히 길을 잃어버렸다. 소녀는 울면서 친구들을 불렀다. 아무도 대답하지 않았다. 그러다가 갑자기 땅속에서 커다란 구멍들을 발견했다. 한 구멍에 다가가서 땅바닥에 앉아 울고 또 울다가 잠이 들었다. 깊이 잠이 들었는데 갑자기 누군가가 소녀를 깨웠다. 소녀가 잠이 깨서 보니 낯선 여자였다. 그 소녀네 마을에는 그런 여자가 없었다. 여자는 소녀에게 물었다.

"여기서 무엇을 하고 있니?"

소녀가 대답했다.

"식용 뿌리를 캐러 왔는데 짙은 안개가 몰려와서 길을 잃고 말았어요. 친구들이 아마도 저를 남겨 두고 집으로 가 버렸나 봐요. 저는 걷고 또 걷다가 집으로 가는 길을 찾을 수가 없어서 완전히 길을 잃어버렸어요. 너무 피곤해서 잠시 앉아서 쉬다가 이렇게 잠이 들어 버렸어요."

여자가 말했다.

"나와 함께 이 구멍으로 들어가자!"

둘은 구멍으로 들어갔다. 얼마나 신기한지! 그 여자의 토굴집은 커다랗고 환하게 밝았으며 온갖 음식이 가득했다. 여자는 소녀에게 가장 맛난 음식을 대접하기 시작했다. 고래 가죽과 사슴 고기를 내왔다. 소녀는 배가 부르게 실컷 먹었다.

여자가 소녀에게 말했다.

“여기서 당분간 살아라. 나는 매일 나갔다 와야 하니 너는 나를 기다리렴. 만약 배가 고프면 나를 기다리지 말고 여기 있는 것은 모두 먹어도 된단다.”

그렇게 소녀는 그 토굴집에서 살게 되었다. 아침에 잠이 깨면 여자는 이미 집에 없었다. 매일 여자는 음식을 가지러 나갔고 밤에서야 돌아왔다. 항상 사냥물을 가지고 돌아왔다. 고래 고기며 사슴 고기 등을 가져왔다. 그렇게 그들은 살아갔다.

그러는 사이에 할아버지는 이웃들과 함께 온 사방을 손녀를 찾으러 다녔지만 찾을 수가 없었다. 희망을 완전히 잃어버렸고 찾기를 포기했다.

그러던 어느 날 여자가 소녀에게 말했다.

“얘야, 할머니 할아버지가 보고 싶지 않니?”

소녀가 말했다.

“보고 싶어요. 너무 보고 싶어요. 그런데 어떻게 집으로 가죠? 우리 집이 어디인지 알 수가 없고, 할아버지 할머니가 무엇을 하는지 알지도 못해요.”

여자가 말했다.

“나는 곧 잠이 들 텐데 오랫동안 깨어나지 않을 것이다.

그러면 아마도 너는 집이 그리워지겠지. 너의 할머니와 할아버지는 뜬눈으로 밤을 새우면서 너 때문에 울고 계실 거야. 매일 저녁 서로의 이마를 맞대며[8] 잠을 들지 못하고 계실 거야."

소녀가 말했다.

"저를 할아버지 할머니께 데려다주신다면 정말 좋겠어요!"

여자가 대답했다.

"먼저 네게 마법의 주문을 한 가지 가르쳐 주마. 만약 그 마법을 배우면 그 누구도 잔치 시합에서 너를 이기지 못할 것이다. 다만 내가 알려 준 대로 모든 것을 해야만 한단다."

여자는 소고를 가져다가 치면서 노래를 부르기 시작했다. 선율과 동작을 전부 소녀가 기억할 수 있도록 천천히 정성스레 노래를 불렀다. 여자가 노래를 다 마치고 소녀에게 물었다.

"자, 어떠냐, 다 배웠겠지?"

소녀가 대답했다.

"네, 네. 다 배웠어요!"

---

8) 아주 가까운 사람을 잃었을 때 사람들의 깊은 상심을 표현하는 말이다.

여자가 말했다.

"집으로 돌아가면 잔치 시합에서 모든 것을 내가 했던 대로 하여라. 자, 이제 때가 되었다. 옷을 입어라. 내가 배웅해 줄 테니."

소녀가 옷을 입었다. 그들은 밖으로 나갔는데 마당에는 벌써 초가을이 시작되었다. 그들은 걷고 또 걸었고 한참을 걸었다. 걸어가는 도중에 밤이 되었다. 그렇게 해서 밤에 할머니와 할아버지의 천막에 가까이 가게 되었다. 여자가 말했다.

"이제 너 혼자 가거라. 나는 뒤로 돌아가야만 한단다."

여자는 돌아서서 집으로 갔다. 소녀는 여자의 뒤를 쳐다보았다. 하지만 어떻게 하겠는가? 여자는 그들이 걸어왔던 오솔길을 따라 걸어가고 있었는데 어느덧 보니 갈색 암곰이 도망치듯 뛰어가고 있었다. 알고 보니 그 소녀는 갈색 암곰의 집에서 살았던 것이다.

소녀는 할머니 할아버지의 천막으로 다가가서 집 안을 들여다보았다. 안을 보니 할아버지와 할머니가 자고 있었고 이마를 맞대고 있었다. 소녀가 문을 두드리며 할머니와 할아버지를 불렀다. 노인들이 잠이 깨서 소리치기 시작했다.

"아이고, 이 목소리는 우리 손녀의 목소리가 아니냐!"

소녀가 그들에게 말했다.

"네, 제가 돌아왔어요! 어서 문을 여세요!"

"아이고, 우리 손녀가 돌아왔구나!"

노인들이 문을 열었다. 소녀가 들어와서 보니 할아버지와 할머니의 눈이 눈물 때문에 새빨개졌으며 잠을 못 자서 부어 있었다. 노인들은 손녀를 먹이고 잠자리에 들게 했다. 다음 날 친구들이 와서 소녀에게 어떻게 길을 잃었고, 어디에 있었으며 어떻게 돌아오게 되었는지 물었다. 소녀는 갈색 암곰이었던 여자네 집에서 살았던 일을 아무에게도 말하지 않았다.

노인은 너무 기뻐서 잔치를 열었다. 손님들은 음식을 먹고 옛날이야기를 하기 시작했다. 또다시 음식을 먹고 마법 시합과 노래 시합을 하기 시작했다. 어떤 사람은 자신의 구슬들을 깨뜨려서 소고 위에 놓고 젓가락으로 두드렸다. 그러고 나서 보니 구슬들이 다시 온전히 붙어 있었다. 어떤 샤먼들은 금이 간 바다코끼리의 상아를 원상태로 되돌려 놓았다.

소녀는 자신의 할머니에게 말했다.

"저도 노래 시합에 나가고 싶어요."

할아버지가 그 말을 듣고 할머니에게 물었다.

"우리 손녀가 무엇을 하고 싶다는 것이오?"

할머니가 대답했다.

"손녀도 노래 시합에 나가고 싶대요."

할아버지가 말했다.

"하고 싶다면 시합에 나가라고 하시오."

그러자 손님으로 왔던 할머니들이 소곤대기 시작했다.

"아이고, 좀 보세요. 버릇없는 여자애라니까요. 진짜 샤먼들을 방해만 할 뿐일 텐데."

소녀가 천막의 한가운데로 나가서 소고를 들고 노래를 부르기 시작했다. 노래를 부르기 시작하자마자 밖에서 어떤 소리가 들렸다. 그 소리는 점점 더 가까워졌다. 곧 문 입구에서 파도가 출렁거리더니 현관에서 물이 철썩거렸다. 이때 소녀는 소고를 더 빨리 치기 시작했고 파도가 물러갔다. 오, 이런 기적이 있다니! 현관에는 해초가 많이 남아 있었다. 소녀는 대야를 가져다가 해초를 모아서 손님들을 대접했다. 손님들이 놀라워했다. 그런 다음 소녀는 호미를 가져다 달라고 부탁해서 현관으로 나갔다. 소녀가 호미로 토굴집의 밑부분 벽을 때리자 이런 기적이 있다니! 거기서 갑자기 식용 뿌리들이 나왔다. 또다시 소녀는 대야를 가져다가 뿌리를 모아서 손님들을 대접했다. 소녀는 손님들을 대접하고 소고에서 막대기를 가져다가 장막의 벽을 뚫었다. 벽의 구멍에서 맑고 신선한 물이 흘러나왔다. 손님들은 그 물을 마시면서 더욱더 놀라워했다. 그런 기적은 한 번도 본 적이 없었기 때문이다. 그때부터 모두가 그 소녀의 위대한 마법을 인정했고 모든 노래나 춤이나 주술 시합은 그 어린 마법사를 빼놓고는 벌이지 않게 되었다.

오 형제 중 막둥이

오 형제가 있었다. 어머니는 죽을 때 형제들에게 이렇게 말했다.

"내가 죽은 후에 닷새가 지나면 너희는 나를 보러 와야만 한다."

어머니가 정해 준 시간이 흘렀고 막둥이가 형들에게 말했다.

"자, 이제 시간이 된 거죠? 어머니가 돌아가신 후 닷새가 지나면 보러 오라고 부탁하셨잖아요!"

형들은 욕을 하기 시작하면서 그에게 말했다.

"너 혼자 어머니를 보러 가라. 얼마나 무서워졌는지."

동생은 어머니를 보러 나섰다. 어머니를 매장한 곳에 도착했을 때 막둥이는 해변 쪽으로 얼굴을 돌리고 앉았다. 등 뒤에서 죽은 어머니가 그에게 물어보기 시작했다.

"내 나머지 아들들은 도대체 어디 있는 거냐?"

어머니에게 막둥이가 말했다.

"형들이 왜 어머니한테 가냐고 했어요. 이제 너무 무섭다고."

어머니는 그에게 말했다.

"어떻게 결혼하면 되는지 알려 주려고 오라고 했는데."

그런 다음 막둥이 아들에게 이렇게 말했다.

"저기, 멀리에 연기가 나는 언덕이 보이지? 그쪽으로 가거라."

막둥이는 그 언덕으로 갔다. 갑자기 그 언덕에서 노파가 나와서 얼굴을 북쪽으로 돌리더니 큰 소리로 무언가를 부르기 시작했다.

"추 추 추!"

그러자 갑자기 사슴들이 나타났다. 모두 하얗고 썰매에 매여 있었다. 노파는 그 사슴들을 채찍으로 때려서 쫓았다. 알고 보니 그 노파가 부른 것은 이 사슴들이 아니었다. 또다시 부르기 시작했다.

"추 추 추!"

그러자 갑자기 노파 앞에 썰매에 매인 검은 사슴들이 나타났다. 또다시 노파는 자신이 원했던 짐승들이 아닌 것을 알고 그 사슴들을 쫓아 버렸다. 세 번째로 다시 부르기 시작했다.

"얼룩무늬, 얼룩무늬!"

그러자 그 노파 앞에 갑자기 주홍색의 반점이 있는 얼룩무늬 사슴들이 나타났다. 노파는 젊은이에게 이렇게 말했다.

"이 사슴을 타라!"

청년은 썰매에 탔다. 그러자 노파는 이렇게 말했다.

"눈을 감고 절대 뜨면 안 된다. 그러지 않으면 떨어질 거다."

눈을 감자 앞으로 내달렸다. 그는 하늘 끝까지 올라갔던 것이다. 그 전에 노파는 그에게 이렇게 말했다.

"발밑에서 모래가 느껴지면 그때서야 눈을 떠야 한다."

발밑에서 모래가 느껴져서 눈을 뜨자 자기 앞에 온통 밝은 곳이 펼쳐져 있는 것이 보였다. 가까이에는 커다란 야란가가 수없이 많았다. 야란가들이 있는 아래쪽으로 출발했다. 가까이 가자 야란가 근처에는 수많은 야생 사슴 가죽이 깔려 있었고 그 때문에 주위가 온통 빨갰다. 그가 더 가까이 갔을 때 그를 발견한 이가 이렇게 말했다.

"아하, 우리한테 우리 밑에 사는 손님이 찾아왔구나!"

청년이 집으로 들어가자 그를 대접하기 시작했다. 음식을 먹은 후에 그곳에 남았다.

저녁에 주인들이 도착했다. 그들과 함께 다른 집으로 손님도 들어갔다. 그곳에서 청년은 그을린 항아리같이 새까만 여자를 발견했다. 그 여자의 얼굴 반쪽은 다른 쪽보다 길었고 한 다리와 한 팔도 더 길었다. 모두가 잠들었을 때 그 청년은 토굴집의 출입구로 나갔는데 거기서 커다란 상자를 발견했다. 그 상자 안에 여자가 손에 고기를 들고 들어가 있었던 것이다. 청년은 다시 잠자리에 들었다. 청년이 자고 있는데, 갑자기 노인이 들어와서 손님을 깨우며 이렇게 말했다.

"왜 여기에 왔느냐? 결혼할 생각이라면 내가 저기 있는 저 상자를 열겠다. 그 안에는 여자가 있단다."

그러더니 정말로 노인이 상자를 열었고 청년은 거기로 들어가 잠자고 있는 한 여자를 발견하게 되었다. 여자의 머리카락은 하얗고 빨갛고 검고 여러 가지 색깔이었다. 그 머리카락들이 그 여자의 온몸을 둘둘 감고 있었다. 그 사람은 여자와 함께 잠자리에 들었다. 그런 다음 그는 모든 사람이 곧 잠에서 깨어날 것이라는 생각이 들어서 장막 속 그가 알아 둔 장소로 옮겨 갔다. 그리고 밤만 되면 그렇게 계속했다. 그는 노인이 열어 주었던 그 상자 속으로 들어갔다. 그리고 그 여자는 임신을 하게 되었다. 어느 날 하녀가 그녀에게 물었다.

"왜 배가 그렇게 불렀어요?"

그러자 그 여자가 대답했다.

"많이 먹어서 그렇겠지."

다른 여자가 그녀의 어머니에게 말했다.

"저기에 있는 당신 딸이 임신한 것 같아요."

어머니는 상자 속에 있는 딸에게 가서 딸을 만져 보고 자세히 살펴보더니 정말로 임신한 것을 알게 되었다. 그 어머니는 남편에게 그 사실을 말했다. 모든 죄는 손님에게 전가되었다. 딸을 그에게 시집보냈다. 그 딸은 아들을 낳았다. 거기서 그들은 여자의 부모와 함께 살았다. 그들은 아들 둘과 딸 하나를 낳았다. 그러자 어느 날 부모는 이렇게 말했다.

"풍습에 따라서 시집간 여자는 부모 집에 사는 것이 아니니 떠나야만 한다."

그래서 하늘에 사는 사람들은 딸을 아이들과 남편과 함께 땅으로 내려보내기 위해 모였다. 그런 다음 줄에 달아 그들을 내려보냈다. 커다란 상자 같은 그들의 집이 땅에 내려왔을 때 커다란 소리가 났고 토굴집에 있던 형제들이 한 여자와 함께 뛰쳐나와서 상자 모양의 야란가를 에워쌌다. 형제들은 하늘에서 내려온 여자를 비웃기 시작했다.

"저런 미녀를 데려오려고 하늘로 기어 올라갔던 거구나!"

하늘에서 내려온 여자는 너무나 화가 나서 한 발로 자기 집 벽을 찼다. 그리고 여자는 말했다.

"당신은 형들에게 웃음거리가 되라고 나를 데려왔군요. 우리 집에서 나와 함께 살 때는 부끄러워하지 않더니만!"

여자는 상자 야란가에서 나오지도 않으면서 이렇게 말했다.

"잠깐 기다리세요. 지금 옷 입고 나갈게요!"

그러는 사이에 호기심에 가득 찬 사람들이 온 마을에서 뛰쳐나왔다. 늙으나 젊으나 모두가 나왔고, 심지어 쥐들까지 굴속에서 기어 나왔다.

그러자 그 여자는 자기 집에서 나왔는데 아이들도 데리고서였다. 그 여자가 너무나 아름다워서 구경꾼들이 모두 깜짝 놀랐고 너무나 감탄해서 졸도할 정도였다.

바다의 주인

옛날 옛적에 이마클리크에 한 사람이 아내와 살고 있었다. 그 부부에게는 외동아들이 있었다. 그 사람은 벼랑으로 바다 새를 잡으러 다녔다. 어느 날 몇 마리를 잡아서 허리에 영영 붙들어 매달아 자신을 섬기게 했다.

한번은 그 사람의 아들이 해변으로 나갔다. 해변을 걸으면서 바닷가 파도가 던져 놓은 해초와 조가비를 쳐다보고 있었다. 그러다 갑자기 물 옆에서 커다란 게를 발견했다. 소년은 그 게를 잡아서 집에 가져가고 싶었다. 게를 따라가 잡으려고 하자 게가 집게발로 소년을 꽉 물어 버렸다! 꽉 물어서 바다로 끌고 갔다. 소년이 아무리 발버둥을 쳐도 게는 그를 바다 깊은 곳으로 데려가 버렸다.

어머니는 아버지와 함께 아들을 기다리고 기다리다가 더 이상 기다리지 못하고 잠이 들었다. 아침에 잠이 깼지만 아들은 여전히 돌아오지 않았다. 부모는 너무 놀랐다. 아버지는 걱정이 되어서 먹지도 못했다. 아무리 소년을 찾아다녀도 그 어디에도 없었다. 그 사람은 슬퍼서 폭삭 늙어 버렸다. 아무리 맛있는 음식도 손대지 않았고 먹지도 못했다. 사랑하는 누이가 만든 음식만 조금 입에 댈 뿐이었다. 슬픔이 그를 완전히 망가뜨려 버렸고 그는 물에 빠져 죽기로 결심했다. 해변으로 내려가서 물 바로 앞까지 다가갔다. 누이가 그를 발견하고 그가 죽으려는 결심을 했다는 것을 짐작하고는 소리쳤다.

"어디 가는 거예요, 오빠? 물에 빠지겠어요! 물이 얼음장이에요. 너무 괴로울 거예요. 오빠! 어서 돌아와요, 어서!"

그 사람은 누이의 말을 듣고 돌아왔다. 밤이 오자 모두가 잠이 들었지만 그는 다시 바다로 갔다. 물에 들어가서 밑바닥을 따라 가장 깊은 곳에 닿았다. 그는 오랫동안 물 밑을 걸었고 마침내 물 밑 마을에 이른 것을 느꼈다. 거기에 보니 토굴집이 있었다. 그 사람은 토굴집으로 들어갔다. 그 집에는 한 사람이 있었는데 무엇인가를 만들고 있었다. 바닷속 사람은 낯선 곳에서 온 사람을 발견하고 이렇게 물었다.

"왜 이곳에 왔습니까? 배가 난파라도 된 것입니까?"

그 사람은 대답했다.

"배가 난파된 것이 아니라오. 외동아들을 잃어버렸다오."

바닷속 사람이 말했다.

"우리 마을 한가운데에 커다란 토굴집이 있다오. 그 안에 바다의 주인이 살고 있소."

이마클리크 사람은 바다의 주인에게 갔다. 토굴집으로

들어가서 보니 거대한 한 사람이 장막 한가운데에 앉아 있었다. 덥수룩한 머리가 온통 얼굴을 덮고 있었다. 그 바다의 주인이 이렇게 물었다.

"왜 여기에 온 것이오?"

"아들을 찾으러 왔소."

이마클리크 사람이 대답했다.

바다의 주인이 말했다.

"당신의 아들은 내어줄 수 없소. 당신 아들이 스스로 내 손안으로 들어온 것이오."

그 사람이 나무 침대 위층을 보니 거기에는 청년 두 명이 앉아 있었다. 그중 한 사람은 아들이었다.

이마클리크 사람이 바다의 주인에게 말했다.

"원하는 것은 무엇이든 하겠소. 아들만 돌려주시오!"

바다의 주인은 대답했다.

"당신한테는 아무것도 필요 없소. 돌려줄 수 없소!"

그 사람이 바다의 주인에게 무엇을 준다 해도 바다의 주인은 모두 거절했다.

그러자 그 사람은 자신의 허리에 매어 놓았던 바다 새가 떠올랐다. 그래서 바다의 주인에게 말했다.

"내 바다 새를 좀 보시오. 이 새들을 가지고 내 아들을 돌려주시오."

바다의 주인은 그 새들을 보더니 집안사람들에게 그 새가 마음에 드는지 물었다. 모두가 앞다투어 그 새들을 칭찬하기 시작했다. 바다의 주인은 갑자기 인상을 찌푸리더니 모두에게 입을 다물라고 명령했다. 그 바다 새를 칭찬하지 못하게 하는 것만이 아니라 쳐다보지도 못하게 했다. 자기 자신도 그 새가 너무 마음에 들었던 것이다. 그런 다음 이마클리크 사람의 아들에게 옷을 입으라고 명령했다. 아들과 함께 다른 청년도 옷을 입었다. 바다의 주인은 이에 대해 아무 말도 하지 않고 두 명에게 모두 떠나도 좋다고 말했다. 이마클리크 사람들이 토굴집에서 나오자 바다의 주인에게 그 사람을 데려갔던 사람이 맞이했다. 그는 이마클리크 사람들에게 말했다.

"눈을 감고 세 걸음을 가시오!"

그들은 눈을 감고 세 걸음을 걸은 후 눈을 뜨고 보았다. 그들은 고향 이마클리크 마을 근처 해변에 서 있었다. 그래서 그들은 집으로 갔다. 바다의 주인에게서 그들과 함께 떠나왔던 청년도 이마클리크에 영원히 남아 살게 되었다.

아메크

한 사람이 정신이 들어 주위를 보니 평평하고 초목이 없는 곳에 앉아 있었다. 한쪽을 바라보니 산과 나무들이 보였고 다른 쪽을 쳐다보니 바다가 보였는데 물 위에는 커다란 갈매기가 앉아 있었다. 그 갈매기는 영원히 거기에 앉아서 아무 데도 날아가지 않았다. 겨울이 와서 바다는 얼음으로 덮였지만 갈매기가 부리로 쪼아 대는 주변만 얼어붙지 않았다. 그 사람이 거인 갈매기를 보며 생각했다.

'나는 어디서 여기로 왔을까? 왜 나는 완전히 혼자인가? 옷도 먹을 것도 없이 어떻게 견딜까? 이 주위에는 사람들이 있을까?'

그는 그렇게 계속 앉아 있다가 일어섰다. 커다란 나무 쪽으로 갔다. 나무로 기어 올라가서 바다를 쳐다보기 시작했다. 바다에 가죽배들이 항해하는 것이 보였는데 해변에서 아주 가까운 곳이었다. 그는 나무에서 내려와 바다로 갔다. 그와 가죽배들이 나란히 되었을 때 그는 가죽배에 타고 있는 사람들에게 소리치기 시작했다. 사람들은 그의 목소리를 듣지 못했고 옆으로 지나쳐 갔다. 그 사람은 몹시 슬펐다. 조금 지나자 다른 가죽배들이 항해해 왔다. 그와 나란히 되자 그는 또다시 소리치기 시작했다. 아무리 소리치고 불러도 가죽배에 탄 사람들은 그의 목소리가 들리지 않는 듯했다. 가죽배들은 해변에 정박했다. 그는 그 사람들에게 물었다.

"어디로 가시는 겁니까? 첫 번째 가죽배들은 어디로 간 것입니까?"

"근처 마을로 가는 중이오. 처음 배들은 먼 지방으로 떠나갔소."

그 사람들이 그에게 대답했다.

"나도 좀 당신 바이다라에 타면 좋을 텐데요."

그 사람이 말했다.

"어서 타시오."

사람들이 대답했다.

그 사람은 이 사람들과 바이다라에 탔고 곧 마을에 도착했다. 모두가 집으로 갔고 그는 그들 뒤를 따라갔다. 그는 그 사람들과 이야기를 시작했지만 그 누구도 그에게 대답하지 않았다. 그 사람들은 집으로 들어갔다. 모두에게 먹을 것을 권했지만 그는 있는 것도 모르는 것 같았다. 또다시 그는 그들에게 이것저것 물어보았지만 그들은 그의 목소리를 듣지 못하는 것 같았다. 그래서 그는 집들을 거리낌 없이 다니기 시작했다. 아무래도 아무도 그를 보지도 못하고 듣지도 못하지 않는가. 한 야란가에 들어가 거기서 너무나 아름다운 미녀를 보게 되었다! 깨끗하고 투명했다. 밝은색 피부를 통해서 모든 골격과 내장이 다 보일 정도였다. 그 사람은 생각했다. '이 아름다운 여인의 속으로 들어가야겠군!' 그렇게 생각하고 그 여자의 속으로 들어갔다.

그 후에 그녀는 곧 강아지들을 낳았다. 강아지들 중에는 그 사람도 있었다. 어머니가 잠시 떠나면 강아지들이 낑낑거렸지만 그 혼자만 조용했다. 똑똑했기 때문이다. 강아지들이 자라나서 주인은 그 강아지들을 썰매에 매기 위해 길들이기 시작했다. 썰매에 묶이기 싫어하는 강아지들은 심하게 매질을 당했다. 똑똑한 강아지는 맞는 것이 두려워서 항상 앞에서 달렸다. 주인은 썰매를 타고 나갔다가 돌아와서 그 강아지에 대해 말했다.

"좋은 개가 되겠어! 앞에서 잘 달린다니까. 다른 개들은 게을러 빠졌는데 말이야."

그래서 그는 자라 커다란 수캐가 되었다. 그는 개로 사는 것이 지겨워져서 다시 죽었다. 또다시 몸을 버렸다. 온 세상을 방랑했다. 갈색 곰들한테서도 살아 보고 늑대들한테도 있어 보고 여우들과도 살아 보고 새들한테서도 있어 보았다. 키크미크까지 가서 다시 사람으로 세상에 태어났다. 그는 아메크[9]라고 불렸다. 그래서 그는 영원히 키크미크에 남게 되었다.

---

9) 아메크는 '짐승의 털가죽, 모피' 또는 '열매나 씨의 가죽, 껍질'이라는 말이다.

아이마나나운

이런 일이 있었다고 한다. 해변에 한 가정이 살고 있었다. 가족은 남편, 아내, 두 아들이었다. 아들들은 어렸고 하나는 형, 하나는 동생인 형제였다. 아버지는 형을 엄격하게 키웠고 자주 벌을 주었다. 이 집에는 사슴 몇 마리가 있었다. 아버지는 사슴을 지키라고 형을 사슴 있는 곳에 보냈다. 사슴 떼를 지키는 동안 이 소년은 계속 사슴 떼 주위를 뛰어다녔고 장애물을 뛰어넘어 다녔기에 곧 재빠르고 힘이 세졌다. 어느 날 그는 너무 지쳐서 실컷 자고 싶어서 집으로 갔다. 하지만 아버지는 그가 자도록 허락하지 않았다. 소년이 배가 고파서 먹으려고 할 때도 아버지는 그에게서 먹을 것을 빼앗아 갔다. 그렇게 그는 아들에게 인내심을 가르쳤다. 소년은 견디지 못하고 목침을 베고 곧바로 잠들어 버렸다. 아버지는 아들이 잠이 든 것을 보고 그 밑에 있는 목침을 약간 들어 올렸다가 내려놓았다. 머리가 침대 머리맡에 부딪쳐서 깜짝 놀란 소년은 목침을 붙잡더니 부러뜨려 버렸다. 아버지는 이렇게 생각했다. '오호! 내 아들이 언제 저렇게 힘이 세졌지?'

그 후에 아버지는 어머니에게 이렇게 말했다.

"장남에게 옷을 지어 주시오. 가장 좋은 옷, 가장 아름다운 옷으로 말이오."

아내는 장남에게 아름다운 새 옷을 지어 주었다. 아버지는 말했다.

"네가 비록 강한 사람이 되었지만 잠을 자는 것을 즐기도록 해라. 저 먼 어느 마을에 아이마나나운이라는 가장 아름다운 처녀가 살고 있단다. 그 아리따운 처녀를 찾아가라. 그녀의 가슴 속에서 잠드는 것이 포근할 것이다."

아버지는 아들에게 어떻게 찾아야만 하는지 이야기해 주었고 다음 날 청년은 길을 떠났다. 길을 가는 도중에 첫 번째 산을 만나게 되었다. 그는 그 산을 넘어가서 낡고 낡은 옷을 발견했다. 그는 그 넝마 조각 같은 옷을 가져다가 자신의 아름다운 새 옷 위에 걸쳐 입었다. 그런 다음 계속 갔다. 그가 두 번째 산을 넘어가자 앞에 야란가가 보였다. 야란가와 나란히 한 노인이 앉아서 무엇인가를 깎아 만들고 있었다.

청년은 바보로 변신해서 얼굴을 찡그리고 발을 질질 끌며 넘어져 가면서 걷기 시작했다. 노인은 넝마를 걸친 활달한 사람을 보고는 비웃기 시작했다. 청년이 다가오자 노인이 물었다.

"당신은 누구요?"

청년이 대답했다.

"저는 해변에서 왔습니다."

노인이 다시 물었다.

"해변이 무엇이오?"

청년이 물었다.

"바닷가를 그렇게 부른다오. 내 종족은 바닷가에 살지요. 이해하시겠습니까?"

노인이 말했다.

"그렇군. 알겠소."

노인은 이렇게 생각했다. '정말 신기하군. 해변, 해변. 해변이라!' 그런 다음 노인은 이렇게 말했다.

"자, 이제 야란가로 들어가서 뭐 좀 드시오."

청년이 대답했다.

"저는 야란가에 들어갈 수가 없습니다!"

노인이 말했다.

"괜찮으니 들어가 보시오!"

청년은 겨우겨우 기어 들어갔다.

노인은 아내에게 말했다.

"저 청년에게 사슴 고기를 끓여 주시오. 이 사람은 해변에서 왔다오."

여자는 사슴 고기를 끓였고 모두가 먹기 시작했다. 다 먹고 나서 잠자리에 들려고 준비를 했다. 청년은 장막 안에서 자는 것을 거절하고 추운 현관에 누웠다.

다음 날 청년은 계속해서 얼굴을 찌푸리고 넘어졌다 일어났다 하면서 길을 나섰다. 노인과 노파는 그 청년이 보이지 않을 때까지 그를 보고 웃고 있었다.

곧 또다시 산을 넘어갔고 그 앞에 야란가가 보였다. 야란가 옆에는 한 노인이 앉아서 무엇인가를 깎아 만들고 있었다. 청년은 또다시 얼굴을 찌푸리고 절름거리면서 넘어지기 시작했다. 노인은 넝마를 입은 유쾌한 사람을 발견하고는 웃기 시작했다. 다가간 청년에게 노인이 물었다.

"당신은 누구요?"

청년이 대답했다.

"저는 해변에서 왔습니다."

노인이 또다시 물었다.

"해변이 무엇이오?"

청년이 대답했다.

"바닷가를 해변이라고 하지요. 내 종족은 해변에 산답니다. 이해하시겠습니까?"

노인은 말했다.

"그렇군. 알겠소."

노인은 이렇게 생각했다. '정말 신기한 일이군. 해변, 해변, 해변이라니!' 그런 다음 이렇게 말했다.

"자, 이제 야란가로 들어가서 뭐 좀 드시오."

청년은 겨우 야란가로 기어 들어갔다. 여주인은 고기를 끓였고 모두가 함께 먹고 잠자리에 들었다. 청년은 현관에서 밤을 새우고 아침에 또다시 길을 떠났다. 또 한 산을 넘어가니 또다시 야란가가 보였다. 야란가 옆에는 한 노인이 앉아서 무엇인가를 깎아 만들고 있었다. 청년은 또다시 얼굴을 찌푸리고 다리를 절름거리면서 넘어졌다 일어섰다 했다. 노인은 그를 발견하고 웃기 시작했다. 다가간 청년에게 노인이 물었다.

"당신은 누구시오?"

청년이 대답했다.

"저는 해변에서 왔습니다."

노인이 또다시 물었다.

"해변이 무엇이오?"

청년이 말했다.

"바닷가를 해변이라고 부릅니다. 내 종족은 해변에 살지요. 이해하시겠습니까?"

노인이 말했다.

"그렇군. 알겠소. 이제 당신이 어디로 가는지 대답을 해 보시오."

청년이 대답했다.

"저는 저 먼 툰드라로 가고 있습니다. 거기에 어여쁜 처녀 아이마나나운이 산다고들 해서요."

노인은 웃으면서 말했다.

"더럽고 다 떨어진 넝마를 입은 당신이 힘이나 지혜에서 그 처녀의 청혼자들과 비교나 되겠소? 하지만 그 누구도 아직 아이마나나운을 이기지는 못했다오. 그 처녀는 누구보다 힘이 세고 빠르고 아름답다오."

청년이 대답했다.

"괜찮습니다. 저는 지금 이대로가 좋으니까요."

노인이 말했다.

"자, 어서 들어가서 뭐 좀 드시오."

청년은 겨우겨우 장막으로 기어 들어갔다. 음식을 먹은 후에 현관에서 잠을 잤다. 아침 일찍 또다시 청년은 길을 떠났다. 언덕 너머로 사라지더니 뛰어서 달려갔다. 커다란 산에 다가가서 산 정산으로 올라가서 다른 쪽으로 내려왔다. 그 앞에는 야란가가 나타났다. 야란가 옆에는 한 노인이 앉아서 무엇인가를 깎아 만들고 있었다. 청년은 힘이 없는 척하면서 겨우 움직였다. 노인은 그를 발견하고 물었다.

"당신은 누구시오?"

"해변에서 온 사람입니다."

"해변이 무엇이오?"

"바닷가를 해변이라고 부릅니다. 저의 종족은 해변에서 삽니다. 이해하시겠습니까?"

"그렇군. 알겠소."

노인은 생각했다. '정말 신기하군. 해변, 해변, 해변이라니!' 그런 다음 말했다.

"들어가서 뭐 좀 드시오."

청년은 겨우 야란가에 들어갔다. 음식을 먹는 동안 노인이 청년에게 물었다.

"당신은 어디로 가는 길이오?"

청년이 대답했다.

"저 먼 툰드라에 아이마나나운이 살고 있다고 합니다. 거기로 가서 그 처녀에게 청혼하려고 합니다."

노인이 고개를 저었다.

"차라리 말을 하지 않았으면 좋았을 것을. 괜히 바라는 것이오. 아이마나나운보다 더 힘세고 빠른 사람은 아직 없었다오. 하지만 내가 여기서 어떻게 그곳까지 갈 수 있는지 이야기해 주겠소. 도중에 또 하나의 야란가를 만나게 될 것이오. 그 야란가에서 아이마나나운이 있는 곳까지는 아주 가깝다오."

청년은 다음 날 아침에 일어나서 계속 길을 갔다. 야란가의 주인들은 멀어져 가는 약해 빠진 청년을 보면서 비웃었다. 그러나 청년은 몸이 보이지 않게 되자마자 뛰기 시작했다. 또다시 산을 넘어갔더니 앞에 야란가가 보였다. 느릿느릿한 걸음으로 야란가로 향했다. 야란가 옆에서 한 노인이 앉아 무엇인가를 깎아 만들고 있었다. 누더기 옷을 입은 청년을 보자 노인이 물었다.

"당신은 누구시오?"

"해변에서 온 사람입니다."

"해변이 무엇이오?"

"바닷가를 해변이라고 부릅니다. 저의 종족은 해변에서 삽니다. 이해하시겠습니까?"

"그렇군. 알겠소."

노인은 생각했다. '정말 신기하군. 해변, 해변, 해변이라니!' 그런 다음 청년에게 먹을 것을 권했다. 음식을 먹은 후에 청년은 현관에서 잠자리에 들었다. 아침 일찍 계속해서 길을 갔다. 자신의 몸이 야란가에서 보이지 않게 되자 뛰기 시작했다. 앞에는 커다란 산이 보였다. 산꼭대기로 올라갔다. 밑에는 야란가가 두 채 보였다. 위쪽 야란가는 작았고 아래쪽 야란가는 컸다. 야란가 너머에는 수많은 사슴 떼가 노닐고 있었고 사슴 떼 옆에는 남자들이 많았다. 이 남자들이 모두 아이마나나운의 청혼자였다. 야란가 옆에서 청년은 무엇인가를 깎고 있는 한 노인을 발견했다. 청년은 일부러 얼굴을 찌푸리고 발을 절름거리면서 넘어져 가면서 산에서 노인이 앉아 있는 야란가 쪽으로 내려갔다. 하지만 노인은 고개도 들지 않았다. 청년이 누더기에 얼굴을 찌푸리고 있었기에 거지인 줄 알았기 때문이다. 청년이 노인에게 다가갔지만 그 노인은 청년에게서 고개를 돌렸다. 청년이 다른 쪽에서 다가가자 그제야 노인이 물었다.

"당신은 누구시오?"

"해변에서 온 사람입니다."

"어디로 가는 길이오?"

"여기에 아이마나나운이 산다고 해서 아내를 삼으려고 왔소이다."

노인은 작은 야란가 쪽으로 몸을 돌리더니 이렇게 말했다.

"에이, 아이마나나운, 여기 '청혼자'가 왔네!"

처녀가 말했다.

"아니, 나가지 않겠어요. 그 사람한테 시집 안 갈 거예요. 아무짝에도 쓸모없는 사람이잖아요!"

그런 다음 그 처녀는 청년에게 말했다.

"여기 머무세요. 우리 집에서 구정물 내다 버리는 사람으로 일하시면 되겠네요!"

청년은 야란가로 들어가 모르는 사람들을 발견하게 되었

다. 이들은 아이마나나운의 청혼자였던 사람들이었다.

처녀가 말했다.

"여기 구정물이 든 양동이가 있어요. 그 양동이를 구정물 웅덩이에 갖다 버리세요."

청년은 힘이 없는 척하면서 양동이를 겨우 들고서 온통 바닥에다 쏟으면서 가지고 나갔다. 그러더니 장막을 넘자마자 양동이째 쏟아 버렸다. 처녀는 화를 버럭 내면서 두꺼운 혁대를 가져다가 청년의 등짝을 때리기 시작했다. 그러나 그는 전혀 아픔을 느끼지 못했다. 다 떨어진 넝마 옷 속에 아무도 보지 못한 새 옷을 입고 있었기 때문이다.

저녁에 청혼자들이 모여서 밥을 먹고 장막에서 잠자리에 들었지만 청년은 차가운 현관의 맨바닥에 누웠다. 아침에 경주를 하기 위해 서둘러 가느라고 많은 청혼자들이 누워 있던 청년을 밟고 지나갔다. 청년은 참지를 못하고 그를 밟은 사람들을 모두 발로 차기 시작했다. 청년이 발로 차자마자 차인 사람은 곧바로 거꾸로 날아가 떨어졌다.

이렇게 해서 모든 청혼자들이 밖으로 나가서 약속된 경주를 시작했다. 이기는 사람이 아이마나나운을 취하게 되어 있었다. 아이마나나운은 가장 늦게 나왔고 그 처녀가 나온 후에 청년이 나왔다. 사람들은 모두 커다란 원을 따라서 이미 뛰고 있었다. 청년은 처음에는 걸어서 갔다. 청혼자들은 그 청년의 옆을 뛰어 지나가면서 그를 보고 비웃었다. 그러나 언덕 너머로 사람들이 안 보이게 되자 그는 낡은 옷을 벗어 던져 버리고 새 옷을 고쳐 입고 꽉 조여매고는 달리기 시작했다. 그 청년은 모든 남자들을 앞질러 가서 모두가 뒤에 남겨지게 되었다. 산 주위를 돌아서 다른 청혼자 모두를 앞질러 가고 있었던 처녀를 따라잡았다.

처녀가 말했다.

"이봐, 뛰어가는 사람, 조금만 기다려!"

청년이 대답했다.

"아니오. 이제 당신은 내 뒤에서 뛰시오."

청년은 누구보다도 먼저 야란가로 돌아왔다. 그 뒤를 이어서 첫 번째로 아이마나나운이 뛰어 도착했다. 그 처녀는 청년의 손을 잡고 자신의 장막으로 데려갔다. 이후에 그들은 결혼했고 나머지 청혼자들은 모두 자신의 마을로 돌아갔다.

아이마나나운의 아버지가 말했다.

"풍습에 따라서 처녀는 남편의 집으로 떠나야 한다. 여기서 밤을 새운 후에 다음 날 아침에 시댁으로 떠나라."

다음 날 아버지는 아이마나나운과 그 남편을 위해 야란가를 나눠 주었고 그들은 청년의 부모한테로 떠났다. 마을에 도착해서 청년은 자신의 야란가를 아버지의 야란가보다 더 높게 설치했다. 아침에 청년의 어머니가 밖으로 나와 새 야란가를 발견하게 되었는데 야란가 옆에는 타고 다니는 사슴들이 묶여 있었다. 해변의 여자는 타고 다니는 사슴들을 보고는 깜짝 놀랐다. 그 여자는 야란가로 돌아가서 모든 것을 남편에게 말했다. 남편은 작은 아들을 새 야란가로 보내서 누가 왔는지 알아보고 오라고 했다. 작은 아들은 거기로 가서 야란가로 들어갔다. 아이마나나운이 남편에게 말했다.

"여기 어떤 소년이 왔어요."

청년이 말했다.

"그에게 사슴 고기를 대접하시오."

젊은 여자는 장막을 올리고 소년을 불렀다. 소년은 그녀를 보자마자 기절을 하여 쓰러졌다. 그녀는 장막으로 들어가서 남편에게 말했다.

"그 소년이 놀라서 기절을 했어요. 아마 한낮까지는 깨어나지 못하고 누워 있을 것 같아요."

한낮이 지나자 소년은 정신이 들어서 집으로 달려갔다. 아버지가 그에게 물었다.

"왜 그렇게 오랫동안 거기에 있었니?"

소년이 말했다.

"전에는 본 적이 없는 너무나 아름다운 처녀 때문이에요. 그 처녀를 보자마자 기절해 버렸어요."

아버지가 웃으면서 말했다.

"아이고 이런. 내가 직접 가서 얼마나 예쁘기에 기절할 지경인지 봐야겠구나."

그는 장남의 야란가로 들어가서 현관에서 이렇게 말했다.

"마실 물 좀 주시오!"

장막에서 물이 든 잔을 든 손이 쑥 나왔다. 남자는 잔을 쳐서 물을 흘리고 말았다. 처녀가 장막 속에서 부끄러워하면서 얼굴이 붉어져서 더 아름다워졌다. 처녀는 물을 잔에 다시 채워서 장막을 올리고 잔을 남자에게 건네주었다. 남자는 너무나 아름다운 처녀의 얼굴을 보고는 그 즉시 기절해서 현관에 쓰러져 버렸다. 밤이 되어서야 그는 정신이 들어서 집으로 갔다. 다음 날 소년은 아버지와 함께 사냥을 나가자고 하기 위해 청년에게 갔다. 청년은 동의했다. 그들은 얼음 가장자리에 있던 물범을 사냥하러 갔다. 청년은 앞에서 걸어가고 아버지는 그 뒤를 따라갔다. 얼음이 녹은 곳을 지나갈 때 아버지는 일부러 벙어리장갑을 물속에 떨어뜨리고는 이렇게 말했다.

"아이고, 내 벙어리장갑을 물에 빠뜨렸구나!"

청년이 대답했다.

"괜찮아요. 다음에 다른 것을 만들어 드릴게요."

아버지가 말했다.

"이 벙어리장갑을 어쩐다지. 아내가 나를 위해 특별히 지어 준 것인데!"

그 말을 듣고 청년은 혁대로 허리를 꼭 묶고는 벙어리장갑을 찾기 위해 얇은 얼음 위로 걸어가기 시작했다. 청년이 걸어가기 시작하자 아버지가 자기 쪽으로 혁대를 잡아당겨서 청년이 넘어지고 말았다. 아버지는 얼음 위에서 그 청년을 자기 쪽으로 잡아당겨 칼로 그를 죽였다. 이후에 그는 야란가에 있던 아이마나나운에게 돌아가서 이렇게 말했다.

"당신의 남편은 죽었소. 내가 떨어뜨린 벙어리장갑을 주우러 얇은 얼음 위로 가지 말라고 그에게 말했지만 그는 듣지 않고 살얼음판 위로 가더니 빠져 죽었다오. 이제 내가 그의 상속권자가 될 것이오. 남편 대신에 당신의 남편이 될 것이오."

처녀는 아무 말도 하지 않고 등잔불을 끄더니 노래를 부르기 시작했다. 그 사람은 그 여자를 안고 만지고 싶어서 그녀에게 더 가까이 다가갔지만 그 여자는 계속해서 노래를 불렀다. 그 사람은 슬그머니 힘이 빠지더니 곧 아이마나나운의 신기한 노랫소리에 잠이 들고 말았다. 그가 잠이 들었을 때 아이마나나운은 갑자기 땅속으로 사라졌다. 그런 다음 어디선가에서 나와서 남편의 흔적을 따라 얼음 가장자리로 갔다. 그 처녀는 남편이 있는 곳으로 다가가서 남편을 발견했는데 등에 칼을 맞고 얼음 위에 누워 있었다. 재빨리 상처에서 칼을 빼내고 손바닥으로 문질렀더니 청년이 그 즉시 살아나서 일어나 집으로 갔다. 아이마나나운은 다시 땅속으로 사라졌다가 자신의 야란가 장막 속에서 눈을 떴다. 그 처녀가 들어왔을 때 청년의 아버지는 그녀를 보고는 또다시 안고 싶어서 손을 뻗었지만 그 앞에는 아무것도 없었다. 이때 청년이 현관으로 들어와서 기침을 했다. 아버지는 기침소리를 듣고는 재빨리 옷을 입기 시작했다. 청년이 들어왔다. 청년은 아버지를 보고 이렇게 말했다.

"여기서 주무셔도 됩니다!"

그러나 아버지는 재빨리 나가서 집으로 도망쳤다.

아이마나나운은 남편과 함께 자신의 고향에서 살려고 고향으로 떠났다.

바다에서 길을 잃은 사람

옛날 옛날에 한 사람이 살고 있었다. 그에게는 가족이 있었다. 그는 물범을 잡아서 먹고 살았는데 운이 좋고 민첩한 사냥꾼이었다. 아내는 그가 잡아 온 물범 손질로 쉴 틈이 없었다. 그러던 어느 날 그는 아내에게 이렇게 말했다.

"잠시 사냥을 그만두어야겠소. 잡아 온 짐승으로도 겨울을 나기에는 충분하오."

다음 날 그는 카약을 청소해서 말리기로 결심했다. 그렇게 자기 일을 하고 있는데 갑자기 해변 바로 앞 파도에서 커다란 물범이 불쑥 밖으로 나오는 것이 보였다. 사냥꾼은 참지를 못하고 카약을 바다로 밀고 직접 카약 안으로 뛰어 들어가서 물범을 쫓기 시작했다. 그런데 물범은 물속으로 사라지더니 잠수해 버렸다. 그는 작살을 준비했다. 그리고 물범에 바짝 접근했는데 물범은 불쑥 밖으로 나왔다가 또다시 사라져 버렸다. 사냥꾼은 물범을 쫓고 또 쫓다가 바다 멀리까지 가고 말았고 산도 시야에서 사라져 버렸다. 물범은 단념하고 카약을 돌려서 집으로 저어 가기 시작했다. 그리고 산이 저 멀리에 나타났다. 그러더니 산에서 바다로 안개가 스멀스멀 기어올랐다. 곧 사방이 안개로 덮여 버렸다. 사냥꾼은 어디로 가야 할지 알 수가 없었다. 비상용 식량은 가져온 것이 없었다. 그는 바다에서 밤을 맞이하게 되었다. 그렇게 굶주린 채로 카약에서 잠이 들었다. 아침에 잠이 깨 보니 해변에 가까이 가고 있었는데 정박할 곳이 없는 높고 깎아지른 듯한 절벽의 해변이었다. 가파르지 않은 곳을 오랫동안 찾았지만 발견할 수가 없었다. 이제 어떻게 하나 하고 곰곰이 생각하기 시작했다. '작살을 던져서 걸어 보자.' 그는 이렇게 생각했다. 그는 작살을 잡고 해변을 조준했다. 작살은 절벽의 가장 높은 곳에 박혔다. 사냥꾼은 작살의 줄을 카약에 묶고 그 줄을 따라 위로 올라갔다. 그런 다음 작살로 카약도 끌어당겼다.

사냥꾼은 카약을 숨길 장소를 찾기 시작했다. 키 큰 풀이 우거진 작은 들판을 발견했다. 그는 풀 속에 카약을 숨겼다. '만약 여기 있다가는 굶어 죽을 것이다. 사람이 사는 마을을 찾아봐야겠다.' 그는 이렇게 생각하고 사람이 사는 마을을 찾으러 떠났다. 걷고 또 걷다가 언덕 너머 아래에 수많은 야란가가 있는 것을 발견했다. 그는 밤이 되기까지는 그곳으로 가지 않기로 결정했다. 모든 것이 고요해지고 사람들이 잠자리에 들었을 때 그는 마을로 갔다. 첫 번째 야란가로 다가갔다. 살그머니 안으로 들어가서 먹을 것을 찾기 시작했고 사슴 고기가 가득 든 양푼을 더듬거려 찾았다. 양푼은 장막 위에 놓여 있었다. 사냥꾼은 고기를 집어다가 바로 먹기 시작했다. 주인들은 장막 안에서 자고 있어서 그를 발견하지 못했다. 그는 먹을 것을 다 먹고 숨을 만한 곳을 찾았다. 입구 옆에 땔감으로 쓸 장작더미가 놓여 있었다. 그는 그 더미 뒤에 숨었다.

아침에 모두가 잠이 깨자 장막에서 한 처녀가 나와서 고기가 든 양푼을 들었다. 곧바로 고기의 반이 없어진 것을 눈치챘다. 그 사실을 알고 노파가 처녀에게 욕을 하기 시작했다.

“고기가 다 어디로 간 거야? 너는 먹을 것도 제대로 지키고 앉아 있지를 못하는구나. 남자가 생긴 것이구나!”

노파는 욕을 해 대고 처녀는 변명을 하고 있었지만 이 일에 그 처녀는 아무 잘못도 없었다. 그들은 밥을 먹었고 이웃이 와서 현관에서 말했다.

“바다에 얼음이 나왔어요. 사냥을 나설 때가 되었어요.”

주인은 동의했다. 주인은 채비를 하고 곧장 사냥에 나섰다. 딸은 현관을 쓸기 시작했고 장작더미 뒤에 앉아 있던 사냥꾼은 그녀를 훔쳐보기 시작했다. 노파가 그를 발견하고는 딸에게 소리쳤다.

“내가 너한테 남자가 생긴 것을 진즉에 알아봤다니까!”

딸은 아무 말이 없었다. 그 처녀는 이 젊은 남자를 한 번도 본 적도 없는데 무슨 말을 하겠는가.

노파가 그 사람에게 다가가서 말했다.

"우리 아들이 오면 너를 죽일 것이다. 우리 아들을 이기지 못하면 살아남지 못할 것이다. 주인이 가족이 있느냐고 물으면 없다고 대답하고 아내를 찾으러 왔다고 말해라."

사냥에서 주인이 돌아와서 그에게 물었다.

"너는 어디서 왔으며 왜 우리한테 왔느냐? 아내나, 부모가 있느냐?"

"해변에서 왔고 사람들을 찾고 있습니다. 나한테는 부모도 아내도 없습니다. 여기에 사람들이 사는 마을이 있다고 들었습니다."

주인이 말했다.

"그렇군. 우리한테 왔으니 쫓아내지는 않겠다. 우리 집에서 살아라. 내 조수가 되어 내 누이와 결혼해라."

그렇게 그는 이 집에서 겨울을 보내게 되었다. 주인의 누이는 그의 아내가 되었고 여름이 되자 그의 아이를 낳았다. 시간은 흘렀고 아이는 자랐다. 그리고 벌써 걷기 시작했다.

그 사람은 갑자기 예전의 자기 집을 그리워하게 되었다. 눈치 빠른 노파는 무슨 일인지 알아채고 그에게 물었다.

"뭘 그렇게 집을 그리워하느냐? 가족들이 있는 곳에서는 이미 너를 기다리지 않을 것이다."

그는 노파에게 대답했다.

"내 고향에 아내와 아들이 있어요."

저녁에 주인이 사냥에서 돌아왔고 노파는 아들에게 사위가 왜 그렇게 집을 그리워하는지를 이야기했다.

주인이 말했다.

"어쩌겠어요. 아이와 두 번째 아내를 데리고 집으로 돌아가라고 해야죠."

그 사람은 집으로 돌아갈 준비를 했지만 아내와 아이는 데려가고 싶지 않았다. 그는 가는 길에 먹을 식량을 챙겨 달라 부탁하고 떠날 채비를 했다.

주인은 다음 날 아침 그에게 가는 도중에 먹을 음식을 주었고 그가 카약을 숨겨 두었던 곳까지 배웅을 나갔다. 그 사람은 가면서 문득 두려워졌다. 주인이 그를 카약과 함께 절벽에서 밀어 버리면 어쩌지 하는 생각이 들어서였다. 그런 무서운 생각 때문에 머리가 깨질 듯이 아프기까지 했다. 그러나 아무 일도 일어나지 않았다. 그를 잘 배웅해 주었다. 그는 자신의 카약을 타고 닷새 밤과 낮을 항해했다. 그리고 마침내 고향 마을에 도착했다. 카약을 정박했다. 그리고 보니 그의 아내가 토굴집 옆에서 물범을 손질하고 있었다. 그는 자신을 마중하러 나오라고 카약에서 소리쳤다. 그러자 아내가 아들에게 말했다.

"아이고, 내 귀에서 무슨 소리가 윙윙거리는구나!"

그러자 남편이 카약에서 아내에게 소리쳤다.

"귀에서 소리가 나는 것이 아니라 내가 당신을 부르는 소리요!"

그러자 아내가 또다시 말했다.

"아이고, 다른 쪽 귀에서도 윙윙거리는 소리가 나는구나!"

그는 더 큰 소리로 아내를 불렀다. 하지만 그 여자는 아무 소리도 듣지 못했다. 그는 카약을 정박하고 해변으로 나갔다. 그러는 동안 그의 아내는 물범을 내버려 두고 토굴집으로 향했다. 진통이 시작된 것이었다. 그녀의 남편이 그녀 뒤를 따라갔다. 토굴집으로 들어서자마자 의식을 잃었다. 정신이 들어 보니 그는 자기 아내의 배 속이었다. 그의 아내는 두 번째로 아이를 낳았다. 그는 참아 보았지만 어린애처럼 응애응애 하고 울어 버렸다. 사람들이 그의 젖은 몸뚱이를 닦아 냈다. 몸뚱이를 닦아 내자마자 자라기 시작했다. 눈 깜짝할 사이에 그는 이미 예전의 남자가 되었다. 그에게 바로 예전 그의 이름이 지어졌다. 그는 일어나서 토굴집을 나갔다. 바닷가로 향했다. 거기서 보니 카약이 없었다. 그러자 그들은 토굴집을 부숴 버리고 툰드라에서 유목하기 시작했다.

날아다니는 샤먼들

우나지크에 쿠틸란이라는 이름을 가진 사람이 아내와 함께 살고 있었다. 자식은 없었다. 그러던 중에 흉년이 들었다. 바다에는 바다코끼리도, 바다토끼도, 물범도 없었다. 우나지크 주민들은 굶주리기 시작했다. 그러자 아내가 쿠틸란에게 말했다.

"당신이 시클류크에 고기를 좀 가지러 다녀오세요! 너무 배가 고파요."

쿠틸란은 그러겠다고 동의했다. 튼튼한 당김 줄을 맨 썰매를 준비해서 출발했다. 모래 해변을 따라서 오랫동안 갔다. 날씨는 고요하고 달빛이 비쳤다. 석호를 지나고 산 쪽으로 다가가기 시작했는데 갑자기 그 앞에 어떤 그림자가 어른거리더니 달을 가렸다. 쿠틸란이 위를 쳐다보았지만 아무것도 발견할 수가 없었고 그래서 계속 길을 갔다. 조금 가는데 또다시 그 위에서 무엇인가가 휙 나타났다 사라졌다. 또다시 위를 보았더니 그의 위에서 한 사람이 시끄럽게 휙휙하는 소리를 내며 가고 있었다. 머리에는 서리가 끼었고 허리까지 벗은 몸이었다. 그 사람은 쿠틸란의 머리 위로 날아가고 있었다. 한쪽 날개 대신에는 엄청나게 큰 군도를 차고 있었고 다른 쪽 날개 대신에는 돌을 가지고 있었다. 아이고, 쿠틸란은 얼마나 놀랐는지! 그는 이렇게 생각했다. '이런, 이제 나를 죽여 버리겠군!' 그러나 쿠틸란은 샤먼이었다. 그래서 그는 이렇게 말했다.

"그가 나를 죽이려고 해요. 나의 대지여, 나를 도우소서!"

그가 이 말을 다 하기도 전에 시끄러운 휙휙 소리를 내며 위에서 날아오더니 썰매를 끌고 갔다. 날아다니는 사람은 쿠틸란을 계속 쫓아왔다. 곧 따라잡을 기세였다. 쿠틸란은 썰매와 함께 밑으로 내려가려고 했고 석호 쪽으로 내려가서 틈새를 통과해서 얼음 밑으로 들어갔다. 그러나 그의 옷은 전부 썰매와 함께 얼음 위에 남게 되었다.

쿠틸란은 얼음 밑에 오랫동안 앉아 있었다. 그런 후에 바다코끼리로 변신해서 틈새에서 몸을 쑥 내밀었다. 그러고 나서 보니 날아다니는 사람이 언덕에 앉아 있었는데 허리까지는 벗은 몸이었고 머리는 서리로 온통 덮여 있었다. 한쪽 날개 대신에 커다란 군도를 차고 있었고 다른 쪽 날개 대신에는 돌덩이를 들고 있었다. 그렇게 앉아 있었다. 그리고 쿠틸란에게 이렇게 말했다.

"어서 나와라. 건드리지 않을 테니!"

쿠틸란이 말했다.

"아니오. 나가지 않을 거요. 당신은 나를 죽일 거잖소! 당신이 나를 그냥 할 일 없어서 쫓아온 것은 아닐 테니."

"어서 나오시오. 건드리지 않겠소! 내가 정말 당신을 죽일 수나 있겠소? 당신은 너무나 힘이 센 샤먼이지 않소."

쿠틸란은 용기를 내서 기어 나왔다. 그러고 보니 자신은 완전히 벌거벗은 몸이었고 추위는 지독했다. 주위를 둘러보니 그의 옷, 벙어리장갑과 털가죽 외투, 끈을 맨 가죽 장화가 얼음 위에 놓여 있었다. 그는 옷을 들어 입기 시작했다. 날아다니는 사람이 물었다.

"어디서 왔소?"

"나는 우나지크 사람이오. 당신은 어디서 왔소?"

"티키가크에서 왔소."

날아다니는 사람이 대답했다.

"이름이 무엇이오?"

쿠틸란이 물었다.

"아시사크라고 하오. 아시사크가 내 이름인데 당신 이름은 무엇이오?"

"쿠틸란이라오."

"당신은 이길 수가 없소. 당신은 힘센 샤먼이오. 나는 당신이 샤먼인 줄 모르고 당신을 데리고 좀 놀아 보려고 했소. 그러나 당신을 이길 수가 없군. 자, 이리 더 가까이 오시오!"

쿠틸란이 다가갔다. 그러자 그가 쿠틸란에게 말했다.

"여기서 나는 티키가크, 내 고향으로 돌아갈 것이오. 그곳, 티키가크에서는 내가 당신과 같은 사람을 만났다는 것을 믿지 않을 것이오. 증거로 내가 무엇을 가져가면 좋겠소?"

"우나지크에서도 당신을 만났다는 것을 믿지 못할 것이오."

쿠틸란이 말했다.

그러자 티키가크에서 온 아시사크가 말했다.

"내 목도리를 벗기시오."

그런데 목도리가 목에 너무 단단히 매어져서 머리를 통해서는 벗겨지지 않았다. 쿠틸란이 목도리를 자기 쪽으로 잡아당기자 목에서 겨우 벗겨졌다.

"집안사람들이 믿도록 당신도 내 목도리를 가져가시오."

쿠틸란이 말했다.

목도리를 잡아당기자 목에서 벗겨졌고 아시사크에게 건네주었다. 그렇게 그들은 목도리를 교환했다.

티키가크에서 온 아시사크는 말했다.

"나와 함께 티키가크에 갑시다! 티키가크는 바로 옆이라오."

쿠틸란이 대답했다.

"아니오, 나는 티키가크에 가지 않겠소!"

아시사크가 말했다.

"만약 아주 가깝다는 말이 믿기지 않는다면 좀 들어 보시오."

쿠틸란이 그의 말을 듣고 들어 보니 정말로 가까이에서 노랫소리가 들렸다. 그러나 그래도 이렇게 말했다.

"티키가크에는 가지 않겠소!"

"그럼, 나는 혼자 집으로 날아가겠소. 보시오."

티키가크에서 온 아시사크는 이렇게 말했다. 그는 물새처럼 소리를 지르고 위로 올라가더니 재빨리 눈에서 사라져 버렸다.

그러자 쿠틸란은 이렇게 생각했다. '나는 음식을 가지러 출발했다. 일단 내게 그런 기적이 일어났으니 계속 그렇게 될 것이다.' 그는 당김 줄을 자신에게 걸치고 위로 날아올랐고 썰매를 끌었다. 시클류크로 날아가서 땅에 내려앉은 후에 이렇게 생각했다. '저장한 음식을 파내야 하고 꽁꽁 언 돌들을 드러내야만 하는데. 모든 것이 저절로 되게 해야지.' 구멍에 다가가자 꽁꽁 언 돌들이 저절로 비켜났고 음식이 저절로 파내졌다. 그는 썰매에 두 자루를 싣고는 또다시 생각했다. '집으로도 똑같은 방법으로 돌아가면 좋을 텐데!' 몇 발자국을 내딛자 휙 소리가 나면서 위로 올라갔다. 높이 날아가면서 자루가 실린 썰매를 끌고 갔다. 마을에 다가가자 땅으로 내려갔고 자기 집까지 이르렀다. 현관으로 들어가서 아내가 남편이 돌아온 것을 듣도록 발을 굴렀다.

“누구세요?”

아내가 물었다.

“당신 어떻게 된 것이에요? 가다가 도중에 돌아온 것이에요?”

“아니오. 왜 내가 그러겠소. 자루를 들고 왔잖소.”

쿠틸란이 대답했다.

“오호!”

아내는 놀라서 현관으로 나갔다.

그들은 자루를 창고로 가져갔다. 현관으로 썰매를 들여 놓고 쿠틸란은 잠자리에 들었다. 자루는 다음 날에서야 풀었다.

그리고 쿠틸란은 그때부터 대단한 샤먼이 되었다. 티키가크에서 온 아시사크 샤먼과 만나기 전까지는 날아다닌 적이 없었지만 이제는 날아다니게 되었다.

그런 일이 있었다고 이야기들을 했다. 티키가크에서 온 사람은 아시사크라고 불렀고 우나지크에서 온 사람은 쿠틸란이라고 했다. 쿠틸란의 한 고향 사람들은 그의 목에서 아시사크의 목도리를 보았고, 그가 티키가크에서 온 날아다니는 샤먼과 만났다는 사실을 의심하지 않았다. 티키카크에서 온 아시사크는 자신이 우나지크에서 온 샤먼을 알고 있다는 것을 의심하지 않도록 자기 고향 사람들에게 쿠틸란의 목도리를 보여 주었다. 그렇게 이 두 사람은 만났고 그들 중 한 사람은 그렇게나 멀리 날아다닐 수 있었다.

불의 주인과 소년

작은 마을에 할머니와 손자가 살았다. 그들의 토굴집은 다른 토굴집에서 멀리 떨어진 가장 가장자리에 있었다. 같은 마을 사람들은 그들을 미워해서 잡은 고기를 나눠 주지 않았다. 그래서 할머니와 손자는 메추리로만 연명했다. 할머니는 올가미를 만들었고 손자는 올가미를 마을에서 먼 곳에 설치해서 아무도 새를 가져갈 수 없도록 했다. 메추리는 매일 걸려들었고 소년과 할머니는 굶주리지는 않았다. 겨울용으로 저장까지 해 두었다.

소년의 옷은 모두 개 가죽으로 만들었다. 털모자, 벙어리장갑, 털가죽 외투, 가죽 신발 등을 모두 개 가죽으로 지었다. 이 옷을 입고 그는 올가미를 둘러보러 다녔고 항상 그 올가미들에는 메추리들이 걸려 있었다. 그러다가 한번은 그가 올가미를 확인하러 가서 보니 올가미가 전부 망가져 있었다. 그는 올가미들을 가지고 집으로 갔다. 집에 가니 할머니가 그에게 물었다.

"자, 얼마나 잡아 왔느냐?"

소년이 대답했다.

"아무것도 잡지 못했어요. 누군가가 올가미를 전부 망쳐 놓았어요."

온종일 할머니는 올가미를 수선했다. 다음 날 소년은 올가미를 놓으러 나갔다. 전에 올가미를 놓았던 곳에서 더 멀리에 설치했다. 집으로 돌아와서 잠자리에 누웠지만 눈은 감기지 않았고 올가미 생각뿐이었다. 아침에 올가미를 보러 나갔다. 그런데 올가미들이 또다시 망가져 있었다. 또다시 소년은 망가진 올가미를 할머니께 가져갔다. 할머니가 화를 냈다.

"아마도 네가 다 망가뜨리나 보구나! 도대체 무엇을 먹고 산단 말이냐?"

소년이 대답했다.

"아니에요. 제가 망가뜨리지 않았어요. 우리가 올가미 없이는 살 수 없다는 것을 저도 잘 알잖아요. 오늘 올가미 쪽에서 북쪽으로 나 있는 사람 발자국을 보았어요."

또다시 할머니는 온종일 올가미를 수선했다. 아침에 소년은 또다시 올가미를 놓으러 나갔다. 이번에는 더 멀리에 놓았다. 다음 날 가서 보니 올가미들이 또다시 망가져 있었다. 소년이 보니 그 올가미로부터 발자국이 북쪽으로 나 있었다. 소년은 발자국을 따라갔다. 오랫동안 걸어갔다. 산으로 올라가서 보니 산기슭 옆에 커다란 토굴집이 있었다. 어두워지자 그 소년은 토굴집으로 내려갔다. 소년은 입구로 다가갔다. 토굴집에서는 사람들이 이야기를 나누고 있었다. 소년은 그 사람들을 놀래 주기로 결심했다. 소년은 손으로 코를 때려서 피가 흘러나오게 만들었다. 피로 얼굴과 귀를 온통 칠했다. 그렇게 얼굴이 끔찍해졌다! 소년은 다시 귀를 기울여 들어 보았다. 토굴집 안에서 처녀들이 웃고 있었고 아버지는 그들에게 이렇게 말했다.

"조용히 해라! 누군가가 우리 집 입구에 서 있는 것 같구나. 가서 살펴보고 오너라."

한 처녀가 나와서 소년을 발견했다. 그는 자기 얼굴을 들이밀었고 그 처녀는 소리치기 시작했다.

"아이고!"

처녀가 너무 놀라서 죽은 듯이 쓰러졌다.

아버지가 다시 말했다.

"왜 이렇게 딸이 돌아오지 않는 거지? 자, 누가 있는지 살펴보고 오너라."

두 번째 처녀가 나와서 피로 범벅이 된 소년의 얼굴을 보더니 놀라서 소리를 쳤고 죽은 듯이 쓰러졌다.

아버지가 딸들을 기다리지 못하고 이렇게 말했다.

"자, 내 옷을 다오. 내가 직접 무슨 일인지 살펴봐야겠구나! 괴물이 와 있더라도 죽여 버리고 말겠다."

이 말을 듣고 소년은 놀라서 걸음아 날 살려라 하고 도망쳤다. 그는 자기 발자국을 따라서 도망쳤다. 뒤를 돌아보니 그의 뒤를 쫓아서 불기둥이 달려오고 있었다. 소년은 이렇게 생각했다. '아하, 이것은 불의 주인이 내 뒤를 쫓아오는 것이구나. 아마도 그의 땅 위에 올가미를 놓았나 보구나.'

그런데 불이 완전히 가까워졌다. 소년은 불의 외침 소리를 듣게 되었다.

"도망가지 마라. 살아남지 못할 것이다!"

소년은 도망칠 수가 없었다. 소년은 개 가죽으로 만든 벙어리장갑을 벗어서 불에게 던졌다. 벙어리장갑은 바로 불 앞에 떨어졌고 큰 소리로 으르렁거리며 짖어 대기 시작했다. 불은 멈추었다. 소년은 계속 도망쳤다. 불이 벙어리장갑을 태워 버리고 소년을 또다시 쫓아오기 시작했다. 발꿈치까지 따라잡았다.

"도망치지 마라. 살아남지 못할 것이다!"

또다시 불이 소리쳤다.

소년은 털가죽 외투를 벗어서 불한테 던졌다. 털가죽 외투는 짖어 대기 시작했고 불이 또다시 멈췄다. 소년은 자기 발자국을 따라 계속 도망쳤다. 그러나 털가죽 외투가 잠잠해졌다. 불이 그 털가죽 외투를 태워 버리고 소년의 뒤를 쫓아오고 있었던 것이다. 소년은 자기의 토굴집까지 도망쳐 갔고 불은 완전히 옆에까지 쫓아와서 소리쳤다.

"도망치지 마라! 살아남지 못할 것이다!"

소년은 개 가죽으로 만든 바지를 벗어서 불에게 던졌고 바지가 큰 소리로 짖어 대기 시작했다. 불이 멈추었고 소년은 토굴집으로 뛰어 들어가서 할머니께 소리쳤다.

"불의 주인이 내 뒤를 쫓아왔어요! 무슨 일이든 해 보세요. 토굴집과 함께 우리를 불태우지 못하게요!"

할머니는 돌을 집어다가 토굴집 가운데에 놓았다. 토굴집이 갑자기 온통 돌로 변했다. 불의 주인은 토굴집 주위를 뛰어다니면서 그 집을 재로 만들려고 했지만 토굴집은 불타지 않았다. 불의 주인은 불꽃을 다 써 버리고 힘이 다 빠져서 자신의 땅으로 물러갔다. 할머니와 손자는 예전처럼 메추리를 잡기 시작했지만 자기 땅에서만 잡았다.

카약시크비크

이런 일이 있었다. 카약시크비크라는 마을에 한 사람이 살고 있었다. 그에게는 자식들이 있었다. 그런데 자식들은 카약을 타고 가다가 물에 빠져 죽었다.

그러다가 아내가 아들을 낳았다.

아버지는 이렇게 말했다.

"또 죽지 않도록 잘 보살피시오!"

아들의 이름을 카약시크비크라고 지었다. 아들은 자라기 시작했다. 부모는 카약시크비크에게도 같은 일이 생기면 어쩌나 하고 노심초사했다. 그래서 아들을 애지중지 키웠다. 아들은 빠르게 성장했고 벌써 다 커 버렸다. 카약시크비크가 바다를 보니 카약을 타 보고 싶어졌다. 아버지는 그에게 말했다.

"너한테는 카약도 없잖니!"

카약시크비크는 아버지 말을 듣지 않고 해변으로 나갔다. 카약의 뱃머리를 발견하고 집으로 끌고 갔다. 아버지한테 물었다.

"이게 뭐예요?"

"카약의 뱃머리란다."

카약시크비크는 아버지에게 말했다.

"저한테도 카약을 만들어 주세요!"

어쩔 수가 없어서 아버지는 동의를 하고는 카약을 만들기 시작했다. 카약을 만들고 뱃머리와 선미에 구멍을 뚫었다. 바다토끼 가죽으로 긴 줄을 만들어서 펼친 후 한끝을 카약의 뱃머리에 묶었다. 카약시크비크를 카약에 태우고 물에 띄워서 떠나게 했다. 카약시크비크는 배를 타고 떠나갔고 아버지는 줄을 풀었다. 카약시크비크는 산 너머로 보이지 않게 되었다. 그러자 아버지는 줄을 감았고 카약을 해변으로 끌어당겨서 보니 카약시크비크가 수많은 물범을 잡은 것이 아닌가.

다음 날 또다시 카약시크비크는 바다로 배를 타고 나갔다. 아버지는 또다시 줄을 풀기 시작했다. 카약시크비크는 곧장 열린 바다를 향해 갔다. 배가 모습을 감추었다. 그는 잠자고 있는 커다란 철갑상어를 발견했다. 그쪽으로 배를 몰기 시작했다. 큰 철갑강어가 배 소리를 듣고 물속으로 도망쳤고 먼 저쪽에서 몸을 불쑥 내밀었다. 카약시크비크는 그 철갑상어를 뒤따라갔다. 또다시 철갑상어가 물속으로 들어갔다가 오랫동안 잠수 상태로 있더니 또다시 먼 저쪽에서 불쑥 물 밖으로 몸을 내밀었다. 카약시크비크는 그렇게 해서 결국은 철갑상어를 뒤쫓지 못하고 도로 돌아갔다.

아침에 카약시크비크는 아버지한테 물었다.

"툰드라로 나가 봐도 될까요?"

이번에도 아버지는 허락할 수밖에 없었다. 카약시크비크는 툰드라로 떠났다. 걷고 또 걷다 보니 쉬고 싶어졌다. 그는 산기슭에 앉았다. 그에게 철갑옷을 입은 한 사람이 다가왔다. 카약시크비크의 가죽 신발 밑창에는 커다란 구멍이 뚫려 있었다. 카약시크비크가 발가락을 움직거려 보자 신발 밑창의 구멍이 마치 입처럼 열렸다 닫혔다 했다. 그 사람이 이것을 보고 물었다.

"이것이 무엇이오? 발의 입이 열리는 것이오?"

"나는 한 발로 당신을 잡아먹을 수도 있어요!"

카약시크비크가 말했다.

그 사람은 너무 깜짝 놀라서 쓰러지면서 소리쳤다.

"아이고, 살려 주시오. 내 철갑옷을 드리리다!"

카약시크비크는 그를 건드리지 않았다. 그 사람은 자신의 철갑옷을 벗어서 카약시크비크에게 건넸다. 카약시크비크는 그 옷을 입고 일어났다. 일어나서 보니 옆에서 수컷 산양이 뛰어 놀고 있는 것이 아닌가. 알고 보니 철갑옷을 입은 사람은 수컷 산양이었던 것이다.

카약시크비크는 계속해서 길을 갔다. 산 정상으로 올라가서 아래를 보았다. 산기슭에서 커다란 그물을 발견했다.

아래로 내려갔다. 물 쪽으로 내려가서 물범을 잡으려고 쳐 놓은 그물에 걸려 버렸다. 헤어 나올 수가 없었다. 온종일 그물 속에 앉아 있었다. 저녁이 되었다.

그물로 한 노인이 다가왔다. 카약시크비크를 보았다. 그리고 노인이 말했다.

"아하, 이상한 물범을 잡았군!"

노인은 그물에서 카약시크비크를 꺼내서 물범 대신에 집으로 데려갔다. 카약시크비크는 발로 나무를 꽉 붙잡았다. 노인이 온 힘을 다해 그를 당기기 시작했고 카약시크비크가 발을 풀어 버리자 노인이 넘어지면서 얼굴을 심하게 다쳤다. 노인이 일어나서 또다시 포획물을 데려가기 시작했다. 카약시크비크가 또다시 발로 나무를 꽉 붙잡았다. 또다시 노인이 세게 잡아당겼다. 카약시크비크가 발을 풀어 버리자 또다시 노인은 넘어져서 얼굴에 더 많은 상처를 입었다. 노인은 온통 상처를 입어서 겨우겨우 집까지 도달했다. 아내는 노인이 물범을 가져온 줄 알고 기뻐했다. 카약시크비크를 장막 안으로 끌고 가서 녹이기 시작했다.

노파는 가죽 손질을 할 채비를 마치고 칼을 들고 자르려고 했다.

그때 카약시크비크가 힘을 꽉 주면서 몸을 쭉 폈다. 노인은 그를 더듬더듬 더듬더니 이렇게 말했다.

"아직도 물범이 얼어 있군. 내일 가죽 손질을 해야겠군."

노인과 노파는 잠자리에 들었다. 깊이 잠이 들었다. 카약시크비크는 일어나서 장막에서 나왔다. 툰드라로 향했다. 언덕을 넘어 수많은 야란가가 있는 것을 발견했다. 첫 번째 야란가로 들어갔다. 그 안에는 한 처녀가 살고 있었고 그녀와 함께 수많은 작은 사람들이 있었는데 그 처녀의 친척들이었다.

처녀가 카약시크비크에게 말했다.

"우리 야란가에서 살아요!"

카약시크비크는 그러겠다고 동의했고 그 야란가에서 살게 되었다.

그러던 어느 날 누군가가 한낮에 소리치기 시작했다.

"곰이다. 곰이다!"

사람들이 모두 뛰쳐나갔다. 카약시크비크도 야란가에서 뛰쳐나갔지만 그의 아내가 된 처녀는 그를 놓아주지 않았다. 그는 아내 말을 듣지 않고 밖으로 나갔다. 나가서 보니 해변에 수많은 사람들이 모여 있었다. 그가 더 가까이 다가갔다. 모두가 소리쳤다.

"아이고, 아이고. 아이고! 바로 그 곰이다. 곰이다. 바로 그다! 그 곰이다!"

카약시크비크가 쳐다보니 얼음은 얼음이 아니라 호수의

거품이었고 곰은 곰이 아니라 작은 쥐새끼였다. 카약시크비크가 다가가서 쥐새끼를 발로 차서 죽여 버렸다.

사람들 중에 가장 큰 사람이 소리치기 시작했다.

"아이고, 친척들이여. 그가 곰을 죽였소. 발로 차서 죽였소!"

그들은 포획물을 장막 안으로 끌고 갔다. 여자들이 쥐새끼를 손질해서 끓였다. 어두워지자 음식을 먹기 시작했다. 카약시크비크가 보니 작은 사람들이 쥐 새끼를 먹고 있었다. 모두에게 각각 갈비뼈가 돌아갔다. 사람들이 그도 초대했다.

"카약시크비크, 드시오!"

카약시크비크도 쥐 새끼를 먹기 시작했고 갈비 두 대를 먹었다.

밤이 되었고 모두가 깊이 잠들었다.

아침에 카약시크비크는 또다시 외침 소리를 들었다.

"사슴이다, 큰사슴. 커다란 큰사슴이 왔다!"

모두가 산으로 올라갔고 카약시크비크도 그들과 함께 갔다. 가서 보니 사람들은 어디론가 모두 숨어 버렸고 작은 담비 하나 때문에 놀란 것이었다. 카약시크비크가 그쪽으로 가서 담비를 발로 차서 죽여 버렸다.

또다시 모두가 소리치기 시작했다.

"에이, 친척들이여. 그가 커다란 사슴을 죽였다오. 발로 차서 죽였다오!"

모든 사람들이 집으로 갔고 그들과 함께 카약시크비크도 갔다.

다음 날 카약시크비크가 장막에서 나와서 보니 그 사람들이 모두 날아다니고 있었다. 그가 자세히 보니 이 사람들은 모두 메추라기였던 것이다. 그들에게 담비가 큰사슴 같이 보이고 쥐가 곰 같이 보였던 것이 놀라운 일이 아니었다. 이후에 카약시크비크는 집으로 돌아갔다.

사라진 형제들

옛날에 네 형제가 살았다. 하루는 막둥이가 사냥에 나갔다가 돌아오지 않았다. 형제들은 그를 기다리고 기다렸지만 소용이 없었다. 그를 찾으려고 둘째 형이 나갔다. 또다시 돌아오지 않았다. 그러자 셋째 형이 나갔다. 그도 돌아오지 않았다. 큰형 혼자 남았다. 형제들을 모두 찾겠다고 길을 나섰다. 그는 하늘로 올라갔다. 도중에 작은 별 하나를 발견했다. 이 작은 별은 마치 희망처럼 그에게 손짓했다. 가까이 갈수록 점점 더 커졌다. 다가가서 보니 토굴집이었다. 큰형이 멈추어 섰고 토굴집에서는 한 목소리가 들렸다.

"오호, 거기 누구세요? 여기는 새들도 가까이 지나가지 않는 곳이에요!"

큰형이 입구로 다가갔다. 토굴집에서 한 노파가 몸을 내밀더니 물었다.

"당신은 누구요?"

그가 대답했다.

"저는 형제들을 찾고 있습니다."

노파가 말했다.

"먼저 토굴집 안으로 들어오시오!"

노파는 고기를 접시에 가득 채우더니 말했다.

"자, 어서 드세요!"

큰형은 맛을 보고 실컷 먹었다. 여주인은 고기를 다 먹으라고 말했다. 큰형은 비록 배가 불렀지만 고기를 다 먹었다.

노파가 말했다.

"자, 이제 왜 왔는지 말하시오."

큰형이 이야기하기 시작했다.

"막둥이가 사냥을 나섰는데 돌아오지 않았어요. 둘째가 나갔는데 그도 돌아오지 않았어요. 그런 다음 셋째가 나갔지만 그도 사라졌어요. 그래서 제가 형제들을 찾으러 나선 거예요."

노파가 말했다.

"자, 좋아요. 가세요. 도중에 벌레를 만나게 될 거요. 그 벌레는 길 위에 몸을 쭉 펴고 누워 있어서 길을 가로막을 거요."

노파는 손잡이가 장식된 지팡이와 짐승의 위로 만든 자루를 그에게 주었다. 그리고 이렇게 말했다.

"그 벌레한테 다가가거든 이 자루를 씌우시오. 그리고 그 벌레를 건너뛰면 지팡이로 벌레를 때리시오."

큰형은 벌레 쪽으로 다가가서 자루를 씌우고 지팡이로 벌레를 때렸다. 자루를 벗겨 보니 벌레에서 내장이 쏟아져 나와 있었다.

계속해서 길을 갔다. 토굴집이 나타났고 거기서 연기가 피어오르고 있었다. 큰형은 길을 멈췄다. 한 목소리가 들렸다.

"아하 하 하 하 하아. 거기 밖에 누구요? 내 집 문 옆은 아무도 통과한 적이 없소! 아하 하 하 하 아. 그와 한판 붙어 봐야겠군!"

갑자기 토굴집에서 한 사람이 밖으로 나왔다.

"아하 하 하 하 하아. 당신은 누구요?"

"내 형제들을 찾고 있다오."

"네 형제들은 저기 저 구멍 안에 있다."

큰형은 구멍 위에서 몸을 구부렸고, 자신의 형제들을 알아보게 되었다. 막둥이는 너무 심하게 말라 있었다. 위를 쳐다보았다. 형제들을 소리쳐 불렀더니 형제들이 신호를 보내서 큰형에게 떠나라고 경고했다. 구멍의 가장자리에는 칼이 수없이 박혀 있었다. 토굴집의 주인이 말했다.

"여기서 기다리시오!"

알고 보니 그는 큰형도 그 구멍 안으로 던져 버리려고 했던 것이다. 주인이 몸을 돌리자 큰형은 형제들을 자루에 집어넣고 곧바로 자신의 발자국을 따라서 되돌아가기 시작했다. 오는 도중에 벌레를 죽였기에 길은 순탄했다.

노파가 살았던 토굴집으로 다가갔다. 노파가 말했다.

"왔군요!"

큰형은 자루를 털어 냈다. 거기서 형제들이 튀어나왔다. 형제들은 살까지 올라 있었다.

"자, 여기로 내려가시오!"

노파가 말했다.

그들은 토굴집으로 들어갔다. 노파는 통로의 가운데에서 고래 지느러미를 치웠다. 형제들은 구멍 안을 들여다보았다. 알고 보니 그들은 하늘 위에 있는 것이었다. 밑을 보니 그들의 토굴집이 아래에 있었다. 또다시 큰형이 그들을 자루 속에 집어넣었다. 밧줄을 타고 땅으로 내려가기 시작했다. 그는 구름에 매달렸다. 결국 땅으로 내려오게 되었다. 큰형은 자루를 열었다. 거기서 형제들이 나왔다. 형제들은 자루를 여러 가지 음식으로 채우고 사슴 비계가 든 자루를 맨 위에 놓고 그 위에는 구슬을 꿴 묶음도 넣었다. 노파가 자루를 하늘로 당기기 시작했다. 자루를 쭉 끌어당겼다. 이때 반쪽이 사람이 밖을 내다보았다. 노파는 그에게 자루에 든 음식을 꺼내 주었다. 알고 보니 그는 그 노파의 남편이었다.

투명 인간

나파쿠타크 마을 출신의 한 남자가 카약을 타고 벼랑 옆에서 사냥을 하고 있었다. 그렇게 배를 타고 가다가 고래를 잡아 끌고 가는 가죽배들을 발견했다. 그는 그쪽으로 가까이 가서 가죽배에서 자신을 알아보기를 바라며 여러 가지로 애를 썼다. 그런데 아무리 애를 써도 아무도 그를 알아채지 못했다. 남자는 이렇게 생각했다. '고래를 잡은 이 가죽배들은 어디에 정박하게 될까? 따라가 봐야겠군.' 그는 자신의 카약을 타고 고래잡이 사냥꾼들을 따라갔다. 고래잡이 사냥꾼들은 해변에 배를 정박했고 그 남자가 보니 마을이 있었는데 한 번도 보지 못한 마을이었고 땅도 생전 보지 못한 낯선 땅이었다. 그가 해변으로 나가서 카약을 끌어당겨 놓고 보니 해변 쪽으로 어떤 사람들이 내려오고 있었다. 그는 한 번도 그 사람들을 본 적이 없었다. 그 사람들은 고래를 손질해서 나누기 시작했다. 남자가 그들을 자세히 살펴보았다. 그들 사이를 걸으면서 팔꿈치로 건드려 보았지만 아무도 그에게 주의를 기울이지 않았다. 이때 아이를 안은 한 여자가 남편을 부르면서 말했다.

"딸에게 고래 고기 좀 잘라 줘요!"

그러자 그 사람은 가장 맛있는 부위를 잘라서 여자의 발 앞에 던져 주었다. 여자가 그 조각들을 주워 올리기도 전에 그 남자가 다가가서 두 발로 그 조각들을 밟고 섰다.

여자는 고래 고기를 잃어버렸고 주위를 아무리 보아도 찾을 수가 없었다. 여자는 남자의 등 쪽으로 몸을 돌렸고 남자는 서둘러서 고래 가죽 조각을 가져다가 여자의 등 위에 올려놓았다. 이런 신기한 일도 있단 말인가! 고기 조각들이 갑자기 사라져 버렸다. 그 여자의 살 속으로 들어가 버렸다. 여자는 갑자기 소리를 지르면서 무엇인가가 등을 세게 찔러서 아파 죽겠다고 난리를 쳤다. 그녀의 남편이 달려와서 여자를 썰매에 태우고 집으로 끌고 갔다. 남자는 그들의 뒤를 따라갔다. 그러나 도중에 고래 비계를 실은 썰매를 집으로 질질 끌고 가던 다른 여자를 쫓아서 따라갔다. 남자는 그녀에게 다가가서 썰매에 탔다. 여자가 잠깐 멈추더니 계속해서 끌고 갈 수가 없었다. 여자가 서서 이렇게 생각했다. '왜 이렇게 내 짐이 갑자기 무거워졌지? 너무 지쳐서 힘이 다 빠졌나 보다.' 여자는 쉬기로 결심했고 투명 인간이 된 남자는 썰매에서 내려서 계속해서 걸어갔다. 그는 야란가들이 있는 곳으로 다가가서 한 야란가 안을 들여다보았다. 그곳에서는 여자가 고기를 삶고 있었다. 그녀 옆에는 접시에 막 삶은 고기가 놓여 있었다.

카약을 타고 온 그 사람이 말했다.

"에이, 여자야, 내게 삶은 고기를 줘. 너무 배가 고파."

여자가 돌아보았지만 아무도 발견하지 못하고 소리쳤다.

"아이고, 내 귀에서 무슨 소리가 나는군! 귀신이 곡할 노릇이군! 분명히 누군가가 고기를 달라고 했는데 아무도 없다니!"

남자가 말했다.

"내가 당신을 더 놀라게 해 주겠다!"

그는 접시에서 고기를 집어서 입에 넣었다. 여자가 보니 고기 조각들이 접시에서 펄쩍 뛰어 공중에서 사라졌다. 여자가 다시 소리쳤다.

"아이고, 또 내 귀에서 사람 목소리가 쟁쟁거리는구나! 아이고, 내 삶은 고기가 어디론가 도망치는구나. 도망쳤어! 아이고, 헛것이 보이는 것을 보니 내가 죽으려나 봐!"

남자는 삶은 고기를 전부 가지고 토굴집을 나와서 고기를 다 먹어 치우고 다른 토굴집으로 갔다. 남자는 길가에 있는 한 토굴집 옆에 앉았다. 그 토굴집으로 두 처녀가 다가오고 있었는데 해변에서 고래 고기를 나르는 중이었다. 처녀들이 토굴집으로 다가와서 문지방을 넘어 안으로 들어가려고 했다. 그런데 이렇게 신기한 일이 있다니! 문이 그렇게 넓은데도 통과할 수가 없었다.

"왜 우리 집 문이 갑자기 이렇게 좁아졌지?"

처녀들이 말했다.

그리고 남자는 이 사람들 사이에서 걸어 다니면서 훼방을 놓았다. 아무도 그를 보지 못했다. 남자는 완전히 투명 인간이 되었다. 남자는 병이 난 여자가 살고 있는 다른 토굴집으로 다가가서 엿들어 보았다. 여자가 신음 소리를 냈다. 샤먼들과 액막이 의원들이 어쩔 줄 몰라 하고 있었다. 누군가가 토굴집 안에서 말했다.

"내가 말하는 사람을 불러와서 내가 말하는 대로 모든 것을 하고 돈을 지불하면 바로 나을 텐데!"

전령이 토굴집 옆에 서 있던 남자의 곁을 지나면서도 그에게 아무 말도 하지 않았다. 그도 그 남자를 보지 못했던 것이다. 조금 지나자 토굴집으로 속옷만 입은 사람이 다가갔다. 주인이 데려오라고 한 사람이었다. 그는 카약을 타고 온 투명 인간 남자에게 다가가서 말했다.

"당신은 누구요? 어디서 왔소? 왜 토굴집으로 들어가지 않는 거요?"

카약을 타고 온 사람이 대답했다.

"나는 카약을 타고 고래를 끌고 가던 사냥꾼들의 뒤를 따라와서 여기서 정신을 차리게 되었다오. 나는 나파쿠타크에서 온 사람이오. 여기가 어딘지 모르겠소. 내가 아무리

애를 써도 아무도 나를 알아채지 못했다오. 아무 소용이 없었소. 아무도 나를 보지 못했다오. 당신 혼자만 나를 알아보았소. 나는 한 여자의 등에 비계가 붙은 고래 가죽 조각을 쑤셔 넣기까지 했다오. 그것 때문에 그 여자는 지금 등이 아프다오."

불려온 사람이 말했다.

"내 뒤를 따라 토굴집으로 갑시다!"

그들이 토굴집으로 들어갔다. 이때 모든 사람들이 카약에서 내린 사람을 알아보았다. 낯선 남자가 말했다.

"당신들이 이 사람을 나파쿠타크로 데려다준다면, 카약에서 내린 이 사람은 여자를 치료할 수 있습니다."

병이 난 여자의 남편이 말했다.

"물론이죠. 데려다주죠. 내 아내를 낫게만 하라고 하시오! 내 아내가 너무 고통스러워하지 않소!"

토굴집의 주인은 고래를 잡았던 바로 그 사람이었다. 그의 아내는 카약에서 내린 남자가 고래 고기 조각을 등에 쑤셔 넣었던 바로 그 여자였던 것이다. 남자는 병이 난 여자에게 다가가서 그녀의 등에서 고래 고기 조각을 꺼내서 등잔 앞에 놓았다. 여자는 수월하게 숨을 쉬었다. 주인이 보니 이것은 그가 낮에 고래 가죽에서 잘라서 딸에게 주었던 그 조각들이었다.

다음 날 토굴집의 주인은 한마을 사람들을 불러서 고래 가죽을 가죽배에 실으라고 명했다. 가죽배에 다 싣자 배를 물에 띄웠다. 가죽배에 남자의 카약을 묶고 나서 그 남자에게 노 젓는 사람들과 함께 가죽배에 타라고 말했다. 그를 그의 고향 나파쿠타크로 데려다주었다. 나파쿠타크에 도착했을 때 남자가 해변으로 나갔다. 노 젓는 사람들이 가죽배에서 짐을 부리고 카약을 풀고는 재빨리 배를 띄웠다. 남자가 육지를 보니 자기 고향 마을이 보였고 바다를 보니 가죽배도 노 젓는 사람들도 보이지 않았다. 한 제비 가족만 저 멀리서 헤엄치고 있었다. 알고 보니 남자는 제비의 나라에 갔던 것이었고 그 제비들이 그를 집으로 돌려보내 준 것이었다.

전설

카나크와 독수리들

니부카크라는 해변 마을에 용감하고 대범하고 힘이 센 사냥꾼이 한 명 있었는데 이름이 카나크였다. 카나크에게는 외동아들이 있었다. 돌아가신 할아버지를 기념해서 카나크는 아들을 타그랴크라고 불렀다.

카나크는 아들을 미녀인 이웃집 딸 툿칸과 결혼시키고 싶었다. 그러나 이 청년은 결혼에 대해서는 듣고 싶어 하지도 않았다.

그는 적들인 독수리를 이기기 위해 가장 강하고 민첩하고 용감한 사냥꾼이 되고 싶었다. 독수리들은 산 정상에서 살면서 사람들뿐만 아니라 땅과 바다의 짐승들에게 수많은 고통을 야기하고 있었다.

매일 타그랴크는 높은 바위에 기어 올라가서 골짜기와 계곡을 통과해서 뛰어다녔고 툰드라에서는 도망치는 여우를 쫓아가서 따라잡곤 했다. 용감하고 강한 사람이 되었다. 카나크가 나이가 들자 타그랴크는 집에 수많은 바다짐승을 사냥해서 가져오기 시작했다. 카나크는 더 이상 사냥을 다니지 않았고 여름과 겨울용 모닥불에 쓰려고 나무토막만 모으러 다녔다.

봄이 왔고 눈은 거의 다 녹았다. 어느 날, 타그랴크가 나무토막을 주우러 나가려고 하자 카나크가 아들에게 말했다.

"누구와 결혼하려고 생각하느냐? 처녀 툿칸이 바느질과 음식을 잘 못한단 말이냐? 그 처녀 얼굴에 가장 아름다운 무늬가 있고 우리 마을의 그 어떤 처녀도 그보다 더 아름답지는 않단다. 땅을 걸어 다니는 처녀가 아니라 공중을 날아다니는 처녀한테라도 장가들겠단 말이더냐?"

타그랴크는 말이 없었다. 그는 싸워 이기고 싶었던 독수리들에 대해서 생각하고 있었다. 독수리들은 아이들을 훔쳐 갔다. 독수리들은 사람들에게 삶을 제공했던 바다를 황폐화했다. 심지어 거대하고 검은 고래마저도 독수리들은 마치 잔챙이 물고기처럼 날라 가 버렸다.

타그랴크는 장작을 가지러 나갔다. 그러나 저녁이 되었는데도 그는 돌아오지 않았다. 아내는 카나크에게 물었다.

"왜 우리 아들이 이렇게 오랫동안 돌아오지 않는 거죠? 무슨 일이라도 생긴 것이 아닐까요?"

밤이 되었고 새벽이 밝았는데도 타그랴크는 여전히 돌아오지 않았다. 아침에 카나크는 아내에게 말했다.

"사람들에게 말하시오. 남쪽과 북쪽으로 가죽배를 타고 가서 우리 아들을 찾아 달라고."

남자들은 고래잡이용 작살과 창과 활을 들고 음식을 넣

은 자루를 가지고 사방으로 흩어져서 떠났다. 저녁이 되자 사냥꾼들을 태운 가죽배가 되돌아왔다. 그러나 아무도 타그랴크의 흔적을 찾지 못했다.

가을이 왔다. 추위가 시작되었고 두꺼운 얼음층이 해변을 얼리기 시작했지만 여전히 타그랴크는 돌아오지 않았다. 그러자 카나크가 말했다.

"내일 내가 직접 독수리들이 살고 있는 키흘랴비크 산으로 가 봐야겠소. 어쩌면 그곳에서 우리 아들에 대해 무엇인가를 알게 될지도 모르잖소."

아침 일찍 모두가 일어났을 때, 카나크는 어깨에 자루를 메고 키흘랴비크 산으로 떠났다. 산기슭으로 다가갔다. 가서 보니 산이 너무 높았다! 산꼭대기까지 올라갈 힘이 있을까? 카나크는 산을 기어오르기 시작했다. 수없이 쉬어 가면서 산꼭대기까지 올라갔다.

독수리들은 보이지 않았다. 주위에는 고래와 새, 물고기들의 뼈만이 하얗게 보였다.

갑자기 카나크는 독수리 새끼들을 발견하게 되었다. 그 새끼들은 아직 날지를 못했고 서로서로 꼭 붙어서 추위와 배고픔에 떨고 있었다.

카나크는 이렇게 생각했다. '독수리 새끼들이 얼어 죽겠어…. 아마도 오랫동안 아무것도 먹지 못했나 보군. 먹을 것

을 좀 줘서 살려야겠어!'

카나크는 자신의 털외투에서 옷자락을 잘라서 새끼 독수리들이 얼지 않도록 덮어 주었다. 그리고 자신의 활을 가져다가 새끼 독수리들을 먹이려고 들꿩을 두 마리 쏘아 잡았다. 새끼 독수리들은 들꿩을 먹었고 그 가죽 아래서 몸을 데웠다. 카나크는 계속해서 가려고 했다. 이때 새끼 독수리 한 마리가 날개로 땅을 치더니 사내애가 되었고 그에게 이렇게 말했다.

"고마워요, 사람! 당신은 우리를 추위와 배고픔에서 구해 주었어요. 우리 어머니는 나흘째 돌아오지 않았어요. 여기서 멀리 사냥감을 찾으러 떠났어요. 곧 어머니가 돌아올 거예요. 어머니한테는 사람들에 대한 동정심이 없어요. 당신을 해칠 거예요! 내 날개 아래에 숨으세요!"

소년이 손으로 땅을 때리자 다시 새끼 독수리로 변했다. 카나크는 그의 말을 들어서 날개 아래에 숨었다. 이때 공중에서 휙휙 하는 소리와 시끄러운 소리가 들렸다. 카나크는 몰래 쳐다보았고 바위만 한 크기의 어미 독수리를 발견하게 되었다.

어미 독수리가 소리쳤다.

"어디서 사람 냄새가 나는 거지?"

새끼 독수리가 어미 독수리에게 말했다.

"그 사람이 아니었으면 우리는 추위와 배고픔에 죽었을 거예요. 우리를 따뜻하게 해 주고 먹여 주었어요. 그 사람은 내 날개 아래에 있어요."

어미 독수리가 말했다.

"이리 나오시오. 두려워 말고, 사람아!"

카나크는 새끼 독수리의 날개 아래서 나왔다. 나와서 보니 어미 독수리가 고래를 날라 가져왔는데 어미 독수리 발에 있으니 고래가 잔챙이 물고기처럼 보일 정도였다. 어미 독수리가 부리로 땅을 쪼고 깃털을 떨구니 여자 거인이 되었다. 그 여자 거인은 카나크에게 물었다.

"왜 당신은 여기로 왔나요, 사람아?"

카나크가 대답했다.

"우리 아들을 찾고 있소. 그래서 당신한테 묻고자 왔소. 당신은 어디든지 날아다니니 온 세상에서 일어나는 일을 모두 볼 것 아니오. 우리 아들을 보지 못했소?"

어미 독수리가 말했다.

"당신의 아들이 어디에 있는지 알고 있어요. 저 높은 곳 하늘의 산에 가장 강하고 가장 큰 독수리가 살고 있어요. 그 독수리가 당신 아들을 데려갔고 자기 딸하고 결혼시키려고 해요. 그런데 당신 아들은 독수리와 혼인하고 싶어 하지 않아요. 독수리는 당신 아들을 기둥에 묶어 놓고 매일 쪼고 있어요. 당신 아들은 고통스러워하고 있어요."

카나크가 울음을 터뜨렸다.

어미 독수리가 그에게 말했다.

"지금 집으로 가세요. 나흘 후에 여기로 오세요. 고기를 더 많이 준비해 오세요. 갈 길이 멀어요. 함께 거대한 독수리와 싸우러 떠나요."

카나크는 집으로 돌아갔다. 아내가 물었다.

"자, 어서 말해 보세요. 우리 아들에 대해 뭐 알아낸 것 있어요?"

카나크는 늙은 아내를 놀라게 하고 싶지 않아서 이렇게 대답했다.

"좀 알아냈다오. 사람들이 말하기를, 우리 아들이 하늘의 산에 살고 있는 거대한 독수리의 딸과 결혼했다는구려. 나흘 후에 다시 가 보겠소. 어쩌면 아들을 볼 수 있을지도 모르잖소!"

카나크는 고기를 챙겨서 키흘랴비크산에 있는 어미 독수리에게로 떠났다. 어미 독수리는 그때까지 길을 떠나기 위해 수많은 사슴 고기와 고래 고기를 저장했다. 카나크는 야생 사슴들의 몸통을 어미 독수리의 깃털에 줄로 묶었다. 수많은 사슴들을 묶었다. 그리고 자신은 어미 독수리의 등에 앉았다. 어미 독수리는 발톱에 고래를 붙들었고 그들은 함께 하늘의 산을 향해 날아갔다.

그리고 땅이 시야에서 사라졌다. 어미 독수리는 고래 고기를 한 조각 잘라 먹고 힘을 비축했다.

그렇게 한참을 날았다. 이제 고래 고기가 다 떨어졌고 카나크는 어미 독수리에게 사슴 몸통을 먹이기 시작했다. 그리고 하늘의 산이 보이기 시작했고 카나크에게는 사슴 고기 몸통이 다 떨어져서 어미 독수리가 힘이 빠지기 시작했다. 카나크는 어미 독수리에게 자신의 비상 식량을 모두 주었다. 어미 독수리는 조금 날아갔고 이제 산의 정상이 아주 가까워졌는데 어미 독수리가 힘이 다 빠져서 더 이상 날지를 못했다. 그러자 카나크는 자신의 몸에서 고기를 잘라서 어미 독수리에게 먹였다. 어미 독수리는 날아올랐지만 정상까지 도달할 수는 없었다. 카나크는 칼을 집어서 자신의 몸에서 다시 고기를 잘라서 어미 독수리에게 주었다. 어미 독수리는 하늘의 산꼭대기까지 날아가서 커다란 바위 근처에 앉았다.

카나크가 앞을 보니 커다란 토굴집이 있었다. 이 토굴집 주위에는 마치 하얀 눈더미처럼 수많은 뼈가 땅을 덮고 있었다.

어미 독수리가 카나크에게 말했다.

"저기 토굴집 너머 기둥에 당신의 아들이 밧줄로 묶여 있어요. 그를 이리로 데려오세요!"

카나크가 기둥으로 다가가서 보니 정말로 아들이 손과 발이 묶여 있었다. 카나크는 재빨리 칼로 두꺼운 바다코끼리 밧줄을 잘랐다. 아들이 쓰러졌다. 카나크가 물었다.

"내 아들아, 정말로 걸을 힘조차 없는 것이냐?"

아들이 대답했다.

"완전히 힘이 빠졌어요. 못 걷겠어요."

카나크는 아들을 어깨에 메고 어미 독수리에게 데려갔다.

어미 독수리가 말했다.

"용사 독수리가 자고 있어서 당신이 아들을 데려간 것을 몰라요. 어서 빨리 땅으로 내려가요."

아버지와 아들이 어미 독수리의 등에 타고 땅으로 내려가기 시작했다. 땅이 가까워지고 있었다. 그런데 갑자기 그들은 뒤에서 시끄러운 소리와 외친 소리를 들었다.

용사 독수리가 어미 독수리를 쫓아와서 가슴으로 때리자 카나크의 아들이 떨어졌고 또다시 때리자 카나크와 고기 자루가 떨어졌고 또 한 번 때리자 어미 독수리가 떨어졌다.

그들은 모두 바다로 떨어졌고 독수리는 하늘로 올라갔다.

어미 독수리는 바다에 떨어져서 아야크섬으로 변했다.

카나크는 바다에 떨어져서 이마클리크섬이 되었고, 카나크의 아들은 바다에 떨어져서 우키야크섬이 되었다.

키흘라비크산의 두 마리 새끼 독수리 형제들은 고아가 되었다. 그 새끼 독수리들은 스스로 먹을 것을 사냥해야만 했다. 처음에 그 새끼 독수리들은 툰드라의 작은 짐승들을 사냥했지만 나중에는 야생 사슴과 얼음 위에 있는 바다코끼리를 잡기 시작했다. 수많은 세월이 흘렀고 독수리들은 자라서 커다란 고래를 잡기 시작했다.

한번은 동생 독수리가 형에게 말했다.

"우리 어머니는 도대체 어디에 계실까? 하늘의 산으로 올라가 보면 어떨까? 거기서는 모든 것이 다 보이잖아."

독수리 형제는 고기를 챙겨서 위로 날아올랐다.

오랫동안 날아갔고 가져온 고기를 다 먹었다. 하늘의 산에 도착했다. 거기서 커다랗고 커다란 토굴집을 발견했다. 그 토굴집 주위에는 수많은 뼈가 있어서 마치 흰 눈으로 덮인 것 같았다. 독수리 형제는 땅을 부리로 쪼고 깃털을 털어냈다. 그런 다음 형이 말했다.

"어쩌지? 이 토굴집으로 들어가 보자!"

독수리 형제는 토굴집으로 들어갔다. 고래 고기가 담긴 나무 그릇 옆에 독수리와 그 아내가 앉아 있었다. 독수리가 말했다.

"어머니를 죽였다고 젊은 독수리 형제들이 이렇게 나한테 복수하러 왔군."

형이 용사 독수리에게 말했다.

"자, 옷을 입으시오. 우리와 함께 땅 가까이로 날아가서 싸웁시다."

"싸워 보자!"

독수리가 말했다.

그들과 함께 용사 독수리의 아내도 떠날 채비를 했다. 독수리들은 자신의 가죽을 입고 땅에 가까이 내려가기 시작했다. 땅이 가까워졌을 때 형이 말했다.

"싸움을 시작할 때가 되지 않았나? 너는 암컷 독수리와 싸워라, 나는 용사 독수리와 싸울 테니."

독수리들은 여러 방향으로 흩어져 날아갔다. 동생은 암컷 독수리와 북쪽으로 날아갔고 형은 용사 독수리와 남쪽으로 날아갔다.

나이 든 독수리들과 젊은 독수리들 간에 싸움이 벌어졌다.

오랫동안 독수리들은 싸웠다. 젊은 독수리가 가슴으로 늙은 독수리를 때렸다. 용사 독수리는 견디지 못하고 바다에 떨어졌고 커다란 섬인 시부카크로 변했다.

동생은 먼 북쪽에서 암컷 독수리를 이겼다. 암컷 독수리를 밀쳐 때리자 암컷 독수리는 바다에 떨어져서 쿨류시크섬으로 변했다.

해 설

에스키모인 설화

이 책에는 에스키모인 설화 중 동물담 서른일곱 편이 소개되었다. 그 내용을 간단히 살펴보면 다음과 같다. < 대구와 고래의 논쟁 > 은 한국의 '사슴과 토끼와 개구리의 나이 자랑'과 구조가 유사한 민담이다. 고래와 대구가 사람에게 누가 더 이로운지 싸우기 시작했고 고래는 자신이 몸집이 더 크기 때문에 사람에게 먹을 것을 더 많이 준다고 했다. 그러자 대구가 자신들은 떼로 몰려다니기에 사람들이 잡기만 하면 1년 내내 먹을 것을 제공하게 된다고 해서 대구가 이긴다는 이야기다. < 명예를 갈망하는 까마귀 > 는 한국의 '멸치의 꿈' 이야기와 유사한 내용이다. 어느 까마귀가 명예를 얻고 싶어서 불 속으로 뛰어들었다가 목숨을 잃었고 그 새끼들은 그 까마귀의 명예를 노래하기보다는 오히려 슬퍼했다. < 작은 주민들 > 은 벌레들의 유래담이다. 파리가 딱정벌레, 빈대, 거미, 애벌레에게 달리기 시합을 시켰고 가장 늦게 도착한 딱정벌레는 아무것도 받지 못해 자꾸 자신의 다리를 탓하며 머리를 숙여 보곤 한다. <까마귀와 늑대>는 응보설화와 유사한 내용이다. 늑대가 자신을 구해 준 까마귀에게 여동생을 주겠노라고 약속해 놓고 까마귀 똥으로 만든 여자를 여동생이라고 속여서 준다. 이를 알게 된 까마귀가 늑대에게 복수한다. <멧새 세 마리>는 한국의 '소리 자랑'이라는 이야기와 아주 흡사하다. 노래를 잘 불렀던 막둥이 멧새가 까마귀에게 노래를 빼앗기자 형들이 다시 찾아준다. <까마귀와 부엉이>는 '호피가 얼룩진 이유'와 유사한 내용을 담고 있다. 까마귀와 부엉이는 친구였는데, 서로에게 색깔을 칠해 주기로 했다. 까마귀는 부엉이를 알록달록하게 칠해 주었지만 부엉이는 까마귀에게 까만 칠을 해주어서 서로 앙숙이 되었다는 내용이다. <까마귀와 청설모>는 '벌받은 여우'와 유사한 이야기다. 까마귀가 청설모의 집을 막고 있다가 손자 청설모가 집으로 들어가려고 하자 꼬리를 뜯어 먹는다. 할머니 청설모는 기지를 발휘해서 돌멩이를 눈알로 속여 까마귀에게 주어 손자 청설모의 꼬리를 되찾고 까마귀는 돌멩이를 먹다가 이빨이 다 빠지게 된다. <까마귀와 갈매기>는 '수달과 범' 설화와 같은 유형의 설화다. 까마귀가 갈매기의 집에 놀러 갔더니 갈매기는 '마만'이라는 자신의 딸을 잡아 피가 흐르지 않게 가죽을 벗겨 손질해서 그 고기로 까마귀를 대접하고 딸은 다시 살려냈다. 까마귀도 갈매기에게 그렇게 했지만 까마귀의 딸은 죽었고 갈매기는 까마귀를 피해 강변에 살게 되었다. <물고기, 여우, 까마귀>는 '말의 재치'라는 설화와 유사한 내용을 담고 있다. 물고기와 여우는 못생긴 처녀와 그 아버지의 토굴에 갔는데 그 둘을 칭찬해서 먹을 것을 잔뜩 얻어 오지만 까마귀는 그들을 못생겼다고 욕했다가 먹을 것도 못 얻고 쫓겨났다. <까마귀 코시클리>는 '호랑이와 호랑이의 힘자랑' 이야기와 유사하다. 까마귀 코시클리는 독수리에게 아내와 새끼들을 빼앗기지만 그 독수리 새끼가 흰 독수리에게 납치당하자 자신의 까마귀 새끼들을 도와 독수리 새끼를 흰 독수리한테서 구해 내고 아내와 새끼들을 도로 찾게 된다. <까마귀와 여우>는 까마귀와 여우가 한 집에서 함께 살았는데 까마귀는 부지런히 먹을 것을 사냥하며 살았지만 여우는 방해만 해서 결국 쫓겨난 여우가 툰드라를 방랑하며 살게 되었다는 이야기다. <송아지와 새끼 여우>는 응보 설화의 일종이다. 새끼 여우가 송아지를 놀리자 송아지도 새끼 여우를 놀린다. 놀림을 당한 새끼 여우가 울면서 집으로 가서 엄마에게 하소연하지만 엄마는 새끼 여우에게 먼저 놀렸기 때문이라고 말한다.

<교활한 여우>는 꾀 많고 교활한 여우 이야기다. 여우 한 마리가 물고기 한 마리를 우연히 얻자 그것을 기화로 늑

대를 퇴치하고, 곰과 사슴을 속여서 죽이고 그 고기로 겨우 내 먹을 양식을 저장했다는 내용이다. <거짓말쟁이 여우>는 한국의 '참새 기다리는 호랑이'와 유사한 설화다. 공짜로 물고기를 얻어 가고 있던 여우가 늑대를 만나는데 물고기를 달라는 늑대에게 거짓말을 해서 늑대를 혼내 주고 도망친다. <송아지와 늑대>는 '게와 여우의 경주'와 유사한 내용이다. 새끼 황소가 늑대를 놀려 주려고 달리기 시합을 하자고 하고는 황소들과 짜고 늑대를 속인다. 늑대는 결국 달리기 시합을 하다가 숨이 차서 죽는다. <가마우지>는 '어리석은 호랑이'와 같은 유형의 설화다. 가마우지는 새끼들과 함께 살고 있었는데 자기 새끼들과 살고 있던 까마귀가 자기 집으로 들어와 살라고 한다. 까마귀는 가마우지의 새끼들을 잡아먹을 요량이었지만 자기 새끼를 잘못 알고 잡아먹게 되고 까마귀는 그 집을 떠난다. <큰사슴 아카나>는 '죽은 체하는 토끼'와 내용이 유사하다. 큰사슴 아카나는 달리기 시합을 해서 어미를 죽인 늑대들한테서 도망쳤고 그 후에 힘내기에도 동물들을 이긴다. 곰도 그를 보고 두려워해서 도망칠 정도였다. <쥐>는 '꾀쟁이 토끼'와 유사한 설화다. 쥐는 호수에 물을 마시러 갔다가 쉬고 있었는데 꼬리가 얼어붙고 말았다. 족제비, 청설모, 토끼가 나타났지만 쥐는 곰을 불러서 곰의 도움으로 꼬리를 떼고 도망치게 되었다. <해를 얻다>는 어느 날 퉁구스 사람들이 해를 훔쳐 갔지만 동물들이 의논해서 뜀뛰기 잘하는 토끼를 보내 해를 찾아왔다는 내용으로 한국의 '불개'와 유사하다. <작은 딱정벌레 나그네>는 한국의 '거짓말쟁이 시합'과 유사한 구도를 가진다. 마을 어른이 작은 딱정벌레를 시험하려고 세상을 돌아보고 오라고 말하자 작은 딱정벌레는 그러겠다고 해 놓고 도중에 갑충을 만나 돌아온다. 딱정벌레는 도중에 곰을 만나 돌아왔다고 거짓말하고 마을 어른은 그를 거짓말쟁이라고 말한다. <까마귀와 처녀>는 한국의 '뱀신랑' 설화와 유사하다. 까마귀가 노래로 처녀를 아내로 삼으려고 했지만 마음에 들지 않았다. 다른 까마귀는 그 처녀를 아내로 삼아 잘 살아간다는 내용이다. <사람, 게, 까마귀>는 한국의 '우렁이 각시'와 유사한데 주인공이 게라는 것이 다를 뿐이다. 혼자 살던 한 사람이 게를 잡아 걸어 두고 조수로 썼는데, 그것을 우연히 알게 된 까마귀가 게를 죽여 버려서 사람은 다시 혼자 살며 요리를 스스로 해 먹게 되었다. <두 형제와 까마귀>는 '새의 말을 알아듣는 사람'과 유사한 내용이다. 아버지가 죽자 두 형제를 데리고 어머니는 재가했는데 계부는 의붓아들들에게 용기를 가르쳐 훌륭한 사냥꾼으로 성장하게 한다. 두 아들은 사냥을 나갔다가 길을 잃지만 까마귀 소리를 알아들어 집으로 돌아온다.

<까마귀가 결혼한 이야기>는 한국의 '구렁덩덩신선' 이야기와 비슷한 점이 많다. 까마귀 총각이 우물가에서 다섯 집의 처녀들을 차례로 만나 그 처녀들을 아내로 삼으려고 할머니를 차례차례 보내지만 모두가 할머니 까마귀를 문전박대하는데 다섯 번째 집의 처녀만 그들을 찾아와서 둘은 결혼하고 까마귀들은 사람으로 변해 잘 살게 된다. <사냥꾼과 백곰>은 보은 설화의 일종이다. 길 잃은 사냥꾼이 상처 입은 백곰을 치료해 주고 그 곰과 함께 못된 이웃 곰을 죽인 다음 백곰의 도움으로 집을 찾아가게 된다는 내용이다. <사슴 사육자와 늑대 가족>은 응보 설화로 분류할 수 있다. 가난한 사슴 사육자가 두 아들과 함께 살다가 늑대들이 사슴들을 먹자 늑대를 찾아간다. 늑대는 늑대 새끼들의 잘못을 미안해하며 가난한 사슴 사육자를 도와주었고 그 후 사슴 사육자는 부자가 된다. <새끼 늑대>의 내용은 보은 설화와 비슷하다. 자식이 없던 한 유목민이 늑대 굴에서 새끼 늑대를 데려다가 조수로 키운다. 그 늑대 새끼들은 자라서 훌륭한 사냥꾼 조수가 되었고 그 사람이 죽자 자신의 형제들에게로 돌아갔다. <늑대와 물새>도 보은 설화로 볼 수 있다. 사슴 떼와 누나를 잃어버린 소년이 늑대와 물새의 도움으로 사슴 떼와 누나를 되찾는다. 그는 늑대의 누이와 결혼해 사슴 떼를 방목하고 물새 떼는 호숫가에 정착한다는

이야기다. <노인과 야생 사슴>은 한 노인이 낚시를 하러 갔다가 만난 야생 사슴을 늑대로부터 구해 주고 사슴한테서 효자손을 얻어 시원하게 등을 긁는다는 내용이다. <다섯 아들>은 변신 설화의 일종이다. 자식이 없는 한 부부가 가마우지 새끼들을 다섯 마리 가져다 키우게 된다. 그 새끼 새들은 잘 자랐고 어느 날 밖에 나갔다 오니 새 가죽을 벗고 사람이 되었고 그 부부에게는 다섯 아들이 생기게 되었다. <암곰이 훔친 소년>은 에스키모인의 민담 중에서는 드물게 효행 설화에 속하는 이야기다. 한 여자가 아이와 함께 나무를 하러 갔는데 암곰이 여자의 아들을 훔친다. 아들은 암곰이 친어미인줄 알고 자라고 사냥을 해다 바친다. 청년이 된 아이는 암곰을 죽여 장사지낸 후 친어머니와 살게 된다. <현명한 사슴 두 마리>는 의견(義犬) 설화의 일종이다. 탄크 사람들이 노부부의 아들을 사슴 떼와 함께 훔쳐 가지만 할아버지의 사슴 두 마리 덕분에 납치당한 아들은 탄크 사람들의 사슴 떼까지 몰고 고향으로 돌아온다. <까마귀 인피나>는 응보 설화에 속한다. 사람들이 까마귀 인피나를 속여 집으로 데려와서 보초 서는 일을 시키지만 인피나는 하녀의 도움으로 야란가를 빠져나와 도망치고 사람들은 파도에 쓸린 야란가에 깔리게 된다. <물범 나라에 놀러 갔던 사람>은 한국의 '용궁 설화'와 유사해 흥미롭다. 사냥을 못했던 사냥꾼이 물범의 부름으로 물범 나라에 다녀온 후에 사냥을 잘하게 되었고 잘 살게 되었다. <다섯 형제와 여자>는 응보 설화의 일종이다. 다섯 형제가 한 여자를 큰형의 아내로 맞았다. 형수가 집에 있던 막둥이를 실수로 죽인다. 형제들은 막둥이의 무덤에서 벌레를 키워 여자를 죽이려 하지만 거미의 도움으로 여자는 살고 큰형은 죽는다. <고아>는 고아가 쥐 새끼들을 살려 주고 쥐의 도움으로 강인한 청년으로 자라서 마을의 지도자가 된다는 내용으로 한국의 '잉어 보은 설화'와 유사하다. <작은 나비와 티나기르긴>은 '신선 설화'의 일종이다. 작은 나비는 천신 티나기르긴의 아내를 빼앗아서 자신의 아내로 삼고 싶었는데, 어미 작은 나비는 천신이 두려워 반대했다. 그러나 작은 나비는 결국 천신의 아내를 자신의 아내로 삼고 천신에게는 눈으로 만든 처녀를 누이로 속여 아내로 보내서 봄이면 눈이 내린다.

이렇듯 에스키모인의 동물담은 보은 설화, 응보 설화, 변신 설화, 구복여행 설화 등 다양한 내용을 담고 있으며, 한국의 '의견(義犬)설화'나 '의호(義虎)설화', '우렁각시 설화', '용궁 설화', '잉어 보은 설화', '신선 설화' 등과 유사한 내용을 많이 내포하고 있다.

동물담 외에는 일상담 아홉 편, 영웅담 일곱 편, 마법담

열네 편, 전설 한 편이 소개되었다. 그 내용을 소개하면 다음과 같다.

먼저 일상담을 살펴보면, <예멤쿠트>는 한국의 '봉이 김선달' 이야기와 유사하다. 예멤쿠트는 꾀를 내어 고래잡이들에게 가서 음식을 잔뜩 얻어 오지만 그 음식을 아내와 아들들 몰래 혼자 먹으려고 죽은 척했다가 고아 처녀에게 발각되고 가족들도 알게 되어 놀라서 결국 죽게 된다. <꾀돌이 쿠킬린>도 일상담에 속한다. 쿠킬린은 메추라기 사냥을 해서 먹고 살았는데 사냥을 많이 못하자 죽은 척한다. 그리고 툰드라에서 혼자 메추라기 사냥을 해서 먹고 살았으나 그가 살아 있다는 것을 알고 아내 미티가 찾아오자 다시 집으로 돌아와 아이들과 함께 살면서 그들을 먹여 살리게 된다. 이 작품은 한국의 '먹으면 죽는다는 꿀'과 유사하다. <노파가 동물들을 속인 이야기>는 손자와 함께 살고 있던 노파가 늑대 가죽을 이기다가 늑대와 다른 모든 동물들을 속여 토굴집으로 끌어들여서 죽인다는 내용으로 일상담에 속한다. <누나그미트의 고래>는 응보 설화로 일상담에 해당한다. 한 남자에게 두 아내가 있었는데 두 번째 아내가 고래와의 사이에서 고래를 낳는다. 그 사람은 그 고래를 잘 키우고 고래가 나중에 커서 수많은 고래를 몰고 와서 누나그미트에는 고래가 많아지지만 타 지역 사람들이 그 고래를 죽인다. <우카마난>은 한국의 웅녀 설화와 유사하다. 시부카크 마을의 우카마난이라는 처녀가 우나지크 사람들한테 납치당해서 팔리지만 우카마난은 도망쳐서 암곰의 도움으로 고난을 이겨 내고 고향집 부모에게 도착한다는 내용이다. <심술궂은 노인과 쥐>는 고독한 노인이 심술궂은 노인 선주를 쥐를 이용해서 벌을 주고 심술궂은 노인은 분해서 자살한다는 내용으로 한국의 '혹 떼려다 붙인 영감'과 유사성이 있다. <버림받은 청년>은 한국의 '거타지 설화'처럼 버림받음에 관한 이야기다. 한 부자에게 외동아들이 있었는데 그가 괴물로 변했다는 말을 듣고 사람들이 그를 버리고 떠난다. 버림받은 청년은 한 처녀와 결혼해서 살다가 마을 사람들이 돌아오자 그들을 떠나 고향을 뛰쳐나간다. <우키바크의 질투쟁이와 그 아내>는 일상담으로 치부 설화다. 남편의 질투와 구박으로 가출했던 아내가 우키바크산에 살던 사람의 도움으로 재물도 얻고 남편의 구박을 면하게 되어 잘 살게 된다. <두 번째 아내>는 일상담으로 분류할 수 있다. 두 번째 아내가 첫 번째 아내를 죽이고 갓난애를 데리고 다른 마을로 가서 다른 남자와 결혼한다. 그와 또 아들을 낳고 살다가 남편의 도움으로 재물을 가지고 자기 고향으로 돌아와 잘 살게 된다.

<사람과 독수리>는 영웅담으로 볼 수 있는 내용이다.

한 사람이 적들이 동향 사람들을 모두 죽이자 그들을 찾아 가서 죽인다. 독수리가 쫓아오지만 그 독수리를 죽이고 고향으로 돌아온다. <사냥꾼과 독수리>도 영웅담으로 분류할 수 있다. 남편이 죽자 여자가 아들과 함께 길을 떠나 사냥꾼이 사는 곳에 이르렀는데 그 아내의 도움을 받았다. 독수리가 그 사냥꾼의 아내를 훔쳐 가자 여자는 독수리가 있는 곳을 사냥꾼에게 알려 주고 사냥꾼은 독수리를 물리치고 아내를 찾게 된다. 이 작품은 괴물 퇴치 설화의 일종이다. <독수리 둥지의 소년>도 영웅담에 속한다. 한 노인이 아들을 카약에 태워 바다에 버리지만 독수리들이 잘 키운다. 독수리가 된 소년은 여러 사냥물로 독수리 가족을 돌보고 자신을 버린 아버지를 독수리 부모에게 먹잇감으로 주지만 어머니는 모셔다가 독수리들과 사이좋게 살게 된다. 이 작품은 한국의 '바리데기 설화'와 유사하다. <막둥이>는 영웅담으로 말자 성공 설화에 해당한다. 한 부부에게 아들들이 모두 죽고 막둥이만 남았는데 막둥이가 집을 나가서 다른 마을에 도착해서 식인 괴물을 죽이고 그 마을 처녀와 결혼해서 잘 살게 된다. <이수클리크>는 영웅담으로 한국의 '세 개의 병 설화'와 유사한 내용을 담고 있다. 이수클리크가 아내를 훔쳐 간 사람을 찾아 다른 세계로 갔다가 그곳에서 보물을 찾고 아내도 찾아 고향으로 돌아와 잘 살게 된다. <아하하나브라크>는 영웅담으로 '지하국 대적 퇴치' 설화와 유사하다. 아하하나브라크가 부모의 걱정에도 불구하고 밖으로 나갔다가 거인과 괴물을 만나지만 그들을 물리치고 집으로 돌아온다. <두 아내를 둔 사람>도 영웅담으로, 한 사람이 두 아내를 두고 여자를 따라 다른 마을로 갔다가 그를 잡아먹으려는 여자와 그 어미를 죽이고 영웅이 된다는 내용이다.

<사람들은 전에 어떻게 살았는가>는 마법담으로 변신 설화의 일종이다. 한 사람이 아내를 잃어버리자 사시나무로 나무 여자를 만들어 아내를 납치한 독수리를 유인해 죽인다. 그 후 독수리 가죽을 입고 하늘로 가서 독수리 여자 덕분에 훌륭한 사냥꾼이자 샤먼이 된다. <사슴으로 변한 여자>도 변신 설화의 일종이다. 한 유목민이 아내와 살고 있었는데 낯선 여자가 나타나서 아내의 뇌를 빼 간다. 유목민은 여우-여자의 말대로 아내에게 사슴의 뇌를 넣어서 아내가 사슴으로 변하지만 거미의 도움으로 아내를 찾아 잘 살게 된다. <키크미라시크>는 변신 설화로 마법담으로 분류할 수 있다. 숙부한테 구박을 받던 키크미라시크는 늑대의 도움으로 수캐로 변해서 한 처녀 집에 머물다가 경주에서 이기고 다시 사람으로 변해서 그 처녀와 결혼해서 잘 살게 된다. <신기한 소고>는 마법담으로 고아 소녀가 툰드

라에서 길을 잃고 암곰과 살게 된다. 그 후 암곰은 그 소녀에게 주문의 노래를 알려 주고 집으로 데려다준다. 소녀는 소고를 치며 노래를 불러 마법을 일으켜서 마을 사람들을 대접한다. 한국의 의호(義虎) 설화와 유사하다. <오 형제 중 막둥이>는 마법담으로 말자 성공 설화로 분류할 수 있다. 오 형제 중 막둥이는 죽은 어머니의 도움으로 하늘에 올라가서 장가를 들고 아들들과 딸을 데리고 땅으로 내려온다. 추녀였던 막둥이 아내는 땅에 내려오자 미녀로 바뀌었다. <바다의 주인>은 마법담으로 용궁 설화에 해당한다. 이 마클리크 사람에게 외동아들이 있었는데 어느 날 게를 잡다가 바다로 딸려서 들어가 버렸다. 그 사람은 외동아들을 구하러 바다로 가서 바다의 주인에게 자신의 바다 새를 주고 외동아들을 데려온다. <아메크>는 마법담으로 독특하게 환생 설화에 속하여 에스키모인의 내세관을 엿볼 수 있다. 한 사람이 깨어 보니 다른 곳이었다. 그는 여자의 몸속으로 들어가 수캐로 태어났다. 수캐로 살다가 다른 동물들로 또 환생했다가 결국 사람으로 태어나 아메크라는 이름으로 살게 되었다는 내용이다. <바다에서 길을 잃은 사람>도 마법담이자 환생 설화로 분류할 수 있다. 한 사람이 물범을 잡다가 길을 잃고 다른 곳에 도착했다. 그곳에서 새로 장가를 들어 아들을 낳고 살다가 고향으로 돌아오지만 아내는 그를 알아보지 못하고 그는 아내의 몸속으로 들어가 아들로 태어난다. <아이마나나운>은 마법담이자 같은 문장이 계속 반복되는 형식담에 속한다. 한국의 '재주가 비상한 처녀' 이야기와 내용이 비슷하다. 한 사람에게 아들 형제가 있었는데 장남을 아이마나나운에게 청혼하러 보낸다. 아들은 과제를 해결하고 아이마나나운과 결혼해서 고향으로 돌아오지만 아버지가 며느리를 탐하자 둘은 처녀의 고향으로 떠난다. <날아다니는 샤먼들>은 마법담으로 변신 설화다. 쿠틸란이라는 샤먼이 시클류크에 먹을 것을 가지러 가다가 티키카크의 아시사크라는 샤먼을 만나는데 그는 날아다니는 재주가 있었다. 쿠틸란은 아시사크와 목도리를 교환했고 그 후부터 쿠틸란도 날아다니게 되었다. <불의 주인과 소년>은 마법담으로 지신(地神) 설화에 속한다. 조손이 올가미로 메추리를 잡아 연명했는데 손자가 불의 주인의 땅에 올가미를 놓아서 불에게 쫓기다가 할머니의 지혜로 살아남게 된다는 내용이다. <카약시크비크>는 마법담에 속하는데 구복여행 설화다. 카약시크비크는 툰드라로 나갔다가 한 마을에서 결혼해서 살게 된다. 곰과 사슴을 잡고 보니 쥐 새끼와 작은 담비였고 그 사람들은 알고 보니 메추라기들이었기에 고향으로 돌아간다. <사라진 형제들>은 마법담으로 한국의 '세 개의 병 설화'와 유사한 내용이 많다. 큰형이 사라진 형제들을 찾아 길을 떠났는데 노파가 신비한 자루와 지팡이를 주어서 그것들의 도움으로 형제들을 찾아 고향으로 돌아온다. <투명 인간>은 마법담으로 선계(仙界) 설화에 해당한다. 한 사람이 우연히 제비의 나라에 갔다가 투명 인간처럼 자신이 보이지 않는 것을 깨닫고 그곳에서 훼방을 놓고 다니다가 고향으로 되돌아온다.

<카나크와 독수리들>은 유물 전설에 속하며, 한국의 '장수바위 전설'과 유사하다고 볼 수 있다. 카나크의 아들 타그랴크는 어미 독수리의 도움으로 용사 독수리와 싸운다. 그러나 싸움에서 패배하고 바다에 떨어져 카나크, 타그랴크, 독수리들은 아야크섬, 이마클리크섬, 우키야크섬, 시부카크섬 등이 된다.

에스키모인의 기원과 언어

에스키모(이누이트)인은 북극, 캐나다, 그린란드, 시베리아의 북극 지방에서 어로·수렵을 하며 사는 사람들이다. '에스키모'란 말은 캐나다의 크리족 인디언이 '날고기를 먹는 사람들'이라는 뜻으로 붙인 명칭으로 알려져 있으나 이 같은 어원설에 대해서는 아직까지도 논란이 있다. 에스키모들은 자신들을 지칭할 때 '사람'이라는 뜻의 이누이트(Innuit)를 사용한다. 캐나다와 그린란드 등지에서는 이누이트로 지칭되지만 이누피아트(Inupiat, 북알래스카), 유피크(Yupik, 서남알래스카) 등도 이들을 지칭하는 용어로 사용된다.

인디언과 마찬가지로 이누이트(에스키모)인의 선조가 아시아 · 유럽으로부터 베링해를 건너왔다고 하는 가설을 부정할 만한 자료는 없다. 문제는 19세기 또는 그 이전의 전통적 이누이트 문화가 실제 유라시아 대륙에서 이미 형성된 것인지, 아메리카 대륙의 캐나다와 알래스카의 어디에선가 성립된 것인지에 대해서는 학자에 따라 견해가 다르다. 에스키모인은 몽골계 종족으로 중키에 단단한 체구, 비교적 큰 머리와 넓고 평평한 얼굴이라는 신체적 특징을 지니고 있다.

에스키모인의 언어는 에스키모-알레우트어계(係)에 속하는 에스키모어다. 현재 에스키모인의 수는 약 17만 명에 달하며 러시아에 거주하는 에스키모인은, 추코트 자치주에 279명, 시렌키 마을에 265명, 라브렌티야 마을에 214명, 프로비데니야 마을에 174명, 아나디르시에 153명, 우옐칼 마을에 131명으로 조사되었다(2002년 러시아 인구조사).

에스키모인의 의식주

극지에서 사는 사람들에게 옷은 가볍고 따뜻해야 해서 순록의 모피로 만든 것이 가장 이상적이다. 이런 의복에는 겉옷과 속옷이 있는데 각각 상하로 구분되며, 겉옷은 털을 바깥쪽으로, 속옷은 털을 안쪽으로 하여 입는다. 구조상의 특색으로는 단추를 사용하지 않고, 겉옷의 윗도리에는 늑대의 털로 갓을 댄 후드가 달려 있으며, 모든 부분을 여유 있게 만들어 몸과 옷 사이에 이중 공간이 생기도록 되어 있는 것이다. 모두 내한의 필요성에서 생긴 구조다. 신발 · 양말도 순록의 모피로 만드는데 신발은 털을 바깥쪽으로, 양말은 털을 안쪽으로 하고, 신발 바닥은 바다표범의 가죽을 쓰기도 한다.

에스키모인의 주된 식재료는 고기이지만, 지역에 따라 주식의 종류는 다르다. 해안에 사는 이누이트인은 바다표범이 일반적 주식이지만, 곳에 따라서는 북극곰 · 해마 · 고래 등도 바다표범과 함께 주식으로 사용해 왔다. 남서 이누이트인은 연어 · 송어 · 청어 등이 주식이며, 내륙 이누이트인에게는 순록이 가장 중요한 식재료였다. 식물성 식재료도 전혀 없는 것은 아니지만, 딸기류 등 약간의 야생식물뿐이다. 고기는 삶거나 익혀서 먹는 것이 원칙이나, 연료가 부족하고 툰드라가 냉장고의 역할을 하기도 하여 날고기를 먹는 경우도 많다. 이것은 신선한 채소의 부족에 따른 비타민 결핍을 보충하는 결과가 되었다.

연료로는 바다표범의 기름이 귀하게 쓰여 등불과 난방에 사용되었다. 주거는 툰드라의 잔디 땅을 네모나게 잘라 쌓아 올린, 방 하나밖에 없는 작은 흙담집, 그나마 반지하식으로 된 토굴집이 겨울용으로 쓰인다. 이글루라고 알려진, 눈으로 만든 움집은 적설량이 많은 지방에서만 가능할 뿐, 알래스카 에스키모인에게는 일반적으로 그런 움집에서 살 기회가 없었다. 또한 눈으로 만든 움집은 봄과 가을에 걸친 이동 과정에서 이용되고, 여름에는 대개 텐트에서 사는 일이 많다.

에스키모인의 문화와 전통 신앙

에스키모인은 주로 다섯 가정에서 열 가정으로 구성된 동질적 단층적 사회집단을 이루며 채집 수렵(어로를 포함하여)을 하며 생활한다. 전통적 혼인 거주 방식이 처가살이로 시작되었기 때문에 아내의 아버지, 딸의 남편, 자매의 남편,

아내의 형제 등이 한 사회구성체를 구성하는 핵심이 되었다. 어린이에게 이름을 지을 때 가까운 과거에 죽은 근친의 이름을 붙이는 관습이 있는데, 특히 처가 쪽의 근친 이름을 붙이는 경우가 많았다.

또한 특히 남서 알래스카에서 두드러진 현상으로, 카즈기 또는 카슈기라고 하는 남자의 숙소도 있어 소년에서 노인에 이르기까지 한 사회공동체의 모든 남자가 이 숙소에 기거하여 공동생활을 영위하는 습관이 있다. 그곳에서는 일상적인 주거는 여성들의 차지가 되고, 남자들은 여자들이 가져다주는 음식을 숙소에서 들었다.

이런 점으로 미루어 일찍이는 모계사회가 아니었나 하는 추측을 하기도 한다. 그러나 모계이든 부계이든 간에 단계사회(單系社會)로 단정할 만한 자료는 별로 없으며 전통적 이누이트인 사회는 모계와 부계를 모두 포함한 비단계적(非單系的) 사회로서 오랜 역사를 이루어 왔다. 예컨대 사회경제적 기초집단은 핵가족이며, 그 친족 관계와 사촌을 포함한 근친혼의 금기는 아버지 쪽과 어머니 쪽에 똑같이 확대되어, 씨족 · 동족과 같은 재산 공유체로서의 친족집단이 없고, 일부일처제를 원칙으로 하는 등의 특징이 일반적이다.

에스키모인이 채집이나 수렵에 종사해 온 토지는 어느 특정의 개인 및 한 씨족 공동체에 속하는 것이 아니고 모든 에스키모인의 것이다. 한 씨족 공동체에게는 각각 주된 영역이 있어 관리상의 선취권이 중요시되나, 소유권의 대상이 되지는 않는다. 그러나 배 · 썰매 · 가옥 · 개, 그밖 모든 도구에 대해서는 사유가 원칙이며, 그 상속에서는 특정 방식에 구애됨이 없이 피상속인의 의지가 우선한다.

순록 · 해마 · 바다표범 등의 공동 수렵에 의한 분배는 누가 많이 공헌했는가가 아니라, 누가 더 고기를 필요로 하는가에 따라 차례로 이루어진다. 그들이 주식으로 해 온 고기는 매매는 물론, 대차의 대상도 되지 않았다. 다만 고래에 대해서만은 분배를 규정하는 관습법이 있다.

이누이트의 전통적인 제연의 하나로 사자제(使者祭)라는 것이 있다. 수확을 많이 한 어느 씨족공동체가 사자를 보내어 이웃들을 초대하여 음식을 대접하는데, 이때 음식을 함께 즐기면서 북의 선율에 맞추어 에스키모 댄스를 추는 것이 관례다. 특히 겨울 제연의 마지막을 장식하는 풍요로운 사냥을 기원할 때에는 가면춤을 추는데, 가면은 인간과 바다표범 또는 물고기 등을 주관하는 각 이누아(신)를 상징하는 것이다. 모든 이누아가 각각 생물의 목숨과 죽음, 그리고 재생을 주관한다고 생각했다.

순록을 사살했을 때 그 자리에서 머리를 잘라 버리는 것은 머리에 영혼이 깃들어 있어, 그것이 이누아 곁으로 돌아가 재생하게 하기 때문이라고 한다. 또한 바다표범의 방광을 보존했다가 1년에 한 번씩 바다에 던지는 제의가 있는데, 이것도 방광에 깃들어 있는 영혼을 이누아 곁에 돌려보내기 위한 것이다. 여행 도중에 사망했을 때는 그 자리를 묘지로 하고, 기회가 없으면 다시 찾는 일도 없었다.

이와 같은 세계관과 함께 에스키모인의 세계관을 특징짓는 것으로서 투쟁을 좋아하지 않고 모험을 하지 않으며, 한탄하지 않고 슬퍼하지 않으며, 자연에 순응하는 인생철학을 들 수 있다. 그래서 에스키모인에게는 인디언처럼 화려한 전쟁의 역사 같은 것이 없다.

이 책에 소개된 에스키모인의 설화를 통해서 한국 독자들이 극지에서 자연과 함께 살아온 에스키모인의 삶과 문화에 한 걸음 다가가는 계기가 되길 바란다.

옮긴이에 대해

김은희는 한국외국어대학교 노어과와 동 대학원을 졸업하고 모스크바 국립대학교에서 알렉산드르 솔제니친에 대한 연구로 러시아 문학박사 학위를 취득했다. 현재 청주대학교 학술연구교수로 재직 중이며, 러시아 문화와 문학에 대한 글들을 발표하고 있다.

저서로는 ≪그림으로 읽는 러시아≫(2014), ≪러시아 명화 속 문학을 말하다≫(2010), 공저로 ≪나는 현대 러시아 작가다≫(2012), ≪내가 사랑한 세상의 모든 음식≫(2010) 등이 있으며, 역서로는 ≪야쿠트인 이야기≫(2017), ≪유카기르인 이야기≫(2017), ≪북아시아 설화집 1(부랴트족)≫(2015), ≪현대 러시아문학과 포스트모더니즘≫ 제1권, 제2권(2014), ≪겨울 떡갈나무≫(2013), ≪금발의 장모≫(2013), ≪나기빈 단편집≫(2009) 등이 있다. 또한 주요 논문으로는 <'미스테리야-부프'에 나타난 종말-혁명-유토피아>, <<에고>에 나타난 서술형식과 솔제니친의 역사인식>, <≪소네츠카≫의 서사구조와 고전의 귀환> 등이 있다.

에스키모인 이야기

작자 미상
옮긴이 김은희
펴낸이 박영률

초판 1쇄 펴낸날 2018년 11월 13일

지식을만드는지식
02880 서울시 성북구 성북로 5-11 (성북동1가 35-38)
전화 (02) 7474 001, 팩스 (02) 736 5047
출판등록 2007년 8월 17일 제313-2007-000166호
전자우편 zmanz@commbooks.com
홈페이지 www.commbooks.com

ZMANZ
5-11, Seongbuk-ro, Seongbuk-gu, Seoul, 02880, KOREA
phone 82 2 7474 001, fax 82 2 736 5047
e-mail zmanz@commbooks.com
homepage www.commbooks.com

ⓒ 김은희, 2018

지식을만드는지식은 커뮤니케이션북스(주)의 인문 출판 브랜드입니다.
이 책은 저작권자와 계약해 발행했으므로, 본사의 서면 허락 없이는
어떠한 형태나 수단으로도 이 책의 내용을 이용할 수 없습니다.

ISBN 979-11-288-3158-4
979-11-288-3159-1(큰글씨책)
979-11-288-3160-7(PDF 전자책)

책값은 뒤표지에 있습니다.

지식을만드는지식은
지구촌 시대의 고전과 한국 문학을 출판합니다

도서목록 확인하고 5권 무료로 읽으세요

QR코드를 스마트폰으로 스캔하면 지만지 책 1800여 종과 바로 만날 수 있습니다. 홈사이트 컴북스닷컴(commbooks.com/지만지-도서목록/)으로 접속해도 됩니다. 회원가입을 하면 홈사이트에서 책 5권(번)의 전문을 디지털북으로 읽을 수 있는 컴북스캐시를 충전해 드립니다. 캐시를 받으려면 카카오톡에서 아이디 '컴북스'를 친구로 등록한 뒤 회원가입 아이디를 카톡으로 알려주십시오.

지만지고전선집

전 세계에서 100년 이상 읽혀 온 고전 가운데 앞으로 100년 동안 읽혀 갈 고전 중의 고전

인문

교육학 ≪루소 교육 소저작≫ 외
역사/풍속 ≪속일본기≫ 외
인류학 ≪여정의 두루마리≫ 외
종교 ≪동경대전≫ 외
동양철학 ≪귀곡자≫ 외
미학 ≪미학 강의(베를린 1820/21년)≫ 외
서양철학 ≪어느 물질론자의 마음 이야기≫ 외
지리학 ≪식물지리학 시론 및 열대지역의 자연도≫ 외

사회

경제학 ≪정치경제학의 민족적 체계≫ 외
군사학 ≪군사학 논고 천줄읽기≫ 외
사회학 ≪증여론 천줄읽기≫ 외
언어학 ≪일반언어학 강의≫ 외
미디어학 ≪제국과 커뮤니케이션 천줄읽기≫ 외
정치학 ≪관료제≫ 외

자연과학

물리학 ≪상대성 이론≫ 외
수학 ≪확률에 대한 철학적 시론≫ 외
생물학 ≪진화와 의학≫ 외
천문학 ≪코페르니쿠스 혁명≫ 외
의학 ≪치과 의사≫ 외
과학사 ≪그리스 과학 사상사≫ 외

문학

한국 ≪포의교집≫ 외

일본 ≪바다에서 사는 사람들≫ 외

고대 그리스 ≪히폴리투스≫ 외

독일 ≪길쌈쟁이들≫ 외

스페인 ≪위대한 술탄 왕비≫ 외

유럽 ≪로칸디에라≫ 외

중남미 ≪네루다 시선≫ 외

중국 ≪서상기≫ 외

아시아 ≪물고기 뼈≫ 외

영국/미국 ≪빨래≫ 외

프랑스 ≪홍당무≫ 외

러시아 ≪유리 나기빈 단편집≫ 외

아프리카 ≪아딜리와 형들≫ 외

퀘벡 ≪매달린 집≫ 외

예술

미술 ≪예술에 관한 판타지≫ 외

연극 ≪풍자화전≫ 외

한국문학선집

한국문학의 어제와 오늘을 총정리하는 사상 초유의 기획

초판본 한국소설문학선집

한국 근현대문학 120년, 대표 작가 120명의 작품집 101권

초판본 한국시문학선집

한국 근현대문학 120년, 작고 시인 101명의 작품집 99권

한국문학평론선집

한국 대표 문학평론가 50인의 평론집 50권

한국수필문학선집

한국 대표 수필가 50인의 수필집 50권

한국희곡선집

문학성과 공연성이 입증된 한국 대표 희곡 100권

한국 대표 시인의 육필시집

한국 시단을 주도하는 시인들이 직접 쓴 시집 80권

한국동화문학선집

한국 아동문학사에 기록될 동화작가 120명의 작품집 100권

한국동시문학선집

한국 동시의 역사이자 좌표, 동시작가 111명의 작품집 100권

단행본

≪고려 후기 한문학과 지식인≫ 외